本书系

2013 年教育部人文社会科学研究青年基金项目

《广西融水诶话性质及其形成机制研究》（13YJC740023）、

湖南省哲学社会科学基金项目（12YBB201）、

湖南文理学院博士科研启动基金项目

研究成果。

广西融水诶话研究

STUDY ON EI LANGUAGE OF RONGSHUI COUNTY, GUANGXI

高　欢◎著

中国社会科学出版社

图书在版编目（CIP）数据

广西融水诶话研究／高欢著. —北京：中国社会科学出版社，2016.6
ISBN 978-7-5161-8846-0

Ⅰ．①广… Ⅱ．①高… Ⅲ．①客家话—方言研究—融
水苗族自治县 Ⅳ．①H176

中国版本图书馆 CIP 数据核字（2016）第 205093 号

出 版 人　赵剑英
责任编辑　任　明
责任校对　孙晓军
责任印制　何　艳

出　　　版　中国社会科学出版社
社　　　址　北京鼓楼西大街甲 158 号
邮　　　编　100720
网　　　址　http://www.csspw.cn
发 行 部　010-84083685
门 市 部　010-84029450
经　　　销　新华书店及其他书店

印刷装订　北京市兴怀印刷厂
版　　　次　2016 年 6 月第 1 版
印　　　次　2016 年 6 月第 1 次印刷

开　　　本　710×1000　1/16
印　　　张　16.25
插　　　页　2
字　　　数　270 千字
定　　　价　68.00 元

中文摘要

诶话，学界称之为"五色话"，是广西融水苗族自治县永乐乡四莫、下覃、兴隆等村自称为"诶[ɛ⁴⁴]"族群的人（其民族成分为壮族）所说的一种作为母语的语言。本书通过诶话和土拐话、壮语、仫佬语的比较，分析诶话各个子系统的特征，进而探讨诶话的性质及其形成机制。

全书共分七章：

第一章绪论，主要介绍融水县人文地理及民族、语言概况、诶话研究概况和研究意义、材料来源和研究思路与方法。

第二章介绍诶话周边的语言，主要是与诶话的形成密切相关的土拐话、壮语和仫佬语。

第三章研究诶话的语音系统，在描写诶话语音系统的基础上，将诶话与土拐话、壮语、仫佬语进行语音比较，总结诶话语音系统的特点。

第四章研究诶话的词汇系统，在描写诶话词汇系统的基础上，将诶话与土拐话、壮语进行构词法的比较，并结合诶话语义场的分析，总结诶话词汇系统的特点。

第五章研究诶话的语法系统，在描写诶话语法系统的基础上，将诶话与土拐话、壮语语法进行比较，总结诶话语法系统的特点。

第六章比较分析诶话与汉语、侗台语的关系，本章分三个部分：第一部分是诶话核心词的比较分析；第二部分是诶话常用词的比较分析；第三部分是诶话的核心词、常用词与汉语、侗台语修饰结构的比较分析。通过上述三个部分具体统计数据的分析来说明诶话与汉语、侗台语的关系问题。

第七章探讨诶话的性质及其形成机制。

关键词：诶话、土拐话、壮语、仫佬语、语言接触

Abstract

"Ei" Language, called "Wuse Language" by the academia in China, is the mother tongue of a minority group living in some villages such as Simo, Xiaqin, Xinglong of Yongle Township, Rongshui County of Guangxi in Southern China, who claim themselves as "Ei"ethnic group. Now this ethnic group belongs to Zhuang nationality. This dissertation will compare Ei language with Tuguai, Zhuang and Mulao, discuss the characteristics of sub-systems of Ei language, and analyze the nature of Ei language and its formation mechanism.

My discussion includes seven chapters:

First chapter introduces the geography, history, nationalities, and languages of Rongshui County. Then I will present the study review of Ei language, the significance of my study, various sources cited, and the approaches and the framework of this study.

Second chapter is about the languages closely related to Ei language, which mainly include Tuguai, Zhuang, and Mulao.

Third chapter will describe the sound system of Ei language at first. Then I will compare sound system of Ei language with those of Tuguai, Zhuang and Mulao. Finally, the sound characteristics of Ei language will be summarized.

Fourth Chapter is about lexical system. Based on the description of word system of Ei language, I will compare the morphology of Ei language with Tuguai and Zhuang and analyze semantic system of Ei language. At last, this part will generalize the lexical characteristics of Ei language.

Fifth Chapter focuses on grammatical system of Ei language. I will describe the grammar system of Ei language at first. After comparing the grammar system of Ei language with those of Tuguai and Zhuang, this part will summarize the characteristics of Ei language.

Sixth chapter will analyze the relations between Ei language with Chinese and Kam-Tai Languages by comparison. Firstly, I will investigate the core words of Ei language. And then commonly-used words is analyzed. Thirdly, I will compare the core words and commonly-used words of Ei language with that of Chinese and Kam-Tai languages. Through quantitative analysis, I will reveal the relations of these languages.

The last chapter is a conclusion. I will discuss the nature and formation mechanism of Ei language.

Keywords: Ei Language, Tuguaihua, Zhuang, Mulao, Languages contact

目　　录

第一章 绪论

第一节 融水县人文地理及民族、语言概况

1.1.1 人文地理

融水苗族自治县地处广西壮族自治区东北部，柳州地区北部。东与融安县，南与柳城县，西与环江县，北与贵州省从江县接壤。

融水，春秋战国属百越池，汉至南北朝刘宋时期为潭中县。南齐建元三年（公元 481 年）置齐熙县，兼置齐熙郡。南梁大同元年（535 年）设东宁州，隋改齐熙县为融水县，五代十国沿袭。北宋崇宁初置清远军节度。大观元年置黔南路，帅府设于融水。元设融州路，后复为融州。明洪武十年，降融州为融县，相沿至 1952 年。[①]

融水县地处融江中下游，是柳北与黔南要冲，一向被兵家所重视，是军事要地[②]。北宋崇宁初年融州升为军州，置清远军节度。咸丰五年，太平天国翼王石达开离京出走，转战皖、赣、浙、闽等省，咸丰八年，石达开在湖南受挫，损失很大，被迫退入广西，以图再起。之后他率领 20 万余众从永宁州进驻融县清流镇，十余天后，取道和睦、永乐向融县县城融水镇挺进，并下令就地安营扎寨，大本营设在永乐东阳大岩村的犀牛岭脚，沿岭脚周围挖掘战壕，筑营盘。[③]民国 10 年（1921 年）6 月，黔滇军新编粤桂陆军第一师第三统领何中权率队驻县城及长安镇，民国 13 年春退出。14年，滇军唐继虞率兵五六万人，攻入长安据守县城。19 年，国民党独立第三师师长韩彩凤率队驻大良、潭头、长安镇，在长安镇阻击红七军。33 年，国民党 93 军、71 军各一部驻融水镇、四荣乡等地。1949 年 12 月 17 日，中国人民解放军柳北总队司令部及四大队进驻永乐、融水、长安等地。1949

---

① 融水苗族自治县地方志编纂委员会：《融水苗族自治县志》，三联书店 1998 年版，第 1 页。

② 同上书，第 511 页。

③ 同上书，第 519 页。

年 12 月 22 日融县解放，次年元月 23 日，柳北总队部分改编组成融县县大队，驻县城融水镇。1951 年 4 月，中国人民解放军 146 师、436 团、438 团驻融县，执行剿匪任务。[①]

1.1.2　民族概况

全县主要有汉、苗、壮、侗、瑶、水等民族，全县人口 45.46 万人，少数民族人口占 71.04%。[②]

融水县是一个多民族杂居的自治县，各民族在长期的生产生活中，已形成"大聚居，小杂居"的状况。全县民族的分布特点如民谣所说："高山瑶，矮山苗，平地汉族居，壮侗居山槽"。即瑶族绝大多数居住在崇山峻岭的老林之中，苗族多居住于山坡或矮山坡顶，汉族基本居于融江两岸丘陵平原地带，壮族和侗族多居于河谷两岸或山冲之中。

苗族是融水县人口较多的民族，1995 年总人口为 174666 人，占全县总人口的 38.42%，占少数民族人口的 54.9%。苗族以成片聚居为主，大都居住在县境的中部、东部和北部边远山区，主要分布在县境 14 个乡镇，而以白云、红水、拱洞、大年、良寨、杆洞、洞头、安太、香粉、安陲、四荣为最多。

汉族人口仅次于苗族，1995 年总人口为 131670 人，占全县总人口的 28.96%，主要分布在融水镇、融水乡、和睦镇、永乐乡，说桂柳话和土拐话。

壮族人口 1995 年为 63817 人，占全县总人口的 14.04%，主要分布在三防、大浪、汪洞 3 个乡镇。

侗族人口 1995 年为 49658 人，占全县总人口的 10.92%，主要分布在滚贝侗族乡、中寨、四荣、安太、大年、拱洞、良寨、洞头、三防、汪洞、安陲等乡镇。

瑶族人口 1995 年为 27879 人，占全县总人口的 6.13%，他们大分散、小聚居，以英洞瑶族乡较多，杆洞、滚贝、洞头、白云、安陲、大浪、良寨等乡均有少数居住。

水族人口 1995 年仅有 3859 人，主要居住在滚贝侗族乡朱砂村，其他少量杂居在英洞瑶族乡。

1995 年，仫佬族 1774 人，土家族 1120 人，其他少数民族 120 人，分

---

① 融水苗族自治县地方志编纂委员会：《融水苗族自治县志》，三联书店 1998 年版，第 515 页。

② 同上书，第 1 页。

布在全县各乡镇。[①]

1.1.3　语言概况

　　融水县少数民族语言主要有苗语、壮语、侗语、瑶语、水语和仫佬语。融水县苗语属于黔东南苗语方言。融水县壮语属于广西北部方言，即桂北土语。融水县侗语属于侗水语支南部方言。融水县瑶语属于瑶语勉金方言。

　　融水县汉族方言主要有土拐话、客家话、桂柳话、六甲话。土拐话是当地传统汉语的通用语，是平话的一种，与粤语接近，主要分布于境内的融水镇、和睦镇、融水乡、永乐乡；客家话分布在四荣乡的三江、江潭等村和香粉乡的古都、大坡等村，洞头乡的洞头村等；六甲话分布在大浪乡一带；桂柳话为全县各族通用语，也是官方语言。

　　诶话主要分布在永乐乡四莫村、下覃村和兴隆村。诶话使用范围很小，仅限于同一乡之内，没有方言土语的差异，各村人一致认同他们所说的诶话都是一样的。过去，由于诶族群的男性不会说土拐话，因此会说土拐话的外来媳妇都会主动学习诶话，诶话是家庭和族群内部的首要用语。如今，诶族群的男性基本上都是双语者，既会说诶话，也会说土拐话，因此，只有不会说土拐话和诶话的外来媳妇会主动学习诶话，会说土拐话的外来媳

图 1.1　诶话的分布[②]

---

　　① 融水苗族自治县地方志编纂委员会：《融水苗族自治县志》，三联书店 1998 年版，第 664 页。

　　② 地图资料来自：http://map.baidu.com/?newmap=1&s=inf%26uid%3Da3c76e47ae0a139ecf06a49d%26c%3D1629%26it%3D1&fr=10。

妇大多数都不会主动学习诶话，她们在家里使用土拐话与丈夫交流，并且随着长期的生活接触，她们也渐渐地能够听懂丈夫的大部分诶话。这些会说土拐话的外来媳妇在和其他村的诶族群交流时，也坚持说土拐话。在诶族群家庭里长大的小孩，他们一出生就开始学习诶话和土拐话，因此，他们从小就是双语者。

第二节　诶话研究概况和研究意义

1.2.1　研究概况

诶话，学界称之为"五色话"[①]，是广西融水苗族自治县永乐乡四莫、下覃、兴隆等村自称为"诶[ε⁴⁴]"族群的人（其民族成分为壮族）所说的一种作为母语的语言。目前使用诶话的共约 5000 人。

语言接触问题一直是国内学者研究的热点，诶话是一种语言性质和历史关系比较复杂，研究较多但观点分歧的语言，由此，诶话性质研究是学界较为关注的一个方面。陈其光、罗美珍、韦茂繁等多位学者都对它进行了调查和研究。他们对于诶话的性质得出了不同的结论。陈其光、张伟（1988）认为，诶话是汉、壮、仫佬、毛难、侗五种语言相互影响而形成的混合语，可以把它归入侗台语族，是侗台语族中具有混合性质的一种独立语言。大约十年后，罗美珍、邓卫荣（1998）撰文提出，诶话在历史上是一种侗台语，后来受汉语的深刻影响而形成了一种混合语。这种混合语既不能归入侗泰语族，也不能看作是一种汉语方言。王晓梅博士论文（2009）采用优选论的研究方法，通过诶话单字调、连读变调的分析以及与周边多种语言的声调对比分析，证明诶话的形成有两个同等重要的来源语，即土拐话和壮语。

韦茂繁（2006）不同意上述学者的观点。他认为，诶话不是混合语，而是受汉语影响较大的一种侗台语。韦树关（2008）、韦茂繁、韦树关（2011）则更进一步，从同源词和特征词的角度，结合诶话的历史渊源进行分析，归纳了诶话四个语音特点，并在此基础上论证了诶话是侗台语族壮傣语支的壮语，可以作为壮语的第三种方言。根据笔者的田野调查和初步整理结

---

　　① 诶话，长期以来被称之为"五色话"。早在 20 世纪 20 年代，广西省编写县志时就把永乐乡壮族所说的话称为"五色话"，此后学术界长期沿用了这一术语。在笔者的语言调查中，发音人多次强调，诶族群的人不喜欢外界把他们所说的话称之为"五色话"，他们认为"五色"这个词隐含着杂糅的意思，而他们不认为他们所说的话是多种语言的杂合，这个词在一定程度上否认了他们语言独有的特征，因此，他们自称自己所说的话是诶话。本书尊重他们的意愿，把他们所说的话称作诶话。

果，笔者发现这些学者对于诶话语言特征和性质的分析有需要商榷之处。

语音方面：第一，韦茂繁、韦树关所举的送气清声母不仅仅是诶话独有，当地土拐话也有，说这些送气清声母符合壮语南部方言的特点是欠妥的。第二，在笔者的田野调查中没有发现先喉塞音声母，韦茂繁、韦树关用先喉塞音声母去判断诶话具有北部方言部分土语的特点是有待进一步考证的。第三，韦茂繁、韦树关对于诶话中存在清鼻音、清边音的原因分析还不够准确。诶话中的清鼻音、清边音如果是古声母的遗存，那么诶话的形成跟侗水语支必然有渊源关系，分析诶话性质时应该考虑这个因素，否则就是片面的；至于清鼻音、清边音是诶话自身发展的结果这个结论，他们没有给出材料来论证；另外，清化音都出现在单数调里，而这个结论也与笔者田野调查的结果不符合。第四，笔者认为诶话的第四调并入第三调不能算做是诶话的语音特点，其理由是诶话的调值和调类与当地土拐话是相同的。

除了语音之外，韦茂繁、韦树关的研究在词汇和语法方面也存在一些问题。在词汇方面，韦茂繁（2006）认为诶话核心词有部分汉语词渗入，但民族词仍占优势地位，汉语词的影响主要表现在表层上。根据笔者对侗语、水语、壮语、仫佬语、傣语里汉语借词使用情况的统计，汉借词所占的比例最高不超过生活常用词的 40%，诶话中汉语词高达 60%，所以仅仅从借用汉语或者受汉语影响的结果来解释诶话词汇的特点不够准确。在语法方面，韦茂繁（2006）认为，虽然诶话由于受汉语的影响出现了语序的变换，但汉语语序和本民族原有语序基本上是并存并用的，这与壮侗多数语言的情形并无不同。这个结论没有具体统计数据的论证，也与笔者实地田野调查结果不同，因此他对诶话语法特点的总结分析有臆测之嫌。

虽然韦茂繁（2006）、韦树关（2008）、韦茂繁、韦树关（2011）对诶话的语音、词汇和语法都做了介绍，但是他们并没有把诶话和其他语言从语音、词汇和语法各子系统做细致的比较，而仅从同源词、特征词、历史渊源和语音特点等方面去推断诶话的性质，其结论即诶话属于壮语的结论难以从语言学上得到支持，也难以令人信服。

总之，学术界关于诶话性质的诸多争论使得诶话性质成为一个谜，而这种语言里究竟汉语、侗台语的分布或融合情况如何，至今也还是一个谜，迄今还没有学者对此进行过深入细致的分析研究。鉴于此，笔者在导师曾晓渝教授的带领下，决定前往广西融水苗族自治县，对永乐乡四莫村的诶话进行田野调查。通过调查，笔者希望深入分析汉语、侗台语在诶话语音、词汇和语法系统中的分布或融合的特征，提出笔者对诶话性质的看法，从而进一步推测诶话形成的机制，尝试着去解开上面的谜团。

1.2.2　研究意义

　　诶话性质研究是中国语言接触的一个典型个案研究。语言接触是人类语言发展过程中常见的现象，但接触语言学却是新兴的学科。很多外国学者，如博厄斯（Boas）、梅耶（A. Meilet）、萨皮尔（Sapire）、布龙菲尔德、特鲁别茨科伊、桥本万太郎等，都关注过语言接触问题。自从 20 世纪八九十年代以来，美国学者托马森根据大量语言材料提出了社会因素决定论的观点，此观点对学术界产生了很大的影响，被中国学者广为借鉴。中国也先后有陈保亚（1996）、罗美珍（2000）、袁焱（2001）、陈其光（2002）、戴庆厦（2002）、曾晓渝（2004）、吴安其（2004）、洪波（2004）、黄行（2005）、吴福祥（2007）、李云兵（2008）等学者就不同类型的语言接触从不同角度进行了深入研究，推动国内语言接触研究不断向前发展。

　　语言深度接触产生的结果有可能会使语言转型，形成混合语。国内学术界曾调查和研究过的混合语主要有倒话、艾努语、五屯话、河洲话、卡卓语、干河滩保安话、回辉话、诶话（五色话）、莫话等。其中，意西微萨·阿错的博士论文（2003）、王宇枫的博士论文（2005）和王晓梅的博士论文（2009）是这方面研究的重要成果。在广西，汉语与侗台语普遍接触的强弱状态差不多，可是，为什么只有在融水形成了诶话？因此，诶话性质研究可以为中国语言接触研究提供又一个典型案例。

　　诶话研究还可能对汉台语关系的深入研究具有启示意义。汉台语关系一直是语言学界悬而未决的难题。自从 1937 年李方桂先生提出汉台语同源说开始，中外学者先后研究了这个问题，并提出了各种理论框架。描述诶话的语音、词汇和语法系统，分析诶话的性质及其形成机制，有助于我们考察汉台语关系的复杂性，也为进一步探索汉台语关系提供个案和素材，从而推动汉台语关系研究的不断深入发展。

　　诶话研究也具有重要的现实意义。当历史步入 21 世纪，全球经济一体化和文化多元化发展已经成为时代的鲜明特征，各国、各族群之间的经济、社会与文化交流日益频繁，语言必然成为交流的中介，语言接触也日益频繁。面对这种情况，研究族群互动中的语言接触以及在频繁接触中形成的语言混合现象，就具有了十分重要的现实意义。一方面，这些研究可以帮助我们认清和顺应语言演变的方向和规律，为制定和执行好语文政策提供理论依据。另一方面，我国是一个多民族和平共处、多语言频繁交流的国家，在长期的历史发展进程中，各族群群体之间的互动和语言接触是我国历史与文化的重要组成部分。对诶话的研究，有助于我们更为清楚地了解汉族与少数民族之间的族群互动和语言接触情况，加深我们对中国多民族和平共处的文化与历史的理解。

第三节　研究思路与方法

尽管已经有学者对诶话族群进行了多次调查，对其语言也进行了全面的描写，但是前人学者对诶话的研究主要侧重于语言本身的描写和诶话性质的探讨，从语言各个子系统出发，把诶话与与之形成有密切关系的语言进行对比研究还不够深入、细致和全面。基于此，笔者打算对在诶话进行语言描写时，不仅补充前人研究诶话时没有涉及的内容，如诶话的同音字汇，诶话单字调的实验分析，还增加与诶话形成有密切关系的语言介绍。笔者对诶话性质的认识，是建立在诶话语言描写、诶话与与之形成有密切关系的语言在各个子系统的比较基础之上的。笔者想通过描写和比较分析，加之对诶话形成区域历史文化的了解，进而大胆设想诶话形成的机制，而这一设想是前人研究几乎没有涉及的。

本书在学习和借鉴前人研究成果的基础上，结合笔者田野调查的材料，首先确定与诶话形成有密切关系的语言，并对其进行简要的介绍（这些语言将成为诶话语音、词汇和语法系统比较的对象），然后从语音系统、词汇系统、语法系统、斯瓦迪士两百核心词和两千多常用词语言成分来源及修饰结构四个方面分析诶话的语言特征，从而得出笔者对诶话性质的看法，最后进一步推测诶话形成的机制。

要实现这一研究设想，首先就要准确掌握与诶话形成有密切关系的语言情况。笔者在整理田野调查的材料时发现，诶话的声母系统与仫佬语相似，声调系统单字调与土拐话相同；词汇系统核心词以壮语为主，常用词以土拐话为主；语法系统与土拐话比较接近。另外，从李荣等编（1987）《中国语言地图集·广西壮族自治区语言分布图》中得知，融水县与融安县、罗城仫佬自治县在地理上毗邻，由此，笔者初步确定与诶话形成有密切关系的语言主要是：土拐话、壮语和仫佬语。在田野调查期间，由于受调查时间的限制，笔者在当地没有找到合适的壮语和仫佬语发音人，因此笔者主要对土拐话进行了语音、词汇和语法的全面调查，当地壮语和仫佬语的语言情况笔者主要采用前人调查的材料，壮语选取了融安（安治）壮语音系，仫佬语选用了罗城（上南岸）仫佬语音系。

笔者介绍土拐话、壮语和仫佬语的语言情况，其目的是把诶话与这三种语言进行对比分析，从而观察汉语、侗台语在诶话语音、词汇和语法系统中的分布和融合情况。诶话的汉语成分主要以土拐话为主，在涉及诶话与汉语的比较分析时，都是以土拐话为参照对象。在语音系统中，笔者除了对诶话的音系进行描写之外，还决定从声母、韵母和声调入手，比较诶话与土拐话、壮语、仫佬语的差异，从而归纳出诶话语音系统的特征。在词汇系统中，笔者先是对诶话词汇系统进行概述，然后比较诶话与土拐话、壮语在构词法上的异同，进而总结诶话词汇系统的特征。在语法系统中，笔者首先对诶话语法系统进行描写，然后通过诶话与土拐话、壮语在实词、虚词和句法上的比较，分析出诶话语法系统的特征。

斯瓦迪士两百核心词是目前最具代表性并具可操作性的比较判断语言亲属关系的小样本，"语言年代学理论"和"关系词阶理论"都依据这个小样本来确定语言之间的关系。笔者在分析论述诶话语音、词汇和语法系统特征之后，也打算利用这个小样本对诶话进行语言成分来源和修饰结构的统计，从而比较判断诶话与汉语、侗台语之间的关系。汉语与侗台语在语法上最大的差异是修饰语的前后位置不同，因此笔者在对两百核心词做语言成分来源的统计之外，还要将其修饰结构进行统计，这是前人学者没有做过的。语言深度接触的结果必然是源语言语音、词汇和语法各个层面结构和要素的有机融合，如果仅从核心词去判断语言的性质是不够全面的，也很难符合语言的实际情况。由此，笔者为了更加全面地了解汉语和侗台语对诶话词汇构成和语法结构产生的影响，对调查的两千多常用词也将进行语言成分来源和修饰结构的统计，目的是想通过大样本的统计分析，为诶话性质的讨论提供重要的佐证。

最后，根据诶话的语音、词汇、语法系统特征以及大、小词汇样本的统计分析，提出对诶话性质及其形成机制的认识。

第四节　材料来源

笔者田野调查了诶话和土拐话的语音、词汇、语法的基本情况，收集整理了三则诶歌。

前人关于诶话的研究材料主要有：陈其光、张伟（1988）《五色话初探》；罗美珍、邓卫荣（1998）《广西五色话——一种发生变质的侗泰语言》；韦茂繁（2006）《五色话性质研究》；韦树关（2008）《关于五色话的归属问题》；孙宏开、胡增益、黄行主编（2007）《中国的语言》；融水苗族自治县地方志编纂委员会编（1998）《融水苗族自治县志》；覃德亮硕士论文（2006）《历史与现实：广西五色话族群的田野调查》；温岚硕士论文（2007）《论"五色话"之发展》；王晓梅博士论文（2009）《广西融水诶话声调形成的优选论分析》。

侗台语材料的来源主要有：中国社会科学院民族研究所壮侗语组编（1982）《壮侗语族语言调查手册》；中央民族学院少数民族语言研究所第五研究室编（1985）《壮侗语族语言词汇集》；梁敏、张均如（1996）《侗台语族概论》；张均如、梁敏等（1999）《壮语方言研究》；王均、郑国乔（1980）《仫佬语简志》；张元生、覃晓航（1993）《现代壮汉语比较语法》。

诶话主要发音合作者的具体情况：黄彬，男，1931 年生，壮族，初中文化，军队离休干部，原籍融水县永乐乡四莫村平地屯，母语为诶话；卢泽，男，1930 年生，壮族，初中文化，离休干部，原籍融水县永乐乡四莫村上朝山屯，母语为诶话；覃涛，男，1930 年生，壮族，军队离休干部，原籍融水县永乐乡四莫村上朝山屯，母语为诶话。

土拐话主要发音合作者的具体情况：叶庆媛，女，1983 年生，中专文化，在融水镇出生长大，母语为土拐话；欧俊伯，男，1980 年生，中专文化，在融水镇出生长大，母语为土拐话。

第二章　与诶话形成有密切关系的语言简介

　　融水县汉语方言主要有土拐话、客家话、六甲话和桂柳话。虽然桂柳话是官方语言和各族的通用语，但是就语言使用范围来看，土拐话仍然是当地传统的汉语通用语，当地人在日常生活中大都使用土拐话进行交际。从说诶话的群体来看，他们主要生活在农村，接受教育的水平有限，只有少数人能说桂柳话，大部分人只会说诶话和土拐话。由此推断，诶话的形成可能会受到土拐话较大的影响。

　　从《中国语言地图集·壮侗语族语言图》可知，融水县西部和南部的少数民族语言主要是壮语和仫佬语[①]，《融水苗族自治县志》中提到永乐乡位于县境西部，由此推测，永乐乡的少数民族语言主要是壮语和仫佬语。

　　融水县是一个多民族聚居的地区，有苗语、瑶语、壮语、侗语、水语和仫佬语等少数民族语言。在这么多的少数民族语言中，壮傣语支的壮语作为强势语言对其他少数民族语言或多或少都产生了一定的影响，诶话的形成可能也不例外。

　　说诶话的三个主要村落兴隆、四莫和下覃分别位于永乐乡的西北部、西部和南部。《融水苗族自治县志》中提及永乐乡西北与罗城县龙岸乡，西与罗城县黄金乡，南与罗城小长安交界[②]，由此可知，说诶话的三个村落是与罗城县毗邻的。罗城县的少数民族语言主要是仫佬语，因此推断，诶话的形成过程中可能会受到仫佬语的影响。

　　综上所述，并结合笔者对诶话语音、词汇和语法材料的整理情况，笔者初步确定与诶话的形成有密切关系的语言主要是土拐话、壮语和仫佬语。从地理上看，融安县、罗城县与融水县毗邻，融安壮语、罗城仫佬语与融水壮语、仫佬语可能会比较接近。因此，笔者选取了前人研究材料中的融安（安治）壮语音系[③]和罗城（上南岸）仫佬语音系[④]作为比较对象。

---

① 李荣等编：《中国语言地图集》，香港朗文出版社（远东）有限公司 1987 年版。

② 融水苗族自治县地方志编纂委员会：《融水苗族自治县志》，三联书店 1998 年版，第 59 页。

③ 张均如、梁敏等：《壮语方言研究》，四川民族出版社 1999 年版，第 90 页。

④ 王均、郑国乔：《仫佬语简志》，民族出版社 1980 年版，第 5 页。

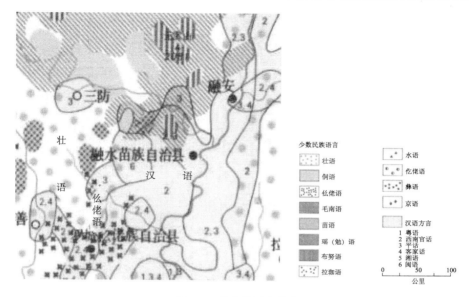

图 2.1　融水县语言分布

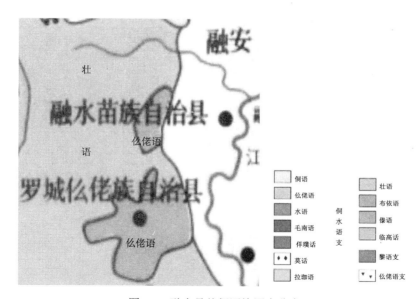

图 2.2　融水县壮侗语族语言分布

第一节 土拐话音系

2.1.1 声母

20 个声母，其中辅音 19 个，零声母 1 个。

p	ph	m	f
t	th	n	l
ts	tsh		s
tɕ	tɕh	ȵ	ɕ
k	kh	ŋ	x
ø			

声母例词：

p	pa¹ 巴	pen³ 本	paːn³ 瓣	paːi⁵ 败
ph	phau³ 跑	pha⁴ 怕	phaːi⁴ 派	phɔŋ⁴ 碰
m	mei² 梅	min² 棉	ma⁴ 马	men⁴ 满
f	fɔŋ¹ 蜂	fuŋ² 房	fɔ² 浮	fu⁴ 富
t	taːn² 弹	taːm³ 胆	ta³ 答	təu⁵ 稻
th	than¹ 吞	thɔŋ¹ 通	thai² 胎	thəu⁴ 套
n	ȵian² 年	naŋ² 能	nan⁵ 嫩	niu⁵ 尿
l	laːm² 篮	leŋ² 冷	laːn⁵ 烂	li² 离
ts	tseŋ² 墙	tsin² 前	tshin³ 浅	tshat⁶ 漆
tsh	tsheŋ¹ 枪	tsheŋ¹ 青	tshan¹ 亲	tshiet⁶ 切
s	sam¹ 心	san¹ 新	si⁴ 四	sen⁴ 信
tɕ	tɕi¹ 枝	tɕeŋ⁴ 帐	tɕiu⁴ 照	tɕieŋ⁵ 丈
tɕh	tɕhia¹ 叉	tɕhy³ 取	tɕhi³ 齿	tɕhy⁵ 处
ȵ	ȵian² 仁	ȵian³ 忍	ȵiɛn⁴ 验	ȵe⁵ 认
ɕ	ɕiu¹ 梳	ɕiŋ¹ 伤	ɕia² 射	ɕi³ 喜
k	ki² 骑	kin² 强	kiːu⁴ 桥	ky⁵ 去
kh	khen¹ 牵	khau¹ 敲	khi⁴ 气	kyt⁶ 瘸
ŋ	ŋa² 牙	ȵian² 银	ŋan³ 眼	yan⁵ 运
x	xai² 鞋	xak³ 吓	xaŋ³ 让	xaːu⁵ 校
ø	u¹ 乌	uai¹ 歪	uɔn³ 碗	uei⁵ 位

2.1.2　韵母

韵母共有 110 个，其中包括自成音节的 ŋ̩。

开口呼：43 个

a		e		ə	ɛ		o	ɔ
ai	a:i	ei						
au	a:u			əu				
am	a:m	em					om	
an	a:n	en	e:n		ɛn	ɛ:n		
aŋ	a:ŋ	eŋ			ɛŋ		oŋ	ɔŋ
ap	a:p	ep	e:p				op	
at	a:t	et			ɛt			
ak	a:k	ek	e:k				ok	ɔk

齐齿呼：39 个

i	i:	ia	ia:	ie	ie:	iə	iɛ	io	iɔ	iu	i:u
i		ia		ie			iɛ	io		iu	i:u
		iau	ia:u			iəu					
im		iam	ia:m	iem							
in	i:n	ian	ia:n	ien			iɛn				
iŋ		iaŋ		ieŋ	ie:ŋ			ioŋ	iɔŋ		
ip		iap	ia:p	iep							
it				iet	ie:t						
ik	i:k			iek	ie:k			iok		iuk	

合口呼：14 个

u	u:	ua	ua:	uei	uən
u		ua			
		uai		uei	
un	u:n	uan			uən
uŋ					
ut		uat	ua:t		
uk		uak			

撮口呼：13 个

y	yai	yan	ye	yən	yɛ
y					
			ye		
	yai				yɛi
yn		yan		yən	yɛn

　　　　　　　　yaŋ　　　　　　　　　　　　　　　　　　yɛŋ

yt　　　　　　　　　　　　　　　yet　　　　　　　　　　yet

　　自成音节　　　　　　　ŋ̍

　　声母例词：

a	sa^{1}纱	ma^{2}麻	kha^{3}刚
ai	khai^{1}开	lai^{2}来	mai^{3}买
au	tsau^{1}周	tau^{2}头	tsau^{3}走
am	sam^{1}心	lam^{2}临	tsam^{3}枕
an	tan^{1}单	man^{2}门	khan^{3}砍
aŋ	paŋ^{1}崩	saŋ^{2}桑	thaŋ^{3}躺
ap	fap^{6}法	sap^{6}湿	lap^{7}立
at	pat^{6}笔	tsat^{7}侄	mat^{7}密
ak	pak^{6}北	kak^{6}角	mak^{7}墨
a:i	ka:i^{1}街	pa:i^{2}排	na:i^{3}奶
a:u	pa:u^{1}包	la:u^{2}捞	tsa:u^{3}爪
a:m	sa:m^{1}三	la:m^{2}蓝	ta:m^{3}胆
a:n	tha:n^{1}滩	la:n^{2}拦	sa:n^{3}伞
a:ŋ	pa:ŋ^{1}螃	ta:ŋ^{2}糖	la:ŋ^{3}晾
a:p	ta:p^{6}搭	ka:p^{6}甲	la:p^{7}蜡
a:t	tsha:t^{6}擦	tɕha:t^{6}水獭	ma:t^{7}抹
a:k	ma:t^{7}抹	xa:k^{7}学	ŋa:k^{7}岳
e	the^{1}梯	te^{2}逃	me^{3}米
ei	mei^{1}霉	sei^{2}谁	fei^{4}肥
em	tsem^{1}针	lem^{2}林	kem^{3}感
en	fen^{1}分	pen^{2}盆	men^{4}满
eŋ	tsheŋ^{1}枪	meŋ^{2}名	peŋ^{3}饼
ep	khep^{6}磕	kep^{6}鸽	tsep^{7}习
et	tɕet^{6}节	xet^{6}瞎	ȵet^{7}日
ek	pek^{6}壁	sek^{6}锡	lek^{7}力
e:n	te:n^{2}填		
e:p	xe:p^{7}盒		
e:k	me:k^{7}麦	me:k^{7}脉	se:k^{7}席
ə	ə^{2}而		

əu	tshəu¹ 操	məu² 毛	thəu³ 讨
ɛ	tɛ² 淘	lɛ² 黎	nɛ² 泥
ɛn	ŋɛn² 迎		
ɛŋ	ŋɛŋ¹ 鹰	lɛŋ² 灵	ɛŋ³ 影
ɛt	fɛt⁶ 发	fɛt⁷ 罚	
ɛ:n	fɛ:n¹ 翻	fɛ:n³ 反	
o	to¹ 多	ko² 教	po³ 跛
om	khom³ 臼	mon⁵ 忘	tsom⁴ 钻（子）
oŋ	poŋ¹ 帮	toŋ² 堂	tsoŋ² 虫
op	tsop⁶ 捉	tsop⁶ 插	
ok	tshok⁶ 错	khok⁶ 确	mok⁷ 木
ɔ	pɔ¹ 波	fɔ² 浮	khɔ³ 可
ɔŋ	fɔŋ¹ 风	pɔŋ² 棚	phɔŋ³ 捧
ɔk	tsɔk⁶ 竹	lɔk⁶ 六	tɔk⁷ 毒
i	phi¹ 披	pi² 皮	khi³ 起
im	nim¹ 念	tim² 甜	sim³ 险
in	pin¹ 边	tsin² 前	tshin³ 浅
iŋ	piŋ¹ 兵	tiŋ² 停	tshi³ 请
ip	tsip⁶ 接	ip⁶ 腌	sip⁶ 涩
it	thit⁶ 铁	kit⁶ 结	mit⁷ 灭
ik	tik⁶ 的（确）	sik⁶ 息	lik⁷ ～ka² 丈夫
i:n	ni:n³ 碾	tshi:n¹ 千	
i:k	tɕhi:k⁶ 尺		
ia	tɕhia¹ 叉	kia² 茄	ia³ 野
iau	ȵiau² 牛	ɕiau³ 手	kiau⁴ 叫
iam	iam¹ 音	iam¹ 因	
ian	kian¹ 斤	ȵian² 人	ɕian⁵ 顺
iaŋ	ɕiaŋ¹ 凶	iaŋ² 洋	kiaŋ³ 讲
iap	ɕiap⁷ 十	iap⁶ 眨	
ia:u	ȵia:u² 挠		
ia:m	nia:m⁴ 舔		
ia:n	pia:n¹ 斑	ɕia:n¹ 唇	ɕia:n² 神
ia:p	tsia:p⁶ 轧	tɕia:p⁷ 铡	
ie	phie¹ 批	lie² 犁	sie³ 水

i	kiem¹ 金	iem¹ 阴	tiem⁵ 垫
ien	sien¹ 仙	kien² 芹	pien⁵ 办
ieŋ	ɕieŋ¹ 生	lieŋ² 粮	sieŋ³ 省
iep	thiep⁶ 贴	kiep⁶ 急	tiep⁷ 叠
iet	piet⁶ 鸭	ȵiet⁶ 热	iet⁷ 药
iek	tɕhiek⁶ 拆	niek⁷ 弱	tsiek⁷ 直
ie:ŋ	sie:ŋ¹ 星	kie:ŋ¹ 羹	tsie:ŋ⁴ 象
ie:t	pie:t⁶ 八		
ie:k	pie:k⁶ 柏	phie:k⁶ 拍	khie:k⁶ 客
i	iəu¹ 妖	miəu² 苗	siəu³ 小
iɛ	tɕhiɛ¹ 吹	tsiɛ² 齐	
iɐn	ɕiɐn¹ 山	tsiɐn² 钱	tɕiɐn³ 铲
io	ȵio³ 肉		
ioŋ	tɕhioŋ¹ 窗	xioŋ² 胸	khioŋ³ 孔
iok	ɕiok⁶ 叔	tɕhiok⁶ 戳	iok⁷ 欲
iɔŋ	tɕiɔŋ¹ 中	kiɔŋ² 穷	iɔŋ³ 勇
iu	ɕiu¹ 烧	piu² 瓢	ȵiu³ 绕
iuk	tsiuk⁷ 镯		
i:u	si:u¹ 削	ɕi:u³ 少	ki:u⁴ 桥
u	lu¹ 路	fu² 湖	thu³ 土
un	sun¹ 酸	mun² 瞒	tun³ 短
uŋ	fuŋ¹ 方	muŋ² 忙	uŋ³ 往
ut	put⁶ 拨	khut⁶ 宽	tut⁷ 夺
uk	puk⁶ ～tau¹ 肩膀	kuk⁶ 国	puk⁷ 薄
u:n	pu:n¹ 搬	ku:n³ 管	xu:n⁵ 换
ua	kua¹ 瓜	ua² 和	mua³ 摸
uai	thuai¹ 推	tsuai² 随	khuai⁴ 块
uan	xuan¹ 婚	uan² 环	khuan³ 捆
uat	uat⁷ 滑	uat⁷ 猾	uat⁷ 物
uak	kuak⁶ 骨		
ua:t	kua:t⁶ 割		
uei	puei¹ 杯	luei² 雷	kuei³ 鬼
uən	kuən¹ 官	puən² 盘	ŋuən³ 软
y	ɕy¹ 书	tɕy¹ 猪	ky³ 举
yn	tɕhyn¹ 穿	kyn² 群	ny³ 女

yt	syt⁶ 雪		khyt⁶ 缺		yt⁷ 越
yai	tɕhyai¹ 揣				
yan	kyan² 裙		yan² 云		yan⁵ 运
yaŋ	tɕyaŋ⁵ 壮				
ye	ɕye² 血		ye² 还（是）		xye⁴ 唤
yet	ɕyet⁶ 刷		kyet⁶ 桔		kyet⁷ 钝
yən	syən¹ 癣		kyən² 拳		khyən³ 犬
yɛi	ɕyɛi³ 甩				
yen	ɕyen¹ 栓		kyen¹ 贵		yen² 晕
yeŋ	ŋyeŋ² 横				
yet	kyet⁶ 刮		xyet⁶ 百		yet⁷ 扔
ŋ̇	ŋ³ 五		ŋ³ 午		

2.1.3　声调

　　7 个单字调，1—5 调是舒声调，6、7 调是促声调。

调类	调值	中古来源	例字
1 阴平	51	清平	高开婚
2 阳平	331	浊平	穷寒鹅
3 阴上（上声）	44	清上	古口好五
4 阴去	455	次浊上、清去	厚社|盖抗汉共
5 阳去	335	全浊上、浊去	近是|害岸
6 阴入	54	清入	急曲黑割缺歇
7 阳入	24	浊入	月局合

　　为了准确地掌握土拐话单字调的调类和调值，笔者在传统听辨的基础上，使用南开大学"桌上语音工作室（MiniSpeechLab）"语音分析软件，选用《方言调查字表（修订本）》（2005）声调例字，请卢泽作为我们的发音人，对土拐话单字调进行了现代语音实验分析，其实验的结果与笔者的听辨记录基本一致。以下是土拐话单字调实验分析结果：

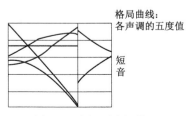

图 2.3　土拐话声调格局

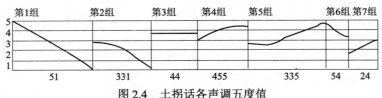

图 2.4　土拐话各声调五度值

2.1.4　同音字汇

　　本字汇主要收录融水镇土拐话单音节词（或语素），根据上文声母、韵母、声调表的顺序排列，字后右下角的小字表注释、举例，字后右下角数字"1"表示口语常用读音，"2"则次之，一般带有书面语色彩。

a

pa 1 巴，叭，芭，疤，笆 2 粑，爬 3 把，必 4 坝 5 爸，霸，耙

pha 4 怕

ma 2 麻，没，蛙 3 伯母，妈，蚂 4 马 5 骂

fa 3 好~傻 4 化

ta 3 伯父，答，打~扮，大伯子 5 他们

tha 1 他

na 4 哪

la 3 垃，喇 4 辣

tsa 1 差 2 查，茶，斜 4 炸，榨 5 借，谢

tsha 1 车

sa 1 沙，纱 3 撒，洒，舍，写 5 射

ɕa 1 虱

妻子 3 假 4 价，架

kha 3 刚

ŋa 1 拈 2 牙，芽 3 哑

xa 5 下

a 1 鸦，哀，要~钱

ai

pai 5 稗

mai 2 埋 3 买 5 卖

tai 2 待，台，抬，苔 4 带，戴 5 代，袋

thai 2 胎

lai 2 来

tsai 2 裁 5 在，再

tshai 2 材

kai 1 该 3 改 4 盖

khai 1 开

xai 2 鞋 5 亥

ŋai 2 悬 4 爱，嚼

ai 3 矮

au

phau 3 跑

tshau 1 秋 5 臭

mau 2 猫 3 亩

tau 1 都，菟，puk6～肩膀 2 头，投

3 斗，抖 5 豆

thau 1 掏，偷

nau 3 纽

lau 1 里 2 流，硫，榴，楼 3 柳，

搂 5 漏

tsau 1 周 3 酒，拿，帚，走 4 袖

sau 1 臊，收，搜，修 3 守 4 涮，

瘦，绣，锈 5 哨

tɕhau 1 抽

kau 1 沟，钩 3 狗 4 够，觉

khau 1 抠，敲 3 口 4 扣

ŋau 3 藕 4 沤

xau 2 喉 3 吼 5 厚

au 3 呕 5 熬

am

fam 5 犯·

tam 5 耽

tham 2 坛

lam 2 临

tsam 3 枕

sam 1 心，芯 3 婶

kam 2 蟾

kham 3 槛

an

phan 4 襻，喷

man 2 苍，门 3 晚 5 闷，问

tan 1 单 5 蛋，顿

than 1 吞 5 炭

nan 5 嫩

lan 2 鳞，轮 3 懒 5 论

tsan 2 蚕，蝉，尘 3 准 4 进，站动词 5 站车～

tshan 1 亲，伸 4 寸

san 1 孙，辛，新

kan 1 根，跟脚～ 3 埂

khan 3 砍 5 看

ŋan 2 颜 3 眼 5 雁

xan 2 痕，闲 3 很 5 恨

aŋ

paŋ 1 崩 4 棒

taŋ 1 灯 2 藤，蜓 3 等，pat6～鼻 4

凳

thaŋ 1 汤，烫 3 躺

naŋ 2 能

saŋ 2 桑 5 上

kaŋ 1 僵

khaŋ 3 肯

xaŋ 1 哼 3 给，让 5 项

ap

fap 6 法

thap 6 蹋

lap 6 笠 7 立

tsap 7 砸

sap 6 湿

ŋap 6 咬

pat 6 笔，不，～taŋ³ 鼻

mat 7 密，蜜

fat 7 佛

lat 7 勒，栗

at

tsat 7 侄

tshat 6 七，漆

sat 6 戌

khat 7 核

pak 6 北，剥 7 卜

mak 7 墨

lak 6 胳

tsak 6 者

tshak 6 出

ak

sak 6 塞，杀

kak 6 角

khak 6 壳，渴，刻，鞘

xak 6 吓，黑

pa:i 1 女生殖器 2 排 3 摆 4 拜，
股 5 败

pha:i 3 庹 4 派

ta:i 5 大，傣

tha:i 5 太

na:i 3 奶

la:i 5 赖

a:i

tsha:i 1 猜 3 睬，踩 4 菜

sa:i 1 腮，鳃，灾 4 筛 5 晒

ka:i 1 街 5 戒

kha:i 1 揩 4 概

ŋa:i 1 挨 4 蟹 5 艾

xa:i 3 海

pa:u 1 包，苞，胞 2 刨 3 保，饱 4
豹 5 抱

pha:u 4 炮

ma:u 3 卯

la:u 2 捞 3 佬

na:u 5 闹

a:u

tsa:u 3 爪

tsha:u 1 抄 3 吵，炒

ka:u 1 交

xa:u 5 校

a:u 4 坳

ta:m 2 痰 3 胆 5 担，淡

tha:m 3 塌

na:m 2 男，南

la:m 2 蓝，篮

a:m

tsha:m 1 掺

sa:m 1 三

ka:m 3 敢，减

xa:m 2 含，咸 5 陷

tsaːm 1 馋

aːn

paːn 3 板 5 扮，瓣　　　　　tsaːn 4 攒，赞
taːn 2 弹 5 但　　　　　　　tshaːn 2 扎
thaːn 1 滩　　　　　　　　　saːn 3 伞，散
naːn 4 难　　　　　　　　　aːn 4 晏
laːn 2 拦，栏 5 烂

aːŋ

paːŋ 1 螃 5 蚌　　　　　　　laːŋ 3 晾 5 浪
taːŋ 1 当 2 塘，糖 3 挡

aːp

taːp 6 搭　　　　　　　　　kaːp 6 夹，甲 7 拃
laːp 7 蜡　　　　　　　　　aːp 6 压

aːt

maːt 7 抹　　　　　　　　　tɕhaːt 6 水獭
tshaːt 6 擦

aːk

tsaːk 7 贼　　　　　　　　　xaːk 7 学
ŋaːk 7 岳

e

pe 3 背~龙骨 4 闭　　　　　　le 3 礼，了助词
me 3 米 5 谜　　　　　　　　tse 1 脐 3 挤，织 4 锥
fe 4 肺　　　　　　　　　　tshe 4 脆
te 1 低 2 逃，提，蹄 3 底 4 帝，　　se 1 西 5 睡，细
蒂 5 弟，第　　　　　　　　ke 3 吃 4 计 5 继
the 1 梯 3 剃 4 替　　　　　xe 4 系
ȵe 5 认

ei

pei 2 悲 3 背手~　　mei 1 霉 2 梅

fei 2 非，蛔 4 肥，费 5 吠　　sei 2 谁 4 岁

em

lem 2 林，淋　　tsem 1 针 2 沉

kem 1 甘 3 感　　xem 3 喊

khem 1 襟

en

pen 2 盆 3 本 5 笨　　tɕen 3 阱

men 4 满　　ken 2 粳 3 颈

fen 1 分 2 坟 3 粉 4 粪 5 份　　khen 1 牵

ten 4 段，炖　　xen 3 狠

tsen 1 真 4 震 5 尽　　ŋen 2 燃 4 见听~

sen 2 深 4 信 5 善

eŋ

peŋ 2 瓶，萍 3 饼 5 病　　tsheŋ 1 枪，青，清 3 蹭，抢 4 秤 5 撑

meŋ 2 名，明 4 命　　seŋ 2 层 4 像2

teŋ 1 叮，钉 3 断 5 定　　tɕeŋ 2 长~短 3 长~大，涨 4 帐，胀

theŋ 4 听　　tɕheŋ 1 称

neŋ 3 拧　　ɕeŋ 1 升，声 2 绳 5 剩

leŋ 2 冷，量~步，零，梁 4 顶，岭 5 量胆~，另　　kheŋ 1 轻

tseŋ 1 将，精，精，张，蒸 2 墙，情，蜻 3 奖，井，掌 4 酱，正 5 怎，仗，匠　　keŋ 4 更，敬，镜

xeŋ 2 行~孝 4 兴

eŋ 4 应

ep

tsep 7 习　　khep 6 磕

kep 6 鸽

et

tet 6 的助词　　tɕet 6 节

ŋet 6 轭　7 日

tset 6 蟋

set 6 蟀

ɕet 6 识

ket 6 脚，隔，揭

xet 6 瞎

ek

pek 6 逼，壁　7 白

phek 6 劈

tek 6 得，滴　7 笛

lek 7 力

tsek 6 迹　7 夕

tshek 6 戚

sek 6 惜，锡，熄，媳

tɕhek 6 雀，鹊

ɕek 7 石

kek 7 屐

eːn

teːn 2 填

eːp

xeːp 7 盒

eːk

seːk 7 席

meːk 7 麦，脉

ə

ə 2 而

əu

pəu 5 暴，孵

phəu 1 泡尿~　5 泡~茶

məu 2 毛　5 冒，帽

təu 2 桃，萄　4 倒，到　5 稻

thəu 3 讨　4 套

nəu 3 脑

ləu 2 牢　3 老

tsəu 1 糟　3 早，枣，蚤　4 灶　5 皂

tshəu 1 操，丑牛　3 草　4 糙

səu 1 骚　3 嫂　4 扫

kəu 1 高~粱，篙，糕　4 告

xəu 5 后　5 候

ε

tε 2 淘

nε 2 泥

lε 2 黎

ɛn

ŋɛn 2 迎

ɛŋ

lɛŋ 2 灵　　　　　　　　　　　ɛŋ 3 影
ŋɛŋ 1 鹦，鹰

ɛt

fɛt 6 发 7 罚

ɛːn

fɛːn 1 翻 3 反

o

po 3 跛　　　　　　　　　　　tso 1 搓
pho 4 破　　　　　　　　　　so 1 梭 2 蓑 4 傻
mo 3 仫 4 瓦　　　　　　　　ko 2 浇，教 3 哭 5 个，睑，这
to 1 兜，陀，多 2 道　　　　　ŋo 5 饿，颚
no 3 你们 5 那　　　　　　　xo 5 鹤
lo 1 烙 3 寻，找

om

mon 5 忘　　　　　　　　　　khom 3 白
tsom 4 钻名词

oŋ

poŋ 1 帮 3 绑　　　　　　　　tsoŋ 1 钟，桩 2 虫，藏，从，重~阳
phoŋ 4 碰　　　　　　　　　　3 种 5 重轻~
foŋ 3 晃2　　　　　　　　　　tshoŋ 1 仓，疮
moŋ 5 梦　　　　　　　　　　ɕoŋ 2 床
toŋ 2 堂，螳 3 懂 5 动　　　　koŋ 1 缸，钢，光，豇 2 狂 4 杠
thoŋ 5 疼　　　　　　　　　　xoŋ 2 缝 3 哄，虹，虹，谎，晃1 5
loŋ 1 螂 2 郎，狼　　　　　　行量词
soŋ 1 双

op

tsop 6 插，捉

ok

mok 7 木
fok 6 蝠
tsok 6 做
tshok 6 错
khok 6 确
ok 6 恶，握，屋

ɔ

pɔ 1 波，玻，菠 2 婆 5 簸
mɔ 5 磨
fɔ 2 浮 3 袱
tɔ 2 砣
thɔ 1 拖，驮
nɔ 2 挪
lɔ 2 啰，萝菠~，锣，骡，螺陀~ 4 摞
tsɔ 4 左
tshɔ 1 初~~ 4 锉
sɔ 1 嗦 3 所
kɔ 1 歌，哥，高~兴
khɔ 3 可
ŋɔ 2 鹅，蛾
xɔ 2 河
ɔ 1 屙

ɔŋ

pɔŋ 2 棚
phɔŋ 3 捧
mɔŋ 3 蒙
fɔŋ 1 风，蜂 2 封
tɔŋ 1 东，冬 2 同，桐，铜，筒 4 冻
5 侗，洞
thɔŋ 1 通 3 统，捅，桶 4 痛
nɔŋ 2 孩，浓，脓
lɔŋ 2 龙，笼 3 咙，拢 5 弄
tsɔŋ 1 宗，鬃
tshɔŋ 1 冲，葱，聪，春 4 铳
sɔŋ 1 松 4 送
kɔŋ 1 工，公，功，蚣 2 扛 3 拱
khɔŋ 1 空~气 4 空~闲
xɔŋ 1 烘 2 红
ɔŋ 5 蕹

ɔk

pɔk 7 伏
tɔk 7 毒，读，独
thɔk 6 秃 6 托
lɔk 6 掉，六，落 7 鹿，绿
tsɔk 6 竹，烛 7 俗，续，族
tshɔk 6 畜
sɔk 6 缩
kɔk 6 谷

i

pi 2 皮、枇、脾 3 比 4 臂 5 备，
tɕi 1 支，芝，枝，蜘，知 2 迟，糍，莀

phi 1 披 3 屁

mi 2 秘 3 眯，尾 5 未

fi 4 痱

ti 4 地 5 些

ni 3 你

li 2 梨，狸，离，璃，篱，荔 3 李，里这~，理，鲤 5 利

tsi 2 鹚 3 姊 5 巳，自

tshi 4 次

si 1 丝，思，撕 2 狮 3 死 4 四 5 事

tim 2 甜 3 点

nim 1 念

lim 3 蔫 4 镰

tsim 1 尖

sim 3 险

pin 1 边，编，鞭 3 扁 4 变 5 辩，辫

phin 1 偏 3 蝙 4 片

min 2 绵，棉 3 抿 5 面

tin 1 癫 5 电

thin 1 天 2 田

lin 3 俩 5 练，链

tsin 1 煎 2 前 3 剪 4 箭 5 贱

piŋ 1 兵 2 平

phiŋ 4 拼

tiŋ 2 停 5 靛

thiŋ 3 挺

liŋ 2 怜 3 两，领 5 亮

滋 3 肢，只，纸，指，子，紫 5 治，字

tɕhi 3 齿 4 翅、鳍，刺

ɕi 1 师，稀 2 匙，时，希 3 始，屎，喜 4 试，戏 5 什，市，是

ŋi 3 耳，蚁 5 二

ki 1 机，肌 2 饥，奇，骑，棋，旗 3 几 4 鸡，记，痣 5 箕

khi 3 起 4 气，汽

i 2 姨，移 3 衣，已，以，椅 4 亿，意 5 易

im

tɕim 4 占

ŋim 3 染

kim 2 钳 4 捡，剑

khim 4 欠

im 1 阉 2 莞，盐，橼 4 厌

in

tshin 3 浅

sin 1 先

ɕin 5 鳝

kin 1 姜 2 经，强 3 茧，碱，紧 4 件

khin 4 淀

xin 1 身

in 1 烟 2 然 4 砚，焰，燕 5 现

iŋ

siŋ 1 常，腥 2 尝 3 想，醒 4 擤，像₁ 5 姓

tɕiŋ 2 肠

tɕhiŋ 4 唱 5 拄

ɕiŋ 1 伤，赏

tsiŋ 4 净 5 静

tshiŋ 3 请

tsip 6 接

sip 6 涩

pit 6 鳖

mit 7 灭

tik 6 的~确

lik 7 ～ka² 丈夫

ni:n 3 碾

tɕhi:k 6 尺

tshia 3 且

tɕia 1 渣 4 蔗 5 鹧

tɕhia 1 叉

ɕia 1 砂，杉 2 蛇

liau 3 了助词

ŋiau 2 牛

ɕiau 3 手 4 兽

iam 1 音，因

iŋ 2 扬，阳，赢 3 养，痒 5 样

ip

ip 6 腌

it

thit 6 铁

kit 6 结

ik

sik 6 息

i:n

tshi:n 1 千

i:k

ia

ŋia 1 粘

kia 2 茄

ia 1 爷灶王~，椰，父姑~，姨~ 3 也，野 5 夜

iau

kiau 3 九，韭 4 叫 5 旧，舅

khiau 3 巧

iau 3 酉 4 要~下雨 5 柚

iam

ȵian 2 人，年，仁 3 忍

ɕian 5 顺

ian

    kian 1 巾，斤，筋 2 今，经

    ȵian 2 银，龈

siaŋ 4 相

ɕiaŋ 1 凶

iaŋ

    kiaŋ 3 讲

    iaŋ 2 洋

ɕiap 7 十

iap

    iap 6 眨

ȵiaːu 2 挠

iaːu

niaːm 4 舔

iaːm

piaːn 1 斑

iaːn

    ɕiaːn 1 唇，申 2 辰，神

tsiaːp 6 轧

iaːp

    tɕiaːp 7 铡

phie 1 批

lie 2 犁

tsie 2 锤，捶，家大~ 3 姐

sie 3 水

ie

    ɕie 3 蚀，洗

    ȵie 5 额

    ie 3 叶

tiem 5 垫

kiem 1 胗，金 4 禁

iem

    iem 1 阴

pien 5 办

sien 1 仙 3 扇

ien

    kien 2 芹

pieŋ 4 柄

nieŋ 2 娘

lieŋ 2 粱，粮

tsieŋ 1 章，争，筝

sieŋ 3 省 4 向

ieŋ

tɕieŋ 5 丈

ɕieŋ 1 生 2 成，城

kieŋ 4 浆

khieŋ 1 坑

ieŋ 1 秧 2 杨

phiep 6 秕

tiep 7 叠，碟，蝶，褶

iep

thiep 6 贴

kiep 6 圾，急，吸~ᴈ

piet 6 鸭 7 别

tsiet 6 疖，摘，窄

tshiet 6 切

tɕiet 7 着

iet

ɕiet 7 实，术

ŋiet 6 热

iet 6 一，约 7 药

niek 7 弱

tsiek 7 直，值

iek

tɕhiek 6 拆、坼

ɕiek 7 食

tsie:ŋ 4 象

sie:ŋ 1 箱，星

ie:ŋ

kie:ŋ 1 羹

xie:ŋ 1 香烧~, ~蕉

pie:t 6 八

ie:t

pie:k 6 柏

phie:k 6 拍，魄

ie:k

khie:k 6 客

piəu 3 表

miəu 2 苗

tiəu 2 条量词

iəu

tɕiəu 4 罩

tɕhiəu 3 丑美~

kiəu 2 球

liəu 4 料

siəu 3 小

iəu 1 妖 2 油，游 4 有 5 右

iɛ

tsiɛ 2 齐

tɕhiɛ 1 吹

iɛn

miɛn 5 慢

ɕiɛn 1 山

tsiɛn 2 钱

kiɛn 1 间房~ 2 勤 4 见意~ 5 近

tɕiɛn 3 铲

khiɛn 1 欺

ŋiɛn 4 验

iɛn 2 寅 3 隐 4 印

io

ŋio 3 肉

ioŋ

tɕioŋ 5 状

khioŋ 1 框 3 孔

tɕhioŋ 1 窗 4 闯

xioŋ 2 胸

ɕioŋ 1 霜 2 熊

ioŋ 1 王，羊 2 永

iok

tɕhiok 6 戳

iok 7 欲

ɕiok 6 叔 7 熟

iɔŋ

tɕioŋ 1 中

iɔŋ 2 绒，容，溶，榕 3 勇，蛹 5 用

kioŋ 1 弓 2 穷 4 共

iu

piu 2 瓢

siu 4 笑

phiu 1 漂~浮 4 漂~布

tɕiu 2 朝，晨 4 照 5 就

miu 2 瞄

tɕhiu 1 初月~

tiu 1 叼，条粉~ 4 吊，钓

ŋiu 3 绕

thiu 1 挑 4 跳

ɕiu 1 烧，梳 3 首 5 受

niu 3 揪 5 尿

kiu 1 鸠 2 求 4 救

liu 2 聊　3 缠

tsiu 1 椒，焦，蕉，蘸，招

tshiu 1 锹

khiu 4 翘

iu 2 摇　3 盛　4 鹞　5 又

iuk

tsiuk 7 镯

ɕiːu 3 少

siːu 1 削，宵，消，硝，箫

iːu

kiːu 4 轿，桥

iːu 1 腰

pu 2 脯，葡　3 补，簿　5 布，步，部

phu 1 扑，铺

mu 1 我　3 母

fu 1 肤　2 扶，狐，壶，湖，葫　3 斧，好~吃，虎　4 附，副，傅，富　5 夫，腐，父，妇

tu 2 图，涂　3 堵，赌　5 肚

thu 3 土，吐　4 兔

nu 3 努

u

lu 1 路　2 芦，炉，鸬，萝~卜　3 鲁　5 露

tsu 1 粗　2 锄~头　3 祖

tshu 3 楚

su 3 数　4 漱

ku 3 估，古，鼓，故　5 姑

khu 1 鸪　3 箍，苦　4 裤

u 1 乌　2 胡，糊，或，蜈　3 捂，鹉　4 误　5 无，雾

mun 2 瞒

fun 1 欢

tun 3 短

nun 3 男生殖器，暖

un

lun 4 乱

tsun 4 钻动词

sun 1 酸　4 蒜，算

kun 5 困~倦

muŋ 2 忙，虻　3 网　5 望

fuŋ 1 方，慌₁　2 防，房　4 搁

kuŋ 2 棺

uŋ

xuŋ 1 慌₂

uŋ 1 皇　2 黄，蝗，磺　3 往，枉

put 6 拨

ut

tsut 6 吮吸

phut 6 泼

tut 7 夺

thut 6 脱，蜕

khut 6 宽

ut 6 端~水 7 活

uk

puk 6 ～tau[1]肩肠 7 薄

kuk 6 国

u:n

pu:n 1 搬，拌

ku:n 3 管 4 灌

xu:n 2 还~账 5 换

ua

mua 3 摸

tua 3 朵，躲 5 剁

nua 5 糯

tsua 1 抓 5 坐，座

sua 3 锁

kua 1 瓜，锅，过，蜗 3 孤，寡，
鳏，果 4 挂

khua 3 棵，夸，跨 4 货

ŋua 3 我们

xua 1 花 3 火

ua 2 和，划，窝 3 挖 4 脏 5 禾，
画话

uai

tuai 5 对

thuai 1 推 5 退，褪

luai 5 累

tsuai 2 随 4 醉

kuai 1 乖 5 怪

khuai 4 块 5 快，筷

ŋuai 3 美

uai 1 歪 5 坏，外

uan

tuan 1 端~午

tshuan 3 蠢

kuan 1 干，竿，关~系 3 杆，秆，赶，
滚 4 惯，棍

khuan 3 捆

xuan 1 婚 5 鼾，旱，焊

uan 1 弯 2 暗，环，魂，纹 3 剜，
腕 5 玩，万

uat

uat 7 滑，猾，物

uak

kuak 6 骨

ua:t

kua:t 6 割

puei 1 杯 2 陪，赔 4 辈 5 背~书，
被，焙
muei 2 媒，煤 3 每 5 妹，～ka²
妻子，小姑子夫之妹
fuei 2 灰₂
tuei 1 堆
thuei 3 腿大~
nuei 5 内

puən 2 盘 4 半 5 伴
kuən 1 官，冠 4 罐
xuən 4 汉 5 寒，苋

ly 2 驴
tsy 2 厨
tɕy 1 蛛，猪 2 除，锄~草 3 煮 4
柱，蛀 5 住
tɕhy 1 蛆 3 曲，取，娶 5 处

ny 3 女 4 蚯蚓
tsyn 3 转 5 赚
syn 1 鲜 3 选 5 旋
tɕyn 1 砖 2 传，全
tɕhyn 1 穿 4 串
ɕyn 1 园 2 船

uei

luei 2 雷 3 蕾
tsuei 3 嘴 4 最
tshuei 1 催 2 捶
suei 2 髓
kuei 1 龟 3 鬼，巫 4 柜 5 跪
xuei 2 灰₁ 3 悔
uei 1 煨 2 回，危，围 4 苇，味，
猬 5 会，为，位，胃，喂

uən

ŋuən 1 安 3 软 5 按，肝
uən 2 闻，荧 3 碗

y

ɕy 1 书，输，菱，须 2 蜍，薯 3 鼠
4 把~屎，嗉 5 树，竖
ky 3 举 4 句，具，锯 5 去
khy 1 区
y 2 如，鱼 3 羽 4 雨 5 玉

yn

kyn 2 群
khyn 1 圈 4 劝
xyn 2 浑
yn 1 冤 2 铅，沿，元，原，圆 4 远
5 愿

　　　　　　　　　　　　　　　　　　　　　yt

syt 6 雪　　　　　　　　　　　　　　khyt 6 缺
ŋyt 6 月~蚀　　　　　　　　　　　　　yt 7 越
kyt 6 打~人，瘸

　　　　　　　　　　　　　　　　　　　　　yai

tɕhyai 1 揣

　　　　　　　　　　　　　　　　　　　　　yan

kyan 1 关~门 2 裙 5 菌　　　　　　　yan 2 云，园~麻 5 运

　　　　　　　　　　　　　　　　　　　　　yaŋ

tɕyaŋ 5 壮

　　　　　　　　　　　　　　　　　　　　　ye

ɕye 2 血　　　　　　　　　　　　　　　ye 2 还~是
xye 4 唤

　　　　　　　　　　　　　　　　　　　　　yet

ɕyet 6 刷，涮　　　　　　　　　　　　ŋyet 7 月~份
kyet 6 桔 7 钝

　　　　　　　　　　　　　　　　　　　　　yən

syən 1 癣　　　　　　　　　　　　　　khyən 3 犬
kyən 2 拳 3 卷 5 绢　　　　　　　　　yən 2 丸

　　　　　　　　　　　　　　　　　　　　　yɛi

ɕyɛi 3 甩

　　　　　　　　　　　　　　　　　　　　　yɛn

ɕyɛn 1 闩，栓　　　　　　　　　　　　yɛn 2 晕
kyɛn 1 贵

　　　　　　　　　　　　　　　　　　　　　yɛŋ

ŋyɛŋ 2 横

　　　　　　　　　　　　　　　　　　　　　yɛt

kyɛt 6 刮　　　　　　　　　　　　　　xyɛt 6 百

ɣɛt 7　扔

ŋ̍

ŋ̍ 3　五，午

第二节　融安（安治）壮语音系

2.2.1　声母

声母 35 个。

p	m		f			w
t	n		θ			l
ts	ȵ					j
k	ŋ					
ʔ			h			

| pj | mj | tj | nj | θj | lj | tsj | kj |

| pw | mw | tw | nw | θw | lw | tsw | ŋ̍w | jw | kw | ŋw | kjw |

声母例词：

p	pi¹年	m	mə¹叶子	f	fi²火	w	wa:i²水牛
t	tin³短	n	naŋ⁶做	θ	θi⁵四	l	la:i¹多
ts	tsat⁷七	ȵ	ȵa:u⁶虾	j	jə¹药	k	kau⁵旧
ŋ	ŋan²银	ʔ	ʔim⁵饱	h	ha³五	pj	pja¹石山
mj	mja:i²口水	tj	tjə:ŋ²蜜蜂	nj	nja:ŋ⁵姑母	θj	θja³写
lj	lja²累	tsj	tsjə²黄牛	kj	kjəu³头	pw	pwə⁶衣
mw	mwa⁶磨（米）	tw	twa⁵剁（肉）	nw	nwai¹雪	θw	θwa:n⁵算
lw	lwa²锣	tsw	tswa:t⁷刷子	ŋ̍w	ŋ̍wi⁶颗粒	jw	jwa:m¹抬
kw	kwa⁵过	ŋw	ŋwa⁴瓦	kjw	kjwa:u¹蜘蛛		

2.2.2　韵母

韵母 68 个。

i	e	a		o		u	ə
		a:i	ai		u:i		ə:i	əi
		e:u	a:u	au			ə:u	əu

im	e:m	a:m	am	o:m		u:m	um	ə:m	
in	e:n	a:n	an		ɔn	u:n	un	ə:n	ɵn
iŋ	e:ŋ	a:ŋ	aŋ	o:ŋ	ɔ:ŋ	u:ŋ	uŋ	ə:ŋ	ɵŋ
ip	e:p	a:p	ap			u:p	up	ə:p	
it	e:t	a:t	at			u:t	ut	ə:t	ɵt
ik	e:k	a:k	ak	o:k	ɔ:k	u:k	uk	ə:k	ɵk

韵母例词：

i	mi^{2}有	im	kim^{1}金	in	tin^{1}脚	iŋ	miŋ^{6}命
ip	lip^{7}生（肉）	it	pit^{7}鸭子	ik	tsik^{7}尺子	e	te^{1}他
e:u	he:u^{3}牙齿	e:m	he:m^{3}热（水）	e:n	he:n^{3}黄色	e:ŋ	pe:ŋ^{2}贵
e:p	θe:p^{7}插	e:t	pet^{7}八	e:k	ke:k^{7}客	a	ka^{1}腿
a:i	ka:i^{1}卖	ai	kai^{5}鸡	a:u	la:u^{1}怕	au	tau^{3}来
a:m	θa:m^{1}三	am	θam^{4}水	a:n	wa:n^{1}甜	an	tan^{3}穿（衣）
a:ŋ	la:ŋ^{1}身体	aŋ	naŋ^{1}皮肤	a:p	ja:p^{7}挑	ap	lap^{7}黑暗
a:t	pa:t^{7}盆	at	mat^{7}跳蚤	a:k	pa:k^{7}百	ak	pak^{7}北
o	mo^{5}泉	o:m	ho:m^{1}山谷	o:ŋ	θo:ŋ^{1}二	o:k	to:k^{7}钉（钉子）
ɔn	ŋɔn^{2}日子	ɔ:ŋ	θɔ:ŋ^{1}松	ɔ:k	tɔ:k^{7}落	u	ku^{1}我
u:i	ʔu:i^{3}甘蔗	u:m	θu:m^{6}禾蚱	um	θum^{2}风	u:n	θu:n^{1}园子
un	wun^{2}人	u:ŋ	nu:ŋ^{4}弟弟	uŋ	luŋ^{2}伯父	u:p	lu:p^{7}捧
up	tsup^{7}吻	u:t	tu:t^{7}啄	ut	put^{7}肺	u:k	θu:k^{7}包
uk	kuk^{7}老虎	ə	θə^{2}耳朵	ə:i	ljə:i^{1}没（有）	əi	kəi^{2}女婿
ə:u	jə:u^{2}窑	əu	kjəu^{3}头	ə:m	ljə:m^{2}镰刀	ə:n	tsjə:n^{2}钱
ɵn	kɵn^{1}吃	ɵŋ	tsjə:ŋ^{4}养	ɵŋ	fɵŋ^{2}手	ə:p	jə:p^{7}蚊帐
ə:t	ljə:t^{8}血	ɵt	hɵt^{7}腰	ə:k	jə:k^{7}饿	ɵk	mɵk^{7}大

2.2.3　声调

声调 8 个，1—6 调是舒声调，7、8 调是促声调。

调类	1	2	3	4	5	6	7		8	
调值	53	231	54	24	44	213	55		12	
	na^1	na^2	na^3	ma^4	la^5	ta^6	tap^7	ta:k^7	θak^8	θa:k^8
例词	厚	田	脸	马	骂	河	肝	晒	洗（衣）	根

第三节　罗城（上南岸）仫佬语音系

2.3.1　声母

声母 67 个。

p	ph	m̥	m	f	w	ʔw
t	th	n̥	n	l̥	l	
ts	tsh			s		
c	ch	ɲ̥	ɲ	ç	j	ʔj
k	kh	ŋ̊	ŋ	h	ɣ	ʔɣ
ʔ						
pɣ	phɣ	m̥ɣ	mɣ			
kɣ	khɣ		ŋɣ	hɣ		
pj	phj		mj	fj		
tj	thj		nj		lj	
tsj	tshj			sj		
pw	phw		mw			
tw	thw		nw		lw	
tsw	tshw			sw		
cw				çw		
kw	khw	ŋ̊w	ŋw	hw		

声母例词：

p	pa³大姑妈	ph	pha⁵头帕
t	ta⁶过	th	tha¹拖
ts	tsa¹渣	tsh	tsha¹桩子
c	ca¹加	ch	chi¹梳子
k	ka¹乌鸦	kh	kha¹瞎
ʔ	ʔaːu¹要		
m̥	m̥a¹菜	m	ma¹回来
n̥	n̥a¹厚	n	nɔ³老鼠
ɲ̥	ɲ̥a²你	ɲ	ɲe³细嫩
ŋ	ŋa²芽	ŋ̊	ŋ̊a¹菌子
l	la¹拉	l̥	l̥a¹眼睛
f	fa¹右	s	sa¹喂食

ç	ça¹茅草	
w	wa⁵肺	
j	ja¹布	
ɣ	ɣa²二	
pɣ	pɣa¹山	
kɣ	kɣa¹虫	
mɣ	mɣa²种（菜）	
ŋɣ	ŋɣa²皮肤	
pj	pjaːn¹花纹	
tj	tja³写	
tsj	tsjaːk⁷草鞋	
mj	mjaːu⁶庙	
fj	fja¹编	
lj	ljaːn⁶辣	
pw	pwa²婆	
tw	twa³锁	
tsw	tswa¹抓	
cw	cwa¹盐	
kw	kwa³云	
mw	mwa⁶磨	
ŋw	ŋwa⁴瓦	
lw	lwa²骡	
hw	hwa¹花	

h	ha¹肩
ʔw	ʔwaːŋ¹薄
ʔj	ʔjaːk⁷饿
ʔɣ	ʔɣaːk⁷芋头
phɣ	phɣaːt⁷血
khɣ	khɣa¹耳朵
m̥ɣ	m̥ɣaːŋ¹香
hɣ	hɣaːi⁵旱地
phj	phjaːu⁵飘
thj	thjaːŋ³抢
tshj	tshja¹车
nj	nja¹河
sj	sja³纺车
phw	phwa³坡
thw	thwaːn⁶团（结）
tshw	tshwaːi³踩
çw	çwa¹靴
khw	khwa⁵货
nw	nwa¹搓
ŋ̊w	ŋ̊wa¹狗
sw	swaːi¹筛

2.3.2　韵母

韵母 82 个。

a	aːi	aːu	aːm	aːn	aːŋ	aːp	aːt	aːk
	ai	au	am	an	aŋ	ap	at	ak
ə	əi	əu	əm	ən	əŋ	əp	ət	ək
ɛ					ɛːŋ			ɛːk
					ɛŋ			ɛk
e		eu	em	en	eŋ	ep	et	ek
i		iu	im	in	iŋ	ip	it	ik
ɿ			ɯm			ɯp		
ɔ					ɔːŋ			ɔːk

		ɔm		ɔŋ	ɔp		ɔk
o	oi	om	on	oŋ	op	ot	ok
u	ui		un	uŋ		ut	uk
ø			øn	øŋ	øp	øt	øk
y			yn	yŋ		yt	
ŋ							

韵母例词：

a	ta⁵中间		
a:i	ma:i⁴妻	ai	mai⁴树
a:u	ta:u³烧	au	tau⁶豆
a:m	ta:m¹三	am	tam³织
a:n	ta:n¹编织	an	tan³（穿）衣
a:ŋ	ta:ŋ¹树根	aŋ	taŋ¹来
a:p	ta:p⁷答	ap	tap⁷肝
a:t	ɱa:t⁷（一）次	at	ɱat⁷跳蚤
a:k	pa:k⁷嘴	ak	pak⁷北
ə	lə⁴凶		
əi	məi⁶件（衣）	əu	təu⁵断
əm	təm¹心	ən	tən²黄牛
əŋ	ȵin¹khəŋ⁵臭臭的	əp	təp⁸钝
ət	ɱət⁷星	ək	ta⁵kək⁷打噎
ɛ	tɛ⁵砍		
ɛ:ŋ	mɛ:ŋ⁶命	ɛŋ	mɛŋ¹扯
ɛ:k	fɛ:k⁷百	ɛk	tɛk⁷滴
e	te⁵细小	eu	phjeu⁵票
em	tjem³点	en	tjen²钱
eŋ	teŋ⁵锈	ep	tjep⁷接
et	mjet⁸箥	ek	tek⁷锡
i	ti⁵四	iu	phiu¹鱼篓
im	ta:ŋ²nim⁶蜜蜂	in	tin¹腿
iŋ	ȵiŋ¹贵	ip	nip⁷拧、捏
it	mit⁸刀	ik	sik⁸肉
ɯm	kɯm³疤	ɯp	kɯp⁷缝（衣）
ɔ	kɔ⁵旧		
ɔm	phɔm¹泡沫	ɔp	çɔp⁷提（篮子）

ɔ:ŋ	khɔ:ŋ^{1}不	ŋ	khɔŋ^5（一）间（房）
ɔ:k	khu^{1}khɔ:k^{7}干枯	ok	kɔk^{7}各
o	ku^{6}ko^{5}膝	oi	toi^{5}对
om	tom^{5}水泡儿	on	ton^{5}算
oŋ	koŋ^{1}棕树	op	çop^{7}端（盘子）
ot	pot^{7}钵	ok	kok^{7}国
u	ku^{1}角	ui	tui^{5}褰衣
un	tun^{3}蚊帐	uŋ	kuŋ^{3}茎
ut	put^{8}荸荠	uk	kuk^{7}衣服
ø	kø^{5}锯	øn	tøn^{3}选
øŋ	khøŋ^{5}山谷	øp	tshøp^{7}小丛（树）
øt	søt^{7}说	øk	løk^{7}蘸
y	cy^3（举）手	yn	nyn^{1}蛆
yŋ	kyŋ^{4}杖	yt	lyt^{7}纱筒
ɿ	tsɿ^{5}sɿ^{6}知识	ŋ	ŋ^{5}不

2.3.3　声调

声调 8 个，1—6 调是舒声调，7、8 调是促声调。

调类	1	2	3	4	5	6	7长	7短	8长	8短
调值	42	121	53	24	44	11	42	55	11	12
例词	ma^{1}菜	ma^{2}舌	ma^{3}软	ma^{4}马	ma^{5}背	ka^{6}那	pa:k^{7}嘴	pak^{7}北	(la:k^8)pa:k^{8}雹子	(la:k^8)pak^{8}萝卜

第三章　诶话的语音系统

第一节　诶话音系

3.1.1　声母

　　永乐乡四莫村诶话共 25 个声母，其中辅音 24 个，零声母 1 个。

p	ph	m̥	m		f
t	th	n̥	n	l̥	l
ts	tsh				s
tɕ	tɕh	ȵ̥	ȵ		ɕ
k	kh	ŋ̊	ŋ		x
ø					

　　声母例词：

p	pa¹ 巴	pa:i³ 摆	pan³ 本	pa:i⁴ 拜
ph	pha:i¹ 卖	phəu¹ 泡	pho⁴ 破	pha:u⁴ 炮
m̥	m̥a¹ 狗	m̥a¹ 回	m̥ei¹ 醉	m̥ei¹ 霉
m	ma² 麻	man³ 村	mau³ 亩	ma:i⁴ 树
f	fen¹ 雨	fɛ:n¹ 翻	fe⁴ 肺	fap⁶ 法
t	te:n² 填	ten³ 短	tiəu² 条	tiep⁷ 碟
th	thuai¹ 推	the¹ 梯	thiu⁴ 跳	thut⁶ 脱
n̥	n̥a¹ 厚	n̥aŋ¹ 笋	n̥au² 谁	n̥a³ 脸
n	neŋ¹ 鼻	na:m² 南	nəu³ 脑	na:n⁴ （灾）难
l̥	l̥an¹ 路	l̥a:i¹ 多	l̥iu¹ 笑	l̥au³ 暖
l	la:u² 捞	la³ 拉（绳子）	la:i⁵ 赖	lap⁷ 立
ts	tsa:n² 蚕	tsa:u³ 爪	tsy⁴ 买	tsa:k⁷ 贼
tsh	tshu³ 楚	tshuei⁴ 脆	tsha:t⁶ 擦	tshok⁶ 错
s	sa:m¹ 三	sa:i¹ 绳	saŋ² 桑	set⁶ 洒
tɕ	tɕɤŋ¹ 装	tɕiɛn³ 铲	tɕiu⁴ 照	tɕim⁴ 占
tɕh	tɕhi:u¹ 抄	tɕhioŋ¹ 窗	tɕhiɛ¹ 吹	tɕhiɛn³ 蠢

ŋ̟	ŋ̟iau¹ 臭	ŋ̟ioŋ¹ 蚊子		
ȵ	ȵiu² 虾	ȵian³ 忍	ȵam³ 饱	ȵit⁶ 冷
ɕ	ɕioŋ¹ 霜	ɕie³ 洗	ɕiːu³ 少	ɕiok⁷ 熟
k	kio¹ 喂	kioŋ¹ 弓	kiem¹ 金	kuŋ³ 穷
kh	khiəu¹ 盐	kheŋ¹ 轻	khiɛn¹ 欺	khiau⁴ 留
ŋ̊	ŋ̊u¹ 脖子	ŋ̊em¹ 痒	ŋ̊ai² 蹭	ŋ̊ai³ 屎
ŋ	ŋa² 芽	ŋau³ 藕	ŋuan³ 碗	ŋaːi⁴ 蟹
x	xio¹ 药	xaːi³ 海	xem³ 喊	xiat⁶ 辣
ø	a¹ 鸦	ia³ 野	ieːp⁶ 页	iet⁶ 一

说明:

（1）在前人研究的成果里, 诶话声母系统还有腭化唇音、腭化舌根音和唇化舌根音三套声母, 笔者将其中的腭化成分[j]和唇化成分[w]分别处理为齐齿呼韵头-i-与合口呼韵头-u-。根据笔者的调查, 这样处理符合实际读音, 而且, 由于齐齿呼与合口呼韵母并不限于与唇音和舌根音声母相拼, 因此即使采用前人传统的侗台语言记音方法, 其音系结构也不能精简, 且不便进行音节结构和韵母系统的观察分析, 所以, 这个声母系统里只有单辅音。

（2）舌根音声母 k、kh、x 与齐齿呼、撮口呼相拼, 会发生腭化, 其实际读音分别是 c、ch、ç。

（3）零声母有几种变体情况: 非高元音开头的, 前面一般都带有一个喉塞音 [ʔ], 如: 鸦、哑[ʔa]; 高元音开头的, 往往读作半元音[j]或[w], 例如: 因[jan], 坏[wai]。不过, 喉塞音[ʔ]是否出现在前, 音节首的高元音是否变半元音, 并不区别意义, 是自由变体。

3.1.2 韵母

永乐乡四莫村诶话的韵母共有 119 个, 其中包括自成音节的 m̩、n̩、ŋ̩。

开口呼: 44 个

a		e	ə	ɛ		o	ɔ
ai	aːi	ei					
au	aːu		əu				
am	aːm	em				om	
an	aːn	en	eːn	ɛn	ɯːn		
aŋ	aːŋ	eŋ		ɛŋ		oŋ	ɔŋ
ap	aːp	ep	eːp				
at	aːt	et	eːt	ɛt		ot	

ak　　a:k　　ek　　e:k　　　　　　　ok　　ɔk

齐齿呼：45 个

i　　i　　ie　　　　iɛ　　io　　iu　i:u
　　iai
　　iau　ia:u　　iəu
im　　iam　ia:m　iem
in　i:n　ian　ia:n　ien　　　iɛn
iŋ　　iaŋ　　ieŋ　ie:ŋ　　　ioŋ　iɔŋ
ip　i:p　iap　ia:p　iep　ie:p
it　i:t　　iet　ie:t
ik　i:k　　ia:k　iek　ie:k　　iok　iɔk　iuk

合口呼：15 个

u　　　u
　　uai　　　uei
un　u:n　uan　　uən
uŋ　　uaŋ

ut　　uat　ua:t
uk　　　　　　　uɔk

撮口呼：12 个

y
　　　　　　　　yɛ
　　yai　　　　　yɛi
yn　　　yan　　yən　yɛn
　　　　　　　　yɛŋ
yt　　　　yet　　yet

自成音节　　　ŋ̍　m̍　n̍
韵母例词：

a	ŋa[1]厚	na[2]田	ŋ̊a[3]五
ai	pai[1]去	tai[2]台	sai[3]肠子
au	ŋau[2]谁	lau[2]流	mau[3]亩
am	sam[1]心	tham[2]坛	tam[3]织
an	ḷan[1]路	tsan[2]尘	man[3]村
aŋ	thaŋ[1]汤	paŋ[2]布	khaŋ[3]肯
ap	thap[6]塔	tsap[6]抓	lap[7]立

at	pat⁶ 笔	tat⁶ 节	khat⁷ 核
ak	kak⁶ 角	ak⁶ 握	mak⁷ 墨
aːi	kaːi¹ 街	naːi³ 奶	thaːi⁵ 太
aːu	paːu¹ 包	naːu⁵ 闹	xaːu⁵ 校
aːm	l̥aːm¹ 湿	laːm² 蓝	kaːm³ 山洞
aːn	l̥aːn¹ 房子	taːn¹ 红	saːn³ 伞
aːŋ	taːŋ¹ 当	tsaːŋ² 层	xaːŋ³ 背带
aːp	taːp⁶ 答	kaːp⁶ 夹	laːp⁷ 腊
aːt	maːt⁶ 粥	xaːt⁶ 瞎	maːt⁷ 袜子
aːk	aːk⁶ 恶	tsaːk⁷ 贼	xaːk⁷ 学
e	te² 蹄	ke³ 解	ke⁴ 计
ei	m̥ei¹ 醉	mei² 梅	pei³（手）背
em	l̥em¹ 风	lem² 林	kem³ 感
en	phen¹ 毛	pen² 盆	sen⁴ 信
eŋ	peŋ¹ 兵	meŋ² 名	theŋ⁴ 听
ep	xep⁶ 窄	khep⁶ 磕（头）	tsep⁷ 像
et	ket⁶ 隔	n̥et⁶（这）些	n̥et⁷（生）日
ek	l̥ek⁶ 偷	phek⁶ 劈	lek⁷ 深
eːn	teːn² 填		
eːp	tseːp⁶ 撮（量词）	tɕeːp⁷（用清水）炸	xeːp⁷ 盒
eːt	keːt⁶ 疼		
eːk	meːk⁷ 麦	meːk⁷ 脉	
ə	ə² 而		
əu	l̥əu¹ 怕	nəu³ 脑	khəu⁴ 靠
ɛ	phɛ¹ 削	lɛ² 黎	tsɛ³ 常
ɛn	ŋɛn² 迎	kɛn³ 紧（与疏相对）	
ɛŋ	ŋɛŋ¹ 鹰	lɛŋ² 灵	ɛŋ³ 影
ɛt	fɛt⁶ 发	sɛt⁶ 洒	fɛt⁷ 罚
ɛːn	fɛːn¹ 翻	fɛːn³ 反	
o	n̥o¹ 搓	po³ 跛	pho⁴ 破
om	khom¹ 神龛	tsom⁴ 钻子	pom⁵ 烂泥
oŋ	tshoŋ¹ 仓	xoŋ² 缝	moŋ⁵ 梦
ot	kot⁶ 葛		
ok	kok⁶ 老虎	ok⁶ 出	lok⁶ 外（边）
ɔ	thɔ¹ 拖	ŋɔ² 鹅	tsɔ⁴ 左

ɔŋ	sɔŋ¹ 松	pɔŋ² 棚	phɔŋ³ 捧
ɔk	lɔk⁶ 六	n̩ɔk⁶ 鸟	tɔk⁷ 毒
i	mi² 有	pi² 皮	i³ 椅
im	tɕim¹ 问	kim² 钳	n̩im³ 染
in	phin¹ 偏	l̩in¹ 石头	tshin³ 浅
iŋ	ɕiŋ¹ 伤	piŋ² 瓶	tshiŋ³ 请
ip	l̩ip⁶ 走	tsip⁶ 接	ip⁶ 腌
it	thit⁶ 铁	n̩it⁶ 冷	mit⁷ 灭
ik	thit⁶ 踢	sik⁷ 席	lik⁷ 儿子
i:n	tshi:n¹ 千	mi:n³ 柿子	ni:n³ 碾
i:p	li:p⁷ 追（赶）		
i:t	li:t⁷ 猎	tsi:t⁷ 截	
i:k	tɕhi:k⁶ 尺		
ia	pia¹ 眼	phia¹ 山	xia³ 刀
iai	piai¹ 死	khiai¹ 远	khiai⁴ 卵
iau	phiau¹ 烧	n̩iau¹ 臭	tɕiau³ 拿
iam	thiam¹ 添	iam¹ （回）音	khiam⁴ （锅）盖
ian	kian¹ 斤	m̩ian¹ 蚂蝗	ŋian² 银
iaŋ	ɕiaŋ¹ 赏	m̩iaŋ⁴ 半	n̩iaŋ⁴ 掉坠物
iap	khiap⁶ 斗笠	khiap⁶ （地）陷	iap⁶ 眨
iat	xiat⁶ 辣		
iak	m̩iak⁶ （光）滑		
ia:u	n̩ia:u² 挠	kia:u³ 搅	
ia:m	kia:m³ 减	nia:m⁴ 舔	
ia:n	pia:n¹ 斑	ɕia:n² 唇	n̩ia:n⁴ 夜
ia:p	tsia:p⁶ 轧	tɕia:p⁷ 铡	
ia:k	phia:k⁶ 菜		
ie	phie¹ 批	tsie² 茶	n̩ie⁵ 额
iem	kiem¹ 金	iem¹ 阴（天）	tiem⁵ 垫
ien	sien¹ 仙	kien² 芹	pien⁵ 办
ieŋ	m̩ieŋ¹ 虫	nieŋ² 娘	sieŋ³ 省
iep	thiep⁶ 贴	tsiep⁷ 十	tɕiep⁷ 叠
iet	piet⁶ 鸭	iet⁶ 一	liet⁷ 舌头
iek	tɕhiek⁶ 拆	niek⁷ 弱	ɕiek⁷ 食
ie:ŋ	sie:ŋ¹ 箱	kie:ŋ¹ 羹	xie:ŋ¹ 香（蕉）

ie:p	tɕie:p⁶ 插（牌子）	ie:p⁶ 页	
ie:t	pie:t⁶ 八	pie:t⁷ 拔（草）	
ie:k	pie:k⁶ 柏	l̥ie:k⁶ 锅	khie:k⁶ 客
iəu	khiəu¹ 盐	miəu² 苗	piəu³ 表
iɛ	tɕhiɛ¹ 吹	tsiɛ² 齐	ɕiɛ⁴ 世
iɛn	phiɛn¹ 瘦	tsiɛn² 钱	tɕiɛn³ 铲
io	xio¹ 药	n̥io³ 草	pio⁵ 衣
ioŋ	tɕhioŋ¹ 窗	ioŋ¹ 王	tɕioŋ³ 养
iok	tɕhiok⁶ 戳	khiok⁶ 曲	ɕiok⁷ 熟
iɔŋ	tshiɔŋ¹ 冲	tɕiɔŋ¹ 钟	iɔŋ² 融
iɔk	miɔk⁶ 花	kiɔk⁶ 骨	
iu	phiu¹ 飘	iu² 摇	fiu³ 媳妇
iuk	m̥iuk⁶ 软	kiuk⁶ 鞋	phiuk⁶ 芋头
i:u	ti:u¹ 巧	l̥i:u¹ 跑	ki:u⁴ 桥
u	mu¹ 手	tu¹ 门	thu³ 土
un	m̥un¹ 柴	mun² 瞒	kun³ 穷
uŋ	fuŋ¹ 方	muŋ² 忙	tɕhuŋ⁴ 撞
ut	thut⁶ 脱	khut⁶ 宽	tut⁷ 夺
uk	l̥uk⁶ 呕吐	kuk⁶ 国	m̥uk⁷ 鼻涕
u:n	pu:n¹ 搬	ku:n³ 管	xu:n⁵ 换
ua	kua¹ 瓜	khua³ 棵	ua⁵ 话
uai	xuai¹ 牛	suai⁴ 岁	luai⁵ 累
uan	suan¹ 教	ŋ̊uan² 日	puan⁴ 被子
uaŋ	ŋuaŋ⁵ 傻	xuaŋ¹ 薄	xuaŋ² 崩
uat	khuat⁶ 坑（自然形成的深坑）	uat⁷（礼）物	ŋ̊uat⁶ 青（菜）
ua:t	kua:t⁶ 割		
uei	l̥uei¹ 梳子	puei² 年	thuei³ 腿
uən	ŋuən¹ 安	puən² 盘	khuən³ 款
uɔk	uɔk⁷ 大	uɔk⁷ 或者	
y	ɕy¹ 书	ly² 驴	ky³ 举
yn	tɕyn¹ 砖	syn³ 选	yn³ 远
yt	syt⁶ 雪	lyt⁷ 血	yt⁷ 越
yai	tɕhyai¹ 揣	kyai¹ 山坡	
yan	xyan¹ 牙齿	kyan² 裙	yan² 云

yet	kyet⁶ 桔	khyet⁶ 摘	kyet⁷ 钝
yən	ɕyən¹ 癣	yən² 丸	khyən³ 犬
yɛ	kyɛ¹（木）耙	ɕyɛ² 沙	
yɛi	ɕyɛi³ 甩		
yɛn	yɛn¹ 闩	kyɛn¹ 贵	yen¹ 弯
yɛŋ	ŋyɛŋ² 横		
yet	kyet⁶ 刮	yet⁶ 挖	xyet⁶ 百
ŋ̍	ŋ² 吴	ŋ² 梧	ŋ³ 五（月）
m̍	m² 不	m² 没	
n̍	n² 你		

说明：

（1）元音[a]做单韵母时实际音值为[A]。

（2）元音 a、e、ə、ɛ、o、ɔ、i、u、y 做单韵母时是长元音；a、e、ɛ、i、u 为韵腹时存在长短对立。

（3）韵母[ou]实际读音是[oᵘ]，韵腹[o]长，韵尾[-u]不太明显。

（4）韵母[uei]实际读音是[ueⁱ]，韵腹[e]长，韵尾[-i]不太明显。

（5）合口呼韵母 uai、uan 在与舌尖音、唇音声母相拼时，介音的实际音值往往为-o-。例如：岁[soai]，对[toai]，教[soan]，端[toan]，被子[poan]，等等。

3.1.3　声调

永乐乡四莫村诶话有 7 个单字调，1—5 调是舒声调，6、7 调是促声调。

调类	1	2	3	4	5	6		7	
调值	51	331	44	455	335	54		24	
	ŋa¹	na²	ŋa³	tam⁴	ta:i⁵	tap⁶	ta:p⁶	lap⁷	la:p⁷
例词	厚	田	脸	矮	姐	肝	答	立	腊

说明：

（1）第 2 调舒声的 331 调，有时会有自由变体 231。

（2）第 6 调促声的 54 调，有时会有自由变体 53、55。

（3）第 7 调促声的 24 调，有时会有自由变体 335。

前人对诶话单字调调类和调值的观点都不相同，陈其光、张伟（1988）指出诶话有七个调类，其中五个是舒声调，调值分别为：42、31、55、24、35，两个入声调，调值分别为：55、24。罗美珍、邓卫荣（1998）认为诶话的声调有六个，其中四个是舒声调，调值分别为 51、31、55、35，两个是入声调，调值分别为 54、35。韦茂繁（2006）、韦树关（2008）提出诶话的声调有七个，其中五个是舒声调，调值分别为 51、31、55、35、24，两个入声调，调值分别为 54、24。

　　针对学界对诶话单字调描写不一致的情况，笔者以田野听辨记录为依据，使用南开大学"桌上语音工作室（MiniSpeechLab）"语音分析软件对诶话的单字调进行了实验分析。实验字表见表 3.1。

　　笔者的实验结果与陈其光、张伟（1988）、韦茂繁（2006）、韦树关（2008）的描写既有相同之处，也有不同的地方。相同的是认为诶话有七个单字调，不同的是七个单字调的调值略有差异。

表 3.1　　　　　　　　　　诶话单字调实验字表

舒声调	
1 调	厚、狗、笋、虫、毛、天、脚、竹
2 调	田、藤、布、池塘、糙、盘、含
3 调	脸、紧、妈、肠、头、媳妇
4 调	矮、肩膀、干、痹、脏、叶、鸡
5 调	姐、蛇、肉、病、帽、坐、豆、他
促声调	
6 调	挖、百、鸭、粥、脱、六、割、尺
7 调	蜡、袜、碟、麦、盖、血、席、舌头

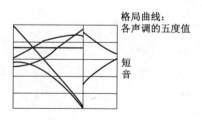

图 3.1　诶话声调格局

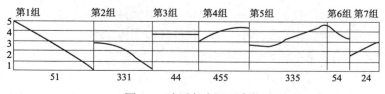

图 3.2　诶话各声调五度值

3.1.4　音节结构

诶话的音节结构为：（辅音）+（元音/介音）+元音+（辅音）+声调或者辅音+声调，加括号的是可以没有的。例如：

1. 元音+声调：a^1 "鸦"
2. 元音+元音+声调：$a:u^4$ "坳"
3. 元音+元音+元音+声调：iau^5 "柚"
4. 元音+辅音+声调：$a:k^6$ "恶"
5. 元音+元音+辅音+声调：ian^1 "因"
6. 辅音+声调：$ŋ̍^2$ "吴"
7. 辅音+元音+声调：pa^1 "芭"
8. 辅音+元音+元音+声调：$ȵau^2$ "谁"
9. 辅音+元音+元音+元音+声调：$thuai^1$ "推"
10. 辅音+元音+辅音+声调：$fuŋ^1$ "方"
11. 辅音+元音+元音+辅音+声调：$xuaŋ^2$ "崩"

诶话中，绝大多数的音节结构形式为例 7—11。元音开头的音节存在自由变体，低元音存在前加[ʔ]的交替，高元音则有 i/j、u/w 的交替。

3.1.5　同音字汇

本字汇主要收录永乐乡四莫村诶话单音节词（或语素），根据上文声母、韵母、声调表的顺序排列，字后右下角的小字表注释、举例，字后右下角数字"1"表示口语常用读音，"2"则次之，一般带有书面语色彩。

a

pa 1 巴 下~，芭，疤，笆，叭 2 划~ 船，杷，爬~山虎 3 把 扫~，个体量词 5 霸，耙~齿

ȵa 1 狗，回~家

ma 2 麻，小青蛙 3 妈，蚂~蚁 4 肩膀，马，~lau^1 猴子

ta 3 打~扮，从，~lim^2 忘记，伯父

ŋa 1 厚 3 脸

na 2 田

l̥a 1 响 4 江

la 3 喇~叭，垃，拉~绳子 寻 1，找 5 ~

tsa 2 斜 5 谢，借，凿

sa 1 三 三十，些~ 2 高~矮 3 写 5 泻

ka 1 家~国，加，lik^7 ~男人 3 杀，假 4 跨~，架 5 嫁

kha 3 ~$təu^5$ 刚到

ŋ̊a 3 五 5 价钱

ŋa 1 叉子 2 牙，芽，哑 5 饿

xa 5 下~巴；量词

a 1 鸦

ŋok¹ 江河之中的洲

ai

pai 1 去 5 稗

ŋai 3 件

mai 2 埋~老鼠

fai 3 过~河

tai 2 台，苔 3 哭 4 带，戴~手镯 5 袋，代

thai 2 胎

ḻai 1 长~短 3~ ŋen⁴ 听见

lai 2 来将~ 3 得 5 讨~板

tsai 2 裁 5 在现~

sai 3 肠子

kai 1 该 3 改 4 鸡，pɔ¹ lɔ¹ ~盖膝

khai 1 开

xai 2 鞋布~ 5 亥(猪)

ŋ̊ai 2 蹭 3 屎

ŋai 2 崖 4 嚼，爱~人

ai 1 要能愿动词 4 爱

au

mau 3 亩

tau 1 蔸 2 头额~，投 3 斗北~星；量词，抖 5 豆

thau 3 歇

ŋau 1 哪 2 谁

nau 1 地方 3 摘，纽~扣

ḻau 3 暖，酒 4 狗对生人叫，灰草木~ 5 梳~头发

lau 1 里，掏，挖 ma⁴ ~猴子 2 流，楼，硫，榴，咱们 3 柳，搂 4 缝

tsau 1 周 2 硬 3 帚 4 袖

tshau 1 秋

sau 1 搜，修，臊 4 绣，潲 5 哨

tɕau 3 肘

tɕhau 1 抽

kau 1 沟，钩 3 狗土~，即蟋蟀 4 看，够，5 旧

khau 1 抠 3 口虎~ 4 扣

ŋau 3 藕

xau 1 咳嗽 2 喉，猴(申) 3 进~屋 嚎

au 1 要，拿，取，娶 3 黑~色 4 沤

am

fam 5 犯

tam 1 泥巴，刺名词 土，中~伺 2 池塘，大坑 3 织 4 矮，低 5 耽

tham 2 坛

ŋam 3 水

sam 1 芯，心 3 酸

ŋam 3 饱

ɕam 2 蟾 3 婶

kam 2 监 5 按

kham 3 槛

nam 1 栽，种

lam 2 仫佬，临~高人 3 倒

tsam 3 枕~头

xam 1 爱~吃

am 1 砸用锤~石头

an

pan 1 分~家 3 本根~

phan 1 骂~人1 4 喷，襻

m̥an 3 紧拉~

man 1 虱子 2 门头~，即闾门 3 村，晚~稻 5 闷

tan 1 单~车 3 穿~衣，戴 5 蛋~黄，顿

than 1 吞 5 炭

n̥an 1 个物体

l̥an 1 路

lan 2 鳞，轮 3 懒，~tsi³结巴 5 论

tsan 2 尘，蝉 3 攒，准 4 进前~ 5 赚

tshan 1 亲，餐 4 寸

san 1 新，辛

kan 1 根，断，间时~

ŋan 1 扁担 3 黄~瓜

ŋan 2 颜 3 晏迟，眼~镜 5 雁

xan 2 闲，痕 3 很

aŋ

paŋ 1 崩 2 布 3 绑 4 棒

maŋ 2 么 3 坏了一半，缺~了口子 5 望

taŋ 1 灯 2 藤编篮、椅的材料 3 等~待 4 凳

thaŋ 1 汤，烫

n̥aŋ 1 笋

naŋ 2 能~干，没2 5 坐

l̥aŋ 1 背刀~ 4 放~手

saŋ 2 桑 4 擤~鼻涕

kaŋ 1 京 2 扛两个人用肩膀承担 4 降

khaŋ 3 肯

xaŋ 3 允许，让 5 项~鸡，没有下蛋的母鸡

ap

fap 6 法

tap 6 肝 7 踏

thap 6 塔，蹋糟~

l̥ap 6 黑暗、石量词

lap 7 立

tsap 6 抓，捉 7 砸~碗~破了

tɕap 6 汁

khap 6 捏

ŋ̊ap 6 咬狗~

at

pat 6 笔，不~但

mat 7 密，蜜

fat 6 甩 7 佛

tat 6 节，瘩，桩

that 6 踢

nat 6 粒

ļat 6 屁

lat 7 栗，勒

tsat 7 侄

tshat 6 七，漆

sat 6 戌（狗）

khat 7 核

ak

pak 6 剥，北，卜

mak 7 墨

ŋak 6 重轻~

ļak 6 告诉，通知

lak 6 胳

sak 6 塞

kak 6 角，疙

khak 6 壳，间整栋房子，刻，渴

ŋak 6 砍~树

xak 6 黑~板

ak 6 握

a:i

pa:i 1 女生殖器 2 排 3 摆 4 股屁~，拜 5 败

pha:i 1 卖 3 庹 4 派

ma:i 4 木，树，词缀雌性动物，～mu¹拇指

fa:i 1 坝水~

ta:i 3 傣 5 姐，大~概

tha:i 5 太

ŋa:i 5 疲乏，困倦

na:i 3 奶

ļa:i 1 多 4 耙~田，利刀口快

la:i 5 赖

tsha:i 1 猜 3 睬，踩 4 菜韭~

sa:i 1 螺蛳，腮，绳，灾~难 4 细，筛

ça:i 5 晒

ka:i 1 街 3 别~嗔 5 戒

kha:i 1 楷 4 概

ŋa:i 1 挨~近 2 挨（被）4 蟹 5 艾~草

xa:i 3 海，将

a:u

pa:u 1 胞，苞，包 2 刨 3 保 4 豹 5 抱

pha:u 4 炮

na:u 5 闹

tsa:u 3 爪

ka:u 3 叫~花子，即乞丐

ma:u 3 卯（兔）

la:u 1 和~泥，搅，拌 2 捞

xa:u 5 校，孝

a:u 4 坳

a:m

ma:m 5 肉

ta:m 2 痰 3 胆 5 淡

tha:m 3 塌地~ 4 探

na:m 1 念 2 南

l̥a:m 1 湿

la:m 2 蓝，篮

tsa:m 1 馋

tsha:m 1 掺，搀

sa:m 1 三

ka:m 3 山洞，敢

xa:m 2 咸，含 5 陷脚~下去

a:n

pa:n 2 扳 3 板 5 瓣，扮打~

ma:n 2 蛮

ta:n 1 红 2 弹~棉花 5 弹子~，但

tha:n 1 瘫，滩，摊

na:n 4 难灾~

l̥a:n 1 房子，孙子

la:n 5 烂

tsa:n 2 蚕，xɔk⁶ ~玩 3 盏 4 赞

tsha:n 2 扎

sa:n 3 伞，散

ka:n 1 间中~

a:ŋ

pa:ŋ 1 螃，帮~助 5 蚌

ta:ŋ 1 当 2 糖，塘火~ 3 挡 5 蛇

la:ŋ 3 晾 5 浪

tsa:ŋ 2 层

xa:ŋ 3 背带

a:p

ta:p 6 答，搭

l̥a:p 6 挑、担

la:p 7 腊，蜡，闪雷~

ka:p 6 夹，甲 7 拃

kha:p 6 掐~手

ŋa:p 6 螯

a:p 6 压

a:t

ma:t 6 粥 7 抹，袜子

tsha:t 6 擦

tɕha:t 6 水獭

xa:t 6 瞎

aːk

paːk 6　～tu¹ 冂口 7 雹，洞墙～

ŋaːk 7 岳

tsaːk 7 贼

xaːk 7 学

aːk 6 恶

e

pe 1 臭虫　3 背～龙骨，即脊椎骨　4 闭

me 3 米玉～　5 潜水，谜

fe 4 肺

te 2 蹄，啼　3 底　4 蒂，帝，lu²～芦荨　5 弟，第

the 1 梯　4 替动词，剃

l̥e 1 犁

le 3 礼，下

tse 1 脐　3 挤～奶　4 锥

se 1 西～瓜　5 细～心

ke 3 解　4 计　5 继

ŋe 4 lai³～听见

xe 4 系

ei

pei 3 背手～

m̥ei 1 醉，霉　4 扛一个人承担

mei 2 梅　4 外，味滋～

fei 2 蛔　4 肥～料

em

tem 2 小坑

mem 4 泉水

nem 3 回忆，想你～什么，考虑

l̥em 1 风，满 maːi⁴～枫树

lem 2 林，淋

kem 1 甘　3 感

khem 1 襟

ŋ̊em 1 痒

ŋem 3 把集体量词

tsem 1 针　2 沉，寻₂

xem 3 喊

en

pen 2 盆　3 种谷～，本～事　5 笨，份

phen 1 毛

men 1 天～地

fen 1 雨，分 2 坟 3 粉土～，即蚯蚓 4 粪

ten 3 短～裤　4 炖

tsen 1 真　5 尽　4 震

sen 4 信

khen 1 牵，间中～

xen 3 狠　5 恨

eŋ

peŋ 1 兵 3 饼 5 病

meŋ 2 名，明清~

teŋ 2 来 3 断~气 4 拦 5 定

theŋ 4 听

ɲeŋ 1 动~弹, ~身

neŋ 1 鼻，虫 3 拧

leŋ 2 零，量~步，后最~，梁 3 两斤~ 4 顶，岭，领 5 量胆~，另

tseŋ 1 将~来，精，蒸，正~月，张量词，慌~ 2 墙，情 3 奖，井，掌 4 酱，正~反 5 匠，仗

tsheŋ 1 清，枪，青~铜蛙 3 抢 4 秤，5 撑

tɕeŋ 3 长~大，涨 4 胀，帐

tɕheŋ 1 称

ɕeŋ 1 升，声 5 剩

kheŋ 1 轻

keŋ 4 赶~鸟，更，镜，敬

xeŋ 1 乡 2 桁~条, 即椽子，行~李 3 哼 4 兴

eŋ 4 应

ep

pep 6 肿浮~

ɲep 6 拈火~, 即火钳

tep 7 忽然

tsep 7 习~惯，像

kep 6 鸽，青蛙，给 7 盖动词，罩动词

khep 6 磕~头

ŋep 7 腐朽

xep 6 窄

ep 6 敷

et

tet 6 的助词

ɲet 6 轭，些这~ 7 日生~

ket 6 揭，隔，脚山~ 7 稠

ek

pek 6 壁，逼 7 白~鹤

phek 6 劈

tek 6 滴 7 笛，词缀牛类的雌性

lek 6 偷，旁 6 力~气

lek 7 深

tsek 6 迹 7 夕

tshek 6 戚

sek 6 惜，锡，媳弟~，息利~ 熄

tɕhek 6 雀，鹊

ɕek 7 石~灰, ~榴

kek 7 屐木~

e:n

te:n 2 填

e:p

tse:p 6 撮_{量词}　　　　　　　　　xe:p 7 盒

e:t

ke:t 6 疼

e:k

me:k 7 麦，脉

ə

ə 2 而

əu

pəu 1 葛藤 5 孵，暴　　　　　　tshəu 1 操_{~练} 3 草_{~鸡，即蟋蟀}，丑 (牛) 4

phəu 1 泡_{尿~} 5 泡_{~茶}　　　　　糙

məu 2 毛_{~巾} 5 帽，冒　　　　　səu 1 骚 3 嫂 4 扫

təu 2 萄，拴，桃_{水果}，淘_{~气} 3 倒 4 到 5　　kəu 1 糕，篙，高_{临~入，~粱} 4 告

稻_{早~}

thəu 3 讨_{~厌} 4 套

nəu 3 脑　　　　　　　　　　　khəu 1 烤 3 考 4 靠

ləu̥ 1 怕　　　　　　　　　　　ŋəu 2 熬

ləu 3 老　　　　　　　　　　　xəu 1 拔 3 叫声_{动物} 4 老鼠_{现在的说法} 5 后_副

　　　　　　　　　　　　　　　词，候

tsəu 1 糟 2 吵 3 蚤，枣，早_{~稻} 4

灶

ε

phε 1 削　　　　　　　　　　　lε 2 黎

nε 2 泥_{~瓦匠}　　　　　　　　tsε 3 常

ɛn

ken 3 紧 与疏相对　　　　　　　　ŋɛn 2 迎

ɛŋ

lɛŋ 2 灵　　　　　　　　ɛŋ 3 影
ŋɛŋ 1 鹰，鹦

ɛt

fet 6 发 7 罚　　　　　　　　set 6 洒，撒

ɛːn

feːn 1 翻 3 反

o

po 3 跛　　　　　　　　lo 5 起来
pho 4 破　　　　　　　　tso 5 座
mo 3 摸 4 瓦泥~匠 5 个~~人　　　　so 1 梭 2 蓑 3 锁 4 直
to 1 兜头~，即发髻，陀~螺 2 道~理 3 朵 4 垛　　ko 5 这~个
5 剁，跺
n̥o 1 搓　　　　　　　　ŋo 5 颚 3 五
no 5 糯，哪　　　　　　　　xo 5 鹤

om

pom 5 烂泥　　　　　　　　tsom 4 钻子
mon 3 闭~口　　　　　　　　khom 1 神龛 3 臼

oŋ

poŋ 1 帮量词　　　　　　　　loŋ 1 螂螳~ 2 狼，郎
phoŋ 4 碰　　　　　　　　soŋ 1 双1
foŋ 3 晃2　　　　　　　　tsoŋ 2 虫门~，即苍蝇 床，蜻~蜓 藏，
moŋ 5 梦　　　　　　　　重~阳
toŋ 1 犊水牛~ 2 堂，螳~螂　　　　tshoŋ 1 仓
thoŋ 3 躺 2 疼~爱　　　　　　　koŋ 1 缸，钢，光~说 4 杠

noŋ 5 裆

l̥oŋ 1 见遇~, 看~ 5 亮, 晴, 光

xoŋ 2 缝 3 晃 15 行量词

ot

kot 6 葛

ok

mok 6 ～lu⁴雾 7 木~匠, ~耳

m̥ok 6 泪~水

l̥ok 6 哄骗, 吓唬

lok 6 外~边

tshok 6 错

kok 6 老虎, 各

khok 6 确

ok 6 出, 屋~檐底, 即走廊

ɔ

pɔ 1 玻, 菠, ～lɔ¹盖膝盖 2 婆

m̥ɔ 4 新~衣

mɔ 3 瓦 5 他, 磨

fɔ 2 浮 3 袯

tɔ 2 砣 5 就

thɔ 1 拖

nɔ 2 挪

l̥ɔ 1 耳朵 2 ～ŋuk⁶婆 3 篮子, 认得, 懂~
事, 知道, 明白 4 漏, 汗

lɔ 1 pɔ¹～盖膝盖 2 螺, 骡, 萝, 罗,
锣, 螺陀~ 4 摞, 垒 5 了助词

tsɔ 4 左

tshɔ 1 粗, 初, 擦~药 4 锉

sɔ 1 嗦 3 鲤, 所

kɔ 1 哥, 歌, 高~兴 3 ～xe:t⁶早晨

khɔ 1 误 3 可

ŋɔ 2 鹅, 蛾

xɔ 2 河

ɔ 1 拉~屎

ɔŋ

pɔŋ 2 棚

phɔŋ 3 捧

mɔŋ 3 蒙, 猛, 蜈~蚣

fɔŋ 1 风~箱, ~筝, 蜂~王, 桃~树 2 封

tɔŋ 1 煮, 冬, 东 2 柱, 筒, 铜,
桐, 同~伴 4 冻, 肚 5 洞蚂蚁~, 侗

thɔŋ 1 通 3 桶, 统, 捅

tsɔŋ 1 鬃, 宗, 骔

tshɔŋ 1 葱, 聪 4 铳

sɔŋ 1 松 4 送

tɕhɔŋ 1 春

kɔŋ 1 公, 蚣, 工 3 拱

khɔŋ 1 空~地 2 空~气 4 空~闲

xɔŋ 1 烘 2 红~薯

noŋ 2 浓，脓　3 簸箕　4 lik⁷～孩子，娃，弟兄～

loŋ 1 怀～娃，即怀孕　2 龙，笼　3 咙，驼子，

拢　5 弄

ɔŋ 5 壅

ɔk

pɔk 7 躲，伏

phɔk 6 扑

mɔk 6 肿 身上起了疙瘩

mɔk 6 干涸

tɔk 7 毒，独，读

thɔk 6 秃，托

n̥ɔk 6 鸟

nɔk 6 缩～尾巴

l̩ɔk 6 六

lɔk 6 落，掉，丢　7 绿，鹿，起看不～

tsɔk 6 烛蜡～，竹　7 族，俗，续

tshɔk 6 畜

sɔk 6 缩～小

kɔk 6 谷

ŋɔk 6 l̩a⁵ ～江河之中的洲

xɔk 6 做，～tsaːn² 玩

i

pi 2 皮，兄～弟，脾，枇　3 比　4 臂　5 蓖，

备，这

phi 1 披　3 屁～股

m̩i 1 线　4 醋

mi 2 有，秘～密　3 尾巴，眯　5 未 (羊)

fi 1 飞　4 痱

ti 4 地

tɕi 1 蜘，枝，支，芝　2 迟　3 指，肢，

纸，只副词　4 痣，肢　5 治，现在

tɕhi 3 齿　4 翅，鳍鱼～

ɕi 1 师　2 时，希，匙　3 喜，屎～烟　4

试　5 是，什，市

n̥i 3 耳锅～、木～，蚁　5 二

ki 1 机，埂，肌　2 骑，奇，棋　3 鸡项～，

埂田～，几～个　4 记

khi 2 旗　3 起～床　4 气

xi 1 稀　4 戏

li 1 好　2 篱，璃，狸，梨，荔，离　3 李，

里量词，理　5 利～息

tsi 2 糍，鹚，滋～味　3 子词缀，姊，紫　5 巳

(蛇)，自，字

tshi 4 次

si 1 丝，撕，思心～　4 四　5 事

i 1 衣肚～ 2 移，姨　3 椅，已，以，

依布～族　4 亿，意　5 易

im

tim 2 甜～酒　3 点

nim 1 黏，粘，跟～随

n̥im 3 染

kim 2 钳　4 剑

ḷim 4 凉快

khim 4 欠

ḷim 2 ta^3~_{忘记} 3 蔫$_2$ 4 镰，捡

xim 3 险_{危~}

tsim 1 尖

im 1 阉 2 檐，芫~_{荽菜} 4 厌

tɕim 1 问 2 粳~_米 4 占

in

pin 1 边_{务~}，鞭，编 3 扁 4 变 5 辫，辩

tshin 3 浅

phin 1 偏 4 片

sin 1 先~_生

min 2 棉，绵 3 抿 5 面

tɕin 1 跟_{脚~}

tin 1 脚，癫 5 电

ɕin 5 鳝，善

thin 1 天~_鹅 2 田~_埂

kin 3 碱，茧，紧~_急 4 件_{条~}

ḷin 1 石头

khin 4 芡粉_{即淀粉}

lin 5 练，链

xin 1 身，姜

tsin 1 煎 2 前~_进 3 剪 4 箭 5 贱

in 1 烟，蔫$_1$ 2 然，弦 4 燕，砚 5 现~_在

iŋ

piŋ 2 坪，瓶，平

tshiŋ 3 请

phiŋ 4 拼

siŋ 1 腥 3 想~_法，醒 5 姓

miŋ 4 命

tɕhiŋ 4 唱 5 拄

tiŋ 1 叮，钉 2 停 5 靛

ɕiŋ 1 伤 2 尝

thiŋ 3 挺

kiŋ 2 强，经~_验

niŋ 3 小~_{儿子}

khiŋ 1 僵

liŋ 2 怜 5 亮_{明~}

iŋ 2 阳，扬，赢 5 样

tsiŋ 4 净，澄 5 静

ip

ḷip 6 走

kip 6 涩，劫，蝎子_{有毒的}

tsip 6 接

ip 6 腌

it

pit 6 鳖

tsit 6 节~_约

mit 7 灭

thit 6 铁

n̩it 6 冷

kit 6 热冷~，结~冰 7 翘

ik

tik 6 的~确

thit 6 踢

lik 7 儿子，~ka¹男人

sik 7 席

i:n

mi:n 3 柿子

ni:n 3 碾

tshi:n 1 千

i:p

li:p 7 追~赶

i:t

li:t 7 猎

tsi:t 7 截

i:k

tɕhi:k 6 尺

ia

pia 1 眼 2 爬

phia 1 山，鱼

nia 1 粘

tshia 3 且

tɕia 1 渣，遮 2 查 4 蔗，炸~饼，榨，鹧

tɕhia 1 车，差~得多 3 吵 4 叉~子

ɕia 1 xuai²~黄牛，杉，砂铁~ 2 纱，旱地 4 舍 5 射

kia 1 湿疹 2 茄

khia 1 示 3 秧没有插的~

xia 3 刀

ia 1 父，爷，椰 3 野，也

iai

piai 1 死 5 ~l̩a:n¹邻居

khiai 1 远，去~年 4 卵，蛋

iau

phiau 1 烧

ciau 3 手~指 4 兽

liau 3 了助词

kiau 3 韭~菜，九 5 舅

tɕiau 3 拿

khiau 1 mɔ⁷~他们 3 头~发，始 4 留

n̥iau 1 臭

iau 3 酉（鸡） 5 柚

n̠iau 2 牛蜗~ 4 皱

iam

thiam 1 添

iam 1 音回~

khiam 4 盖锅~

ian

m̥ian 1 蚂蝗

cian 5 顺

fian 1 熏

kian 1 斤，吃，巾，筋

n̠ian 2 仁果~，人临高~ 3 忍 5 认~字，还~是

ŋian 2 银，龈

ian 1 因

iaŋ

piaŋ 1 香~气 5 那

n̠iaŋ 4 掉坠物

m̥iaŋ 4 半

kiaŋ 3 讲~故事

siaŋ 4 相~片

khiaŋ 1 ~l̥aŋ¹背后 5 ～ ŋ̊wan² 中午

ciaŋ 1 赏，凶

iap

khiap 6 斗笠，陷地~下去

iap 6 眨

iat

xiat 6 辣

iak

m̥iak 6 滑光~

ɕiaːu

ȵiaːu 2 挠　　　　　　　　　kiaːu 3 搅

iaːm

niaːm 4 舔　　　　　　　　　kiaːm 3 减

iaːn

piaːn 1 斑　　　　　　　　　ɕiaːn 1 申 (猴) 2 唇，神，辰 (龙)
ȵiaːn 4 夜

iaːp

tsiaːp 6 轧　　　　　　　　　tɕiaːp 7 铡

iaːk

phiaːk 6 菜

ie

phie 1 批　　　　　　　　　tɕie 1 耙铁~ 5 这
mie 4 背~孩子　　　　　　　　ɕie 3 蚀日~，洗
tsie 2 耕，茶，锤，家大~ 3 姐堂~ 4 锥　　ȵie 5 额
sie 3 水~族，~银，~稻

iem

tiem 5 垫　　　　　　　　　iem 1 阴~天 5 铍
kiem 1 金 4 禁

ien

pien 5 办　　　　　　　　　tɕhien 1 伸~手
sien 1 仙 3 扇~风，米~，即稻穗 4 线棉~　　kien 2 芹

ieŋ

pieŋ 4 柄　　　　　　　　　sieŋ 3 省 4 向

ȵien 1 虫

nien 2 娘

lien 2 粮，梁

tsien 1 争，筝，章 2 蜓 4 浆

tɕien 5 丈量词

ɕien 1 生~命 2 城，成

khien 1 坑

ien 1 秋红薯~ 2 洋，杨

iep

phiep 6 瘪

tiep 7 碟，蝶

thiep 6 贴

tsiep 7 十

tɕiep 7 叠

kiep 6 吸~气，收拾，急，圾垃~

iet

piet 6 鸭 7 别区~

liet 7 舌头

tsiet 6 疖子

tshiet 6 切

tɕiet 7 着助词

ɕiet 7 实，术

ȵiet 6 热~闹、亲~

kiet 6 疼头~；~孩子

xiet 6 kian¹~吃早饭，ko³~早晨

iet 6 一，约

iek

niek 7 弱

tsiek 7 殖

tɕhiek 6 拆，坼

ɕiek 7 食

ie:ŋ

tsie:ŋ 4 象大~

sie:ŋ 1 箱，星 4 锈

kie:ŋ 1 羹调~

xie:ŋ 1 香~蕉；烧~

ie:p

tɕie:p 6 插~牌子

ie:p 6 页

ie:t

pie:t 6 八 7 拔~车

ie:k

pie:k 6 柏

ȵie:k 6 锅

phie:k 6 拍，魄　　　　　　　　　　khie:k 6 客

iəu

piəu 3 表　　　　　　　　　　　　tçhiəu 3 丑

miəu 2 苗　3 猫　　　　　　　　　çiəu 5 棺材

tiəu 2 条桁~, 即椽子　　　　　　　　kiəu 1 交~情　2 球

liəu 4 料　　　　　　　　　　　　khiəu 1 盐，敲~门

siəu 3 小~腿, ~米　　　　　　　　　iəu 1 妖~精　2 油，游　5 右

tçiəu 4 罩灯~

iɛ

tsiɛ 2 齐　　　　　　　　　　　　ɲiɛ 5 今

tçiɛ 5 坠　　　　　　　　　　　　çiɛ 4 世

tçhiɛ 1 吹

iɛn

phiɛn 1 瘦　　　　　　　　　　　ɲiɛn 4 验经~

miɛn 5 慢　　　　　　　　　　　çiɛn 1 山~歌

liɛn 2 后~年　　　　　　　　　　kiɛn 1 间房~　2 勤　4 见~意~　5 近附~

tsiɛn 2 钱　　　　　　　　　　　khiɛn 1 欺

tçiɛn 3 铲　　　　　　　　　　　iɛn 2 寅 (虎)　3 隐　4 印~脚

tçhiɛn 3 蠢

io

pio 5 衣　　　　　　　　　　　　kio 1 喂　4 姑~妈，锯

ɲio 3 草，词缀未下崽的雌性动物　5 蚱蜢　　xio 1 药　4 糠

tçio 1 把集体量词　　　　　　　　　io 4 污垢，脏　5 又

çio 4 数动词

ioŋ

tçioŋ 3 养　5 壮，状　　　　　　　kioŋ 2 狂　5 明~天

tçhioŋ 1 窗，疮　4 闯　　　　　　　khioŋ 1 门~框　3 孔

n̥ioŋ 1 蚊子

çioŋ 1 霜，双₂ 2 熊

xioŋ 1 稻草 2 胸

ioŋ 1 王，皇，羊

iok

tɕhiok 6 戳

çiok 7 熟

khiok 6 曲

iok 7 欲

iɔŋ

tshiɔŋ 1 冲

tɕiɔŋ 1 钟，中~秋 4 中打~

kiɔŋ 1 弓 4 共

iɔŋ 2 绒，榕，融，溶，容，腐烂 3 蛹，勇 5 用，努

iɔk

miɔk 6 花

kiɔk 6 骨

iu

piu 1 快~梭 2 瓢，萍

phiu 1 飘，漂~在水上 4 漂~布

miu 2 瞄

fiu 3 媳妇

tiu 1 叼 2 条~件 4 吊，钓

thiu 1 挑~揆 4 跳

niu 3 扭，纽~辫子，鸟布谷~ 5 屎

l̥iu 1 笑

liu 2 聊 3 缠，溜

tsiu 1 椒，焦，蕉，招女婿 2 锄~草

tshiu 1 锹铁~

tɕiu 2 朝 4 照

tɕhiu 1 初~月 3 梢树~

n̥iu 2 虾 3 绕~弯

çiu 1 收，烧发~ 3 守，首 5 受

kiu 1 鸠，我们 2 求 3 纠 4 救

iu 2 摇 3 舀 4 鹞 2

iuk

piuk 7 白~菜

phiuk 6 芋头，竹篾

m̥iuk 6 软

tsiuk 7 镯

kiuk 6 鞋

iuk 7 ～ka¹ 女人

iːu

tiːu 1 巧

l̥iːu 1 跑

siːu 1 消，宵，箫，硝

kiːu 4 桥，轿

niːu 3 拗折断

tɕhiːu 1 抄 3 炒 4 撬开

ɕiːu 3 少

khiːu 1 砸用锤~石头

iːu 1 腰

u

pu 2 脯，葡 3 补 4 布~依族

phu 1 铺

m̥u 1 猪

mu 1 手 3 母岳~

fu 1 夫，肤 2 狐，葫，扶，呼 3 虎~口(人体穴位)，爬墙~，斧 4 傅，附，副，富 5 妇，腐豆~，父岳~

tu 1 都，门 2 涂，图~章 3 堵，赌 5 肚~脐

thu 3 土，吐 4 兔

n̥u 4 老鼠过去的说法

lu 2 芦，鸬~鹚，萝~卜，炉 3 鲁，噜 4 mok6 ~雾 5 露

tsu 2 锄~头 3 祖

tshu 3 楚

su 1 你们 4 漱

ku 1 我 3 古，估，鼓，蹲 5 姑~父

khu 1 鸪 3 箍，苦 4 裤

ŋ̥u 1 脖子

u 1 乌 2 湖，壶，胡，蝴，糊，黄~豆 3 鹉，捂，虎马~ 4 住，在，误，米

un

m̥un 1 柴

mun 2 瞒

fun 1 甜，欢1

nun 2 睡 3 男生殖器

lun 1 钻老鼠~洞 4 乱

tsun 4 钻用钻子~洞

sun 4 蒜，算

kun 3 穷

xun 1 欢2

uŋ

m̥uŋ 3 网渔~

muŋ 2 忙，虻 3 网蜘蛛~ 4 蜂蜜~

fuŋ 1 方，慌 2 房蜂~，防 3 纺 4 放~心

tɕuŋ 1 装~粮食

tɕhuŋ 4 撞

ɕuŋ 4 痛~快

uŋ 2 王，黄~鼠狼，磺 3 往，永，枉

ut

put 6 拨挑~

tsut 7 浑

phut 6 泼

tut 7 夺

thut 6 脱

ɕut 6 吮吸

khut 6 宽

ut 6 端~水，粽子 7 活

uk

m̩uk 7 鼻涕

tuk 6 戳，啄

n̩uk 6 lɔ²~耳聋

l̩uk 6 呕吐

luk 6 开水~了 7 卧室，房灶~

kuk 6 国

u:n

pu:n 1 搬

ku:n 3 管 4 灌

xu:n 2 还~账 5 换

ua

kua 1 瓜，蜗 3 果，孤，寡 4 挂

khua 3 颗，棵，夸 4 货

xua 1 花棉~ 3 火萤~虫，~塘，~石，~把，~钳

ua 2 和~面，窝 5 话，禾，画

uai

tuai 5 对

thuai 1 推 5 退，褪，蜕

luai 5 累

tsuai 2 随

suai 4 岁

kuai 1 乖 5 怪

khuai 5 筷，快 4 块

xuai 1 牛

uai 1 歪 5 坏

uan

puan 4 被子

tuan 1 端~午

suan 1 教

kuan 1 竿，关~系，竹~棒 3 滚，杆，秆 4 惯，先~后，前~天，棍，干能~

khuan 3 捆

ŋuan 2 日 4 闻嗅

ŋuan 3 碗 5 昨

ɕuan 1 婚，燃，成，昏 5 焊，旱~稻

uan 2 纹，蚊，魂，顽~皮 3 同，和，替，腕 5 万

uaŋ

ŋuaŋ 5 傻

xuaŋ 1 薄，疏

uat

khuat 6 坑_{自然形成的深坑}

ŋ̊uat 6 青~菜

uat 7 物_{礼~}

ua:t

kua:t 6 割

uei

puei 1 杯 2 年，陪，赔，胖，肥~肉 5 焙，背~书，倍

muei 2 煤，媒 3 每~天 5 妹

fuei 1 灰_{石~}

tuei 1 堆 4 段

thuei 3 腿

nuei 5 内

l̥uei 1 梳子

luei 2 雷 3 蕾

tsuei 3 嘴 4 最

tshuei 1 催 4 脆

kuei 1 龟 2 婿 3 鬼 4 柜 5 跪

xuei 1 火~灰, 吹~筒, 2 肥~房, 即厕所 3 悔, 圩 4 叶

uei 1 煨 2 围，危~险，回_{量词} 5 胃，位，会，为

uən

puən 2 盘 5 伴 4 半—斤~

kuən 1 冠，官 4 罐

khuən 3 款

xuən 1 人_{猪~, 打}, 4 汉，痪_瘫 5 寒，苋~菜

ŋuən 1 安 5 嫩

uən 2 萤~火虫，闻_{好~}

uɔk

uɔk 7 大，或者

y

ty 3 指_{~方向}

ly 2 驴

tsy 4 买

tshy 1 蛆

çy 1 输，书，须，荽_{芫~菜} 2 薯，蜍 3 水~牛，鼠 4 把~屎，嗉囊 5 竖，树_{枣~, 柳~}

ky 3 举 4 句，具

khy 1 区

tɕy 1 蛛，猪_{箭~，即刺猬} 2 除 4 蛀，柱　　　　xy 4 干

tɕhy 3 mu¹_{~肘手} 5 处_{好~}　　　　y 2 鱼_{~翘，即鱼鳍}，如 5 玉

yn

pyn 1 月_{~亮}，俯冲　　　　kyn 1 站 2 上_{~边}

syn 1 鲜 3 选 5 旋　　　　khyn 1 圈 4 劝

tɕyn 1 砖 2 传 3 转　　　　xyn 3 上_{~楼}

tɕhyn 1 穿_{~针、~山甲} 4 串　　　　yn 1 冤 2 铅，元，圆，原 3 远

çyn 1 园_{菜~} 2 船

yt

lyt 7 血　　　　kyt 6 打_{~人}

syt 6 雪　　　　khyt 6 缺_{~唇，即豁嘴子}

ȵyt 6 月_{~经}　　　　yt 7 越

yai

tɕhyai 1 揣　　　　kyai 1 山坡

yan

kyan 1 关_{~门} 2 裙 5 菌_{细~}　　　　ŋyan 4 闻_嗅

xyan 1 牙齿　　　　yan 2 云，园_{~麻} 5 运

yet

ȵyet 6 蛰　　　　khyet 6 摘

çyet 6 刷，涮　　　　ŋyet 7 月_{~份}

kyet 6 桔 7 钝

yən

çyən 1 癣　　　　khyən 3 犬

kyən 2 拳 3 卷 5 绢　　　　yən 2 丸

yɛ

çyɛ 2 沙　　　　kyɛ 1 耙_{木~}

ɣei

çɣɛi 3 甩

ɣɛn

çɣɛn 1 闩，栓　　　　　　　　ɣɛn 1 弯　2 晕头~

kɣɛn 1 贵

ɣɛŋ

ŋɣɛŋ 2 横

ɣɛt

kɣɛt 6 刮，剜　　　　　　　　ɣɛt 6 挖　7 扔，猾

khɣɛt 6 瘌　　　　　　　　　　xɣɛt 6 百

ŋ̇

ŋ̇ 2 吴，梧　3 午(马)，五~月

ṁ̩

ṁ̩ 2 不，没 1

ṅ̩

ṅ̩ 2 你

第二节　诶话与土拐话、壮语、仫佬语语音比较分析

3.2.1　声母

笔者在归纳诶话声母时，把腭化成分和唇化成分分别处理为齐齿呼韵头与合口呼韵头，为了便于诶话与融安壮语、罗城仫佬语进行对比分析，笔者不把融安壮语、罗城仫佬语的腭化音声母和唇化音声母纳入比较范围之内。在比较诶话与土拐话、融安壮语、罗城仫佬语声母之前，先简要介绍一下这几种语言声母的特征。

（一）诶话声母从发音部位来看有双唇音、唇齿音、舌尖前音、舌尖中音、舌面前音和舌根音。从发音方法来看有塞音、塞擦音、鼻音、边音、擦音。塞音分为不送气的清塞音和送气的清塞音，送气与不送气对立的清塞音有三对 p/ph、t/ th、k/ kh；塞擦音分为不送气的清塞擦音和送气的清塞擦音，送气与不送气对立的清塞擦音有两对 ts/tsh、tɕ/ tɕh；鼻音和边音有清浊的对立，清浊对立的鼻音有四对 m̥/m、n̥/n、n̥/n、ŋ̊/ŋ，清浊对立的边音有一对 l̥/l；擦音不分清浊，只有清擦音没有浊擦音，如表 3.2 所示。

表 3.2　　　　　　　　　　　　诶话声母

方法 部位	塞音		塞擦音		鼻音		边音		擦音
	不送气	送气	不送气	送气	清	浊	清	浊	清
双唇	p	ph			m̥	m			
唇齿									f
舌尖前、中	t	th	ts	tsh	n̥	n	l̥	l	s
舌面前			tɕ	tɕh	n̥	n̥			ɕ
舌根	k	kh			ŋ̊	ŋ			x

（二）土拐话声母从发音部位来看有双唇音、唇齿音、舌尖前音、舌尖中音、舌面前音和舌根音。从发音方法来看有塞音、塞擦音、鼻音、边音、擦音。塞音分为不送气的清塞音和送气的清塞音，送气与不送气对立的清塞音有三对 p/ph、t/ th、k/ kh；塞擦音分为不送气的清塞擦音和送气的清塞擦音，送气与不送气对立的清塞擦音有两对 ts/tsh、tɕ/ tɕh；只有浊鼻音、浊边音和清擦音，如表 3.3 所示。

表 3.3　　　　　　　　　　　　土拐话声母

方法 部位	塞音		塞擦音		鼻音	边音	擦音
	不送气	送气	不送气	送气	浊	浊	清
双唇	p	ph			m		
唇齿							f
舌尖前、中	t	th	ts	tsh	n	l	s
舌面前			tɕ	tɕh	n̥		ɕ
舌根	k	kh			ŋ		x

（三）融安壮语声母从发音部位来看有双唇音、唇齿音、齿间音、舌尖

前音、舌尖中音、舌面前音、舌面中音、舌根音和喉音。从发音方法来看
有塞音、塞擦音、鼻音、边音、擦音和通音。清塞音和清塞擦音没有送气
与不送气的对立，只有不送气的清塞音和清塞擦音；鼻音和边音没有清浊
的对立，只有浊鼻音和浊边音；擦音分清浊，如表3.4所示。

表3.4　　　　　　　　　　　　　　　融安壮语声母

方法　部位	塞音		塞擦音		鼻音	边音	擦音		通音
	不送气	送气	不送气	送气	浊	浊	清	浊	浊
双唇	p				m				w
唇齿								f	
齿间								θ	
舌尖前、中	t		ts		n	l			
舌面前					ȵ				
舌面中									j
舌根	k				ŋ				
喉	ʔ							h	

（四）罗城仫佬语声母从发音部位来看有双唇音、唇齿音、舌尖前音、
舌尖中音、舌面前音、舌面中、舌根音和喉音。从发音方法来看有塞音、
塞擦音、鼻音、边音、擦音和通音。塞音分为不送气的清塞音和送气的清
塞音，送气与不送气对立的清塞音有四对 p/ph、t/ th、c/ch、k/ kh。塞擦音
分为不送气的清塞擦音和送气的清塞擦音，送气与不送气对立的清塞擦音
有一对 ts/tsh。鼻音和边音有清浊的对立，清浊对立的鼻音有四对 m̥/m、n̥/n、
ȵ̥/ȵ、ŋ̊/ŋ，清浊对立的边音有一对 l̥/l。擦音分清擦音和浊擦音，清浊对立的
擦音有一对 ç/j，如表3.5所示。

表3.5　　　　　　　　　　　　　　　罗城仫佬语声母

方法　部位	塞音		塞擦音		鼻音		边音		擦音		通音
	不送气	送气	不送气	送气	清	浊	清	浊	清	浊	浊
双唇	p	ph			m̥	m					w, ʔw
唇齿									f		
舌尖前、中	t	th	ts	tsh	n̥	n	l̥	l	s		
舌面前					ȵ̥	ȵ					

续表

方法 \ 部位	塞音		塞擦音		鼻音		边音		擦音		通音
	不送气	送气	不送气	送气	清	浊	清	浊	清	浊	浊
舌面中	c	ch							ç	j, ˀj	
舌根	k	kh			ŋ̥	ŋ				ɣ, ˀɣ	
喉	ʔ								h		

（五）比较结果：诶话、土拐话、融安壮语和罗城仫佬语声母都有双唇音、唇齿音、舌尖前音、舌尖中音、舌面前音和舌根音，因此笔者很难从发音部位来判断诶话声母究竟与上述哪种语言比较相似。笔者从发音方法的角度考察诶话的声母发现，诶话声母在发音方法上的主要特征是清塞音和清塞擦音有送气与不送气的对立，鼻音和边音有清浊的对立。虽然土拐话的清塞音和清塞擦音有送气与不送气的对立，但是它的鼻音和边音没有清浊的对立。融安壮语既没有清塞音和清塞擦音送气与不送气的对立，也没有鼻音和边音的清浊对立。只有罗城仫佬语的清塞音和清塞擦音有送气与不送气的对立，鼻音和边音有清浊的对立，这完全与诶话声母的特征吻合。基于以上分析笔者认为，诶话的声母特征与罗城仫佬语最相似，如表3.6所示。

表3.6　　　　　　　诶话、土拐话、壮语、仫佬语声母特征比较

特征 \ 语言	发音部位				发音方法		
	唇音	舌尖音	舌面音	舌根音	清塞音送气与不送气的对立	清塞擦音送气与不送气的对立	鼻音、边音清浊对立
诶话	+	+	+	+	+	+	+
土拐话	+	+	+	+	+	+	-
壮语	+	+	+	+	-	-	-
仫佬语	+	+	+	+	+	+	+

3.2.2　韵母

诶话与土拐话、融安壮语、罗城仫佬语韵母的比较主要有四个方面：单元音韵母、长短元音的对立、四呼和辅音韵尾。从辅音韵尾来看，诶话、土拐话、融安壮语和罗城仫佬语都有-m-n-ŋ-p-t-k辅音韵尾；从四呼是否齐全来看，融安壮语只有开、齐、合三呼，诶话、土拐话和罗城仫佬语四呼完备；进一步从单元音韵母和长短元音对立来看，诶话与土拐话完全相

同，与融安壮语、罗城仫佬语有差异。通过比较，笔者发现诶话的韵母特征与土拐话完全相同，由此笔者认为诶话的韵母特征与土拐话比较相似，如表 3.7 所示。

表 3.7　　　　　　　诶话、土拐话、壮语、仫佬语韵母特征比较

特征\语言	单元音韵母	长短元音的对立	四呼	辅音韵尾
诶话	a、e、ə、ɛ、o、ɔ、i、u、y	a/a:、e/e:、ɛ/ɛ:、i/i:、u/u:	开、齐、合、撮	—m—n—ŋ —p—t—k
土拐话	a、e、ə、ɛ、o、ɔ、i、u、y	a/a:、e/e:、ɛ/ɛ:、i/i:、u/u:	开、齐、合、撮	—m—n—ŋ —p—t—k
壮语	i、e、a、ə、o、u	a/a:、ɔ/ɔ:、u/u:、ə/ə:	开、齐、合	—m—n—ŋ —p—t—k
仫佬语	a、ə、ɛ、e、i、ɿ、ɔ、o、u、ø、y	a/a:、ɛ/ɛ:、ɔ/ɔ:	开、齐、合、撮	—m—n—ŋ —p—t—k

3.2.3　声调

融安壮语和罗城仫佬语舒声调有六个，促声调有两个，融安壮语促声调不分长短，罗城仫佬语促声调分长短。诶话与土拐话舒声调都是五个，促声调都是两个，促声调都不分长短，两者不仅调类相同，而且每个调类所对应的调值也相同。因此笔者认为诶话的声调特征与融安壮语、罗城仫佬语不同，与土拐话一致，如表 3.8 所示。

表 3.8　　　　　　　诶话、土拐话、壮语、仫佬语声调比较

	诶话		土拐话		壮语		仫佬语	
	调类	调值	调类	调值	调类	调值	调类	调值
舒	1	51	阴平	51	1	53	1	42
	2	331	阳平	331	2	231	2	121
	3	44	上声	44	3	54	3	53
	4	455	阴去	455	4	24	4	24
	5	335	阳去	335	5	44	5	44
					6	213	6	11
促声	6	54	阴入	54	7	55	7	42（长）55（短）
	7	24	阳入	24	8	12	8	11（长）12（短）

第三节　诶话清鼻音、清边音与壮语、仫佬语的语音对应关系

　　前辈学者侧重比较分析诶话清鼻音、清边音与整个侗台语族或壮傣语支、侗水语支的语音对应关系。本书是从与诶话形成有密切关系的语言入手，分析诶话的性质及其形成机制。笔者通过对诶话语音、词汇、语法的整理和对诶话周边语言的考察，初步确定与诶话形成有密切关系的语言主要是壮语和仫佬语，因此，本节侧重分析诶话清鼻音、清边音与壮语、仫佬语的语音对应关系。

3.3.1　诶话清鼻音、清边音与壮语的对应关系

　　（一）诶话清鼻音 m̥ 对应壮语的浊鼻音 m、n，清塞音 p，清擦音 f。

表 3.9　　　　　　　　诶话清鼻音 m̥ 与壮语的语音对应关系

诶话——壮语	词义	诶话	壮语
m̥——m	狗	ma^1	ma^1
	猪	mu^1	mou^1
	回来	ma^1	ma^1
	回（家）	ma^1	ma^1
	新（衣）	$mɔ^4$	mo^5
	醋	mi^4	mei^5
	（捆）紧	man^3	man^6
	渔网	$muŋ^3$	$mu:ŋ^4$
	鼻涕	muk^7	muk^8
	滑	$miak^6$	$mla:k^8$
m̥——n	虫	$mieŋ^1$	$neŋ^2$
m̥——p	蚂蝗	$mian^1$	$pliŋ^1$
	半（斤）	$mian^4$	$pu:n^5$
m̥——f	醉（酒）	mei^1	fi^2
	肿	$mɔk^6$	fok^8

　　（二）诶话清鼻音 n̥ 对应壮语浊鼻音 n，浊边音 l，浊擦音 ɣ，清塞音 t、ʔ。

表 3.10　　　　　诶话清鼻音 ŋ̥ 与壮语的语音对应关系

诶话——壮语	词义	诶话	壮语
ŋ̥——n	脸	ŋ̥a³	na³
	厚	ŋ̥a¹	na¹
	老鼠	ŋ̥u⁴	nou¹
	揉（面）	ŋ̥o¹	nu¹
	困（倦）	ŋ̥a:i⁵	na:i⁵
	重	ŋ̥ak⁶	nak⁷
ŋ̥——l	哪里	ŋ̥au¹	mɯn⁵laɯ¹
ŋ̥——ɣ	水	ŋ̥am³	ɣam⁴
	竹笋	ŋ̥aŋ¹	ɣa:ŋ²
	鸟	ŋ̥ok⁶	ɣok⁸
ŋ̥——t	动	ŋ̥eŋ¹	toŋ⁶
ŋ̥——ʔ	（一）个（鸡蛋）	ŋ̥an¹	ʔan¹

（三）诶话清鼻音 ɲ̥ 对应壮语的浊鼻音 ŋ、n，清塞音 k，清擦音 h。

表 3.11　　　　　诶话清鼻音 ɲ̥ 与壮语的语音对应关系

诶话——壮语	词义	诶话	壮语
ɲ̥——ŋ	（一）天	ɲ̥uan²	ŋon²
ɲ̥——n	闻（嗅）	ɲ̥uan⁴/ɲ̥yan⁴	nam¹
ɲ̥——k	价钱	ɲ̥a⁵	kja⁵ɕi:n²
ɲ̥——h	脖子	ɲ̥u¹	ho²
	五	ɲ̥a³	ha³
	屎	ɲ̥ai³	hai
	黄	ɲ̥an³	hen³
	扁担	ɲ̥an¹	ha:n²
	痒	ɲ̥em¹	hum²
	（狗）咬	ɲ̥ap⁶	hap⁸

（四）诶话清鼻音 n̥ 对应壮语的浊鼻音 n。

表 3.12 　　　　　　　　诶话清鼻音 n̥ 与壮语的语音对应关系

诶话——壮语	词义	诶话	壮语
n̥——n	蚊子	n̥ioŋ¹	nɯŋ²

（五）诶话清边音 l̥ 对应壮语的浊边音 l，浊擦音 ɣ，清塞音 t，清擦音 ɕ、h。

表 3.13 　　　　　　　　诶话清边音 l̥ 与壮语的语音对应关系

诶话——壮语	词义	诶话	壮语
l̥——l	多	l̥a:i¹	la:i¹
	酒	l̥au³	lau³
	可怕	l̥əu¹	la:u¹
	孙子	l̥a:n¹	luuk⁸la:n¹
	凉快	l̥im⁴	li:ŋ²
	暗	l̥ap⁶	lap⁷
	哄（哄骗）	l̥ok⁶	lo⁴
l̥——ɣ	（房子）漏（雨）	l̥ɔ⁴	ɣo⁶
	知道	l̥ɔ³	ɣo⁴
	认得	l̥ɔ³	ɣo⁴
	耳朵	l̥ɔ¹	ɣɯ²
	长	l̥ai˦	ɣai²
	利（快）	l̥a:i⁴	ɣai⁶
	耙子	l̥a:i⁴	ɣa:u⁵
	耙（田）	l̥a:i⁴	ɣa:u⁵
	暖和	l̥au³	ɣau³
	（狗对生人）叫（吠）	l̥au⁴	ɣau⁵
	房子	l̥a:n¹	ɣa:n²
	满	l̥em¹	ɣim¹
	石头	l̥in¹	ɣin¹
	风	l̥em¹	ɣum²
	笑	l̥iu¹	ɣiu¹
	梳子	l̥uei¹	ɣo:i¹
	亮	l̥oŋ⁵	ɣo:ŋ⁶
	（用扁担）挑	l̥a:p⁵	ɣa:p⁷

诶话——壮语	词义	诶话	壮语
l̥——ɣ	屁	l̥at⁶	ɣot⁷
	呕吐	l̥uk⁶	ɣuək⁸
	六	l̥ɔk⁶	ɣok⁷
	锅	l̥ie:k⁶	ɣek⁷
l̥——t	江	l̥a⁴	ta⁶
	（草木）灰	l̥au⁴	tau⁶
	（衣服）湿（了）	l̥a:m¹	tum²
	跑（步）	l̥i:u¹	tiu⁵
	逃跑	l̥i:u¹	teu²
l̥——ç	犁	l̥e¹	çai¹
	（把鸟）放（了）	l̥aŋ⁴	çoŋ⁵
	放（牛）	l̥aŋ⁴	çoŋ⁵
	放（手）	l̥aŋ⁴	çoŋ⁵
	偷	l̥ek⁶	çak⁸
l̥——h	汗	l̥ɔ⁴	ha:n⁶
	路	l̥an¹	hon¹
	吓唬	l̥ok⁶	hap⁷

3.3.2 诶话清鼻音、清边音与仫佬语的对应关系

（一）诶话清鼻音 m̥ 对应仫佬语的浊鼻音 m、ŋ，清鼻音 m̥、ŋ̊，清塞音 p。

表 3.14 诶话清鼻音 m̥ 与仫佬语的语音对应关系

诶话——仫佬语	词义	诶话	仫佬语
m̥——m	回（家）	m̥a¹	ma¹
	回来	m̥a¹	ma¹
	（一）件（衣）	m̥ai³	məi⁶
	（衣服）霉	m̥ei¹	mai³
	蚂蟥	m̥ian¹	miŋ²
	鼻涕	m̥uk⁷	muk⁸
	渔网	m̥uŋ³	mɣɔŋ⁴

续表

诶话——仫佬语	词义	诶话	仫佬语
m̥——m̥	猪	m̥u¹	m̥u⁵
	新（衣）	m̥ɔ⁴	m̥ai⁵
m̥——ŋ	醉（酒）	m̥ei¹	ŋwɛ²
m̥——ŋ̥	狗	m̥a¹	ŋ̥wa¹
m̥——p	半（斤）	m̥iaŋ⁴	pon⁵

（二）诶话清鼻音 n̥ 对应仫佬语的浊鼻音 n。

表 3.15　　　　　　　　诶话清鼻音 n̥ 与仫佬语的语音对应关系

诶话——仫佬语	词义	诶话	仫佬语
n̥——n	脸	n̥a³	na³
	老鼠	n̥u⁴	n̥ɔ³
	厚	n̥a¹	na¹
	谁	n̥au²	nau²
	哪里	n̥au¹	khə⁵n̥au¹/niŋ⁵n̥au¹
	水	n̥am³	nəm⁴
	竹笋	n̥aŋ¹	naːŋ²
	鸟	n̥ɔk⁶	nɔk⁸

（三）诶话清鼻音 ɲ̥ 对应仫佬语的浊鼻音 ŋ、n、l，清鼻音 ɲ̥、清塞音 c。

表 3.16　　　　　　　　诶话清鼻音 ɲ̥ 与仫佬语的语音对应关系

诶话——仫佬语	词义	诶话	仫佬语
ɲ̥——ŋ	五	ɲ̥a³	ŋɔ⁴
ɲ̥——ɲ̥	黄	ɲ̥an³	ɲ̥aːn³
ɲ̥——n	闻（嗅）	ɲ̥uan⁴/ɲ̥yan⁴	nən⁴
ɲ̥——l	脖子	ɲ̥u¹	lən³
	扁担	ɲ̥an¹	lɔ⁵
ɲ̥——c	价钱	ɲ̥a⁵	ca⁵ tjen²

（四）诶话清鼻音 ŋ̥ 对应仫佬语的 ŋ̥。

表 3.17　　　　　　　　诶话清鼻音 n̥ 与仫佬语的语音对应关系

诶话——仫佬语	词义	诶话	仫佬语
n̥—n.	臭	n̥iau¹	n.in¹
	蚊子	n̥ioŋ¹	n.uŋ²thəu⁶mu²

（五）诶话清边音 l̥ 对应仫佬语的浊边音 l，清边音 l̥，浊鼻音 n，清塞音 k、kh、ch，清擦音 ɣ、h。

表 3.18　　　　　　　　诶话清边音 l̥ 与仫佬语的语音对应关系

诶话——仫佬语	词义	诶话	仫佬语
l̥—l	（房子）漏（雨）	l̥ɔ⁴	lau⁶
	风	l̥em¹	ləm²
	放（牛）	l̥aŋ⁴	la:ŋ⁶
	偷	l̥ek⁶	lak⁸
	哄（哄骗）	l̥ok⁶	luk⁷
	六	l̥ɔk⁶	lɔk⁷
l̥—l̥	暗	l̥ap⁶	l̥ap⁷
l̥—n	江	l̥a⁴	nja¹
l̥—k	暖和	l̥au³	kɣo³
	（用扁担）挑	l̥a:p⁶	kɣa:p⁷
l̥—kh	犁	l̥e¹	khɣai¹
	酒	l̥au³	khɣa:u³
	（狗对生人）叫（吠）	l̥au⁴	khɣau⁵
	可怕	l̥əu¹	khɣa:n⁵
	孙子	l̥a:n¹	la:k⁸khɣa:n¹
	路	l̥an¹	khwən¹
	屁	l̥at⁶	khət⁷
l̥—ch	锅	l̥ie:k⁶	chik⁷
l̥—ɣ	知道	l̥ɔ³	ɣo⁴çeu³
	长	l̥ai¹	ɣa:i³
	利（快）	l̥a:i⁴	ɣa:i⁶
l̥—h	吓唬	l̥ok⁶	hap⁷
	房子	l̥a:n¹	hɣa:n²
	凉快	l̥im⁴	hɣum⁵
	呕吐	l̥uk⁶	hɣøk⁷

第四节　诶话韵律特点

王晓梅在其博士论文（2009）中指出，诶话两字组连读变调属于前变型，由于高调稳定制约条件在诶话中的层级较高，所以只有当前字是高平调和高升调的时候，前字才不变调，其余调类的前字在两字组连读变调时变成低平调。T4+T4(45+45)组合，前字变成平调，反映了诶话两字组连读变调的另一个重要的特征就是不允许过于复杂的曲折出现，从这一组合变调的结果可以说明曲折复杂度制约条件在诶话中的层级更高。其原因是如果满足高调稳定制约条件，前字应该是不变调，而结果却相反，这正好能够说明曲折复杂度的层级要高于高调稳定的层级。诶话中当 T5+T5、T5+T7、T5+T7 和 T7+T7 组合前字不变调时，后字变成低平调，表面上看与诶话"前变型"韵律模式相矛盾，但是实际上也反映了曲折复杂度的层级在诶话中很高，甚至高于禁止右字变调的制约条件。因为根据 OT，两个制约条件矛盾时，总是要牺牲层级低的制约条件去满足层级高的制约条件，就诶话而言，当曲折复杂度和禁止右字变调的制约条件矛盾时，违反层级较低的禁止右字变调的制约条件去满足层级较高的曲折复杂度，这一层级的结果就是 T5+T5 等四组合出现的后字变调。由此，总结诶话两字组连读变调的制约条件层级排列是：不增加、左字调、不改变调域、曲折复杂度》右字调》H-Stab》*同界—左（首音节，声调）》不删除。

诶话和土拐话的两字组连读变调的差异，主要反映在 T4、T5 和 T7 这三个调类为两字组前字时。一是 T4 是否变调，诶话中 T4 只在 T4 前变成平调，在其他调类前不变调，土拐话中 T4 为前字时不因为后字是否是 T4 而产生变调结果的改变。二是 T5 和 T7 为前字并且不变调时，后字是升调还是平调。诶话在这种情况下后字都变成平调，也就是不允许出现前后两字都是升调的声调曲折，而土拐话没有这种限制，即使前字没有变成低平调，保留了原有的升调，后字也不变，仍是升调。

这两类看似很小的差别，实际反映了四个制约条件在这两种语言中的层级差异。这四个制约条件是曲折复杂度、不变调、*同界—左和高升调稳定。在诶话中，曲折复杂度的层级高于最右调和高升调稳定。由于曲折复杂度的层级高于高升调稳定，所以 T4 在 T4 前变成高平调，避免了过于复杂的曲折的出现。由于曲折复杂度的层级高于最右调，当 T5 和 T7 为前字并且不变调时，后字变成平调也是为了避免过于复杂的曲折的出现。在土拐话中，曲折复杂度的层级很低，低于其他三个制约条件，而且由于没有起什么作用，分析土拐话的图式根本就不用把它列出。高升调稳定的层级低于*同界一左，所以 T4 在任何声调前都变调。不变调的层级最高，没有被违反，所以 T5 和 T7 即使是前字是升调时，后字也不变。由此，土拐话两字组连读变调的制约条件层级排列是：不增加、不变调、不改变调域》HL-Stab》*同界一左（首音节，声调）》HR-Stab》不删除。

贵港壮语两字组连读变调也属于前变型，其两字组连读变调的制约条件层级排列是：不增加、左字调、曲折复杂度、不改变调域》右字调、*同界一左（首音节，声调）》不删除。

从这三种语言两字组连读变调层级排列的比较可以看出，诶话既有和土拐话接近的地方，也有和壮话接近的部分。曲折复杂度的层级在诶话和壮话中都是最高的和不可违反的。但在土拐话中，这一制约条件的层级非常低，甚至不用考虑。从这点看，诶话与壮话非常接近。

但是，从高平调和高升调的表现看，诶话又和土拐话接近。诶话的高调稳定制约条件对应土拐话的高平调稳定和高升调稳定。诶话的高调稳定包括高平调和高升调，但由于高平调和高升调在土拐话中的表现不一致，所以在土拐话中分成了两个不同的制约条件。虽稍有差异，但与高调相关的制约条件在诶话和土拐话中的层级都较高，在壮话中的层级非常低，低到其作用可以忽略，从这点看诶话又和土拐话接近。

由此，王晓梅认为诶话有两个同等重要的来源语——土拐话和壮话，诶话两字组连读变调制约条件中曲折复杂度的层级高是来自于壮语，而高调的稳定性又是来自于土拐话。诶话两字组连读变调制约条件的层级排列既有与土拐话相似之处，也有与壮话接近的地方，正是诶话两字组连读变调的韵律对它两个主要来源语韵律的保留。

第五节　诶话语音系统特征

声母方面，诶话清塞音、清塞擦音有送气与不送气的对立，鼻音、边音有清浊的对立，这与罗城仫佬语非常相似。韵母、声调方面，诶话与当地汉语土拐话十分近似，两者都有相同的单元音韵母、长短元音对立、开齐合撮四呼、辅音韵尾以及调类和调值。

与韵母、声调相比较，甚至与其他声母类别相比较，发音特别的成套的清鼻、边音声母是很难借用或受传染的，它在很大程度上反映了底层音系的特点。由此笔者认为，侗水语言对于诶话是基础性的。诶话与当地汉语土拐话在韵母和声调上的趋同说明了诶话在形成的过程中可能是受到了当地汉语土拐话较大的影响。

王晓梅博士论文（2009）基于韵律是语言底层特征的观点，用优选论分析了诶话、土拐话、桂柳话、贵港壮语和白话五种语言的单字调和两字组连读变调，发现土拐话变调的高层级制约条件是"高调稳定"，壮语变调的高层级制约条件是"曲折复杂度"，而诶话的变调同时体现了这两种制约条件，即：在高平调的稳定上，诶话与土拐话相似；在不允许有复杂的曲折调上，诶话与壮语相似。诶话的韵律特征揭示了土拐话、壮语是诶话两个同等重要的来源语。

第四章　诶话的词汇系统

第一节　诶话词汇系统概述

4.1.1　单纯词

诶话单纯词可以分为单音节的和多音节的两类，其中单音节的占多数，多音节的大多数为双音节，两个音节以上的极少。例如：

单音节的：yan² 云　　　　　ḻem¹ 风

多音节的：pu² təu²　　　　ŋeŋ¹ u³
　　　　　　葡　萄　　　　　鹦　鹉

4.1.2　合成词

诶话合成词有复合式和附加式两种，其中以复合式为主。

（一）复合式，又分为以下六类：

1. 联合式

（1）名语素+名语素=名词。例如：

　　meŋ² tsi⁵ 名字　　　tsi³ muei⁵ 姊妹
　　名　字　　　　　　　姊　妹

（2）形语素+形语素=形容词。例如：

　　soŋ¹ ṃan³ 松紧　　　ḻaːi¹ ɕiːu³ 多少
　　松　紧　　　　　　　多　少

（3）动语素+动语素=动语素。例如：

　　tsy⁴ phaːi¹ 买卖
　　买　卖

2. 修饰式

（1）名语素+名语素=名词。例如：

　　tshəu³ xio¹ 草药　　　tɕie² xuei⁴ 茶叶
　　草　药　　　　　　　茶　叶

（2）名语素（被修饰）+名语素=名词。例如：

ma:i⁴ li³ 李树　　　　xuai¹ çy³ 水牛
树　李　　　　　　牛　水

（3）形语素+名语素=名词。例如：

tam⁴ xuən¹ 矮子　　　kioŋ² l̥em¹ 狂风
矮　人　　　　　　狂　风

（4）名语素（被修饰）+形语素=名词。例如：

phia¹ xy⁴ 干鱼　　　fen¹ sa:i⁴ 毛雨
鱼　干　　　　　　雨　细小

3. 支配式

（1）名语素（被支配）+动语素=名词。例如：

tau² to¹ 发髻
头　兜

（2）动语素+名语素=名词。例如：

kiaŋ³ me⁵ 谜语　　　kiaŋ³ ku³ 故事
讲　谜　　　　　　讲　古

（3）动语素+名语素=动词。例如：

loŋ¹ noŋ⁴ 怀孕　　　pai¹ xuei³ 赶集
怀　娃　　　　　　去　圩

4. 补充式

（1）动语素+动语素=动词。例如：

tɕhioŋ⁴ l̥oŋ¹ 遇见　　　kyt⁶ lam³ 打倒
闯　见　　　　　　　打　倒

（2）动语素+形语素=名词。例如：

kian¹ xiet⁶ 早饭
吃　早

（3）动语素+名语素=名词。例如：

kian¹ n̠ia:n⁴ 晚饭
吃　夜

5. 陈述式

名语素+动语素=名词。例如：

ma² nok⁶ 蝌蚪　　　luei² la:p⁷ 闪电
小青蛙 缩（尾巴）　雷　闪

6. 多层式

（1）名语素+动语素+名语素=名词。例如：

ȵ̥ɔ¹　n̥uk⁶　ta:ŋ⁵ 蜥蜴
耳　　聋　　蛇

（2）名语素+名语素+动语素=动词。例如：

luei²　koŋ¹　kyt⁶ 打雷
雷　　公　　打

（3）名语素+名语素+动语素+名语素=名词。例如：

l̥oŋ⁵　pyn¹　tai⁴　khiap⁶　月晕
光　　月　　戴　斗笠

（4）动语素+名语素+形语素=名词。例如：

le⁵　fen¹　uɔk⁶　　　　　暴风雨
下　雨　　大

（5）动语素+名语素+名语素=名词。例如：

pia²　tseŋ²　fu³ 壁虎　　　tsheŋ⁵　kəu¹　tsɔk⁶ 簹子
爬　墙　　虎　　　　撑　　簹　竹

（二）附加式

1. 在诶话里，作为构词语素的 lik⁷ 来源于实词"儿子"，当它与人名、动物名组合时表示幼小义，其原有的"儿子"义已经虚化，所以，笔者认为 lik⁷ 可以看成是类语素或者词缀。在构词中，lik⁷ 的位置可前可后。例如：

lik⁷　nɔŋ⁴ 小孩　　lik⁷　kai⁴ 小鸡　　lik⁷　xuai¹ 小牛　　lik⁷　m̥u¹ 猪崽
小　孩　　　　小　鸡　　　　小　牛　　　　崽　猪

xuai¹　lik⁷ 小牛　　ma⁴　lik⁷ 马驹
牛　　小　　　马　　驹

2. 另一个比较典型的构词语素是 ma:i⁴，表"阴性"，这个语素不能单独成词。在构词中，它的位置也是可前可后。例如：

ma:i⁴　kai⁴ 母鸡　　ma:i⁴　m̥a¹ 母狗　　ma:i⁴　m̥u¹ 母猪
母　鸡　　　　母　狗　　　　母　猪

ma⁴　ma:i⁴ 母马　　xuai¹　ma:i⁴ 母牛
马　母　　　　牛　　母

3. 后加式

（1）ȵio³ 表"未下崽的雌性动物"，例如：

m̥u¹ ȵio³ 未下崽的母猪　　　m̥a¹ ȵio³ 未下崽的母狗　　　xuai¹ ȵio³ 未下崽的母牛
猪　未下崽的雌性动物　　狗　未下崽的雌性动物　　牛　未下崽的雌性动物

（2）tek⁷ 表"阳性"（只用于牛类）例如：

xuai¹　tek⁷ 公牛
牛　　公

第二节　诶话与汉语、壮语构词法的比较

鉴于此前的研究都没有从构词法的角度去探讨诶话词汇系统的特点，因此，本节将从构词法的角度比较分析诶话与汉语、壮语之间的异同，进一步认识诶话词汇系统的特点。

4.2.1　复合式合成词的比较

复合式合成词的构词方式主要有主谓式、联合式、偏正式、动宾式和补充式。诶话与汉语、壮语在复合词构词方式上最主要的差别体现在偏正式上。汉语是修饰成分在前，中心语在后；壮语一般是中心语在前，修饰成分在后。诶话修饰成分在前占绝大多数。

（一）以名词性语素为中心

1. 名词性语素修饰名词性语素，修饰成分可前可后，例如：

汉语：猪肉　　　　　　　　鸡肉　　　　　　　　牛肉

诶话：ma:m⁵ m̥u¹/m̥u¹ ma:m⁵　　ma:m⁵kai⁴/kai⁴ma:m⁵　　ma:m⁵xuai¹/xuai¹ma:m⁵
　　　肉　猪　猪　肉　　　肉　鸡　鸡　肉　　　肉　牛　牛　肉

壮语：no⁶ mou¹　　　　　　no⁶ ka:i¹　　　　　　no⁶ va:i²
　　　肉　猪　　　　　　　肉　鸡　　　　　　　肉（水牛）

汉语：桌上　　　　　　　　心里　　　　　　　　房子外边

诶话：kyn² tai²/tai² kyn²　　sam¹ lau¹/lau¹ sam¹　　lok⁶ la:n¹/ la:n¹ lok⁶
　　　上　台　台　上　　　心　里　里　心　　　外　房　房　外

壮语：kɯm² ta:i²　　　　　　daɯ¹ sim¹　　　　　　yo:k⁸ ya:n²
　　　上　台　　　　　　　里　心　　　　　　　外　房

2. 形容词性语素修饰名词性语素，修饰成分可前可后，例如：

汉语：乌云　　　　　　　　毛雨　　　　　　　　洪水

诶话：yan² au³/ au³ yan²　　fen¹ sa:i⁴/ sa:i⁴ fen¹　　ŋam³ uɔk⁷/ uɔk⁷ ŋam³
　　　云　黑　黑　云　　　雨　细　细　雨　　　水　大　大　水

壮语：fɯ³dam¹　　　　　　fɯm¹ mon⁵　　　　　　ɣam⁴ ɣoŋ²
　　　云　黑　　　　　　　雨　细　　　　　　　水　洪

3. 动词性语素修饰名词性语素，修饰成分在前，同汉语。例如：

汉语：阉鸡　　　　　　　　生日

诶话：im¹ kai⁴　　　　　　ɕieŋ¹ n̥et⁷
　　　阉　鸡　　　　　　　生　日

壮语：kai⁵ to:n¹　　　　　ŋon² se:ŋ¹
　　　鸡　阉　　　　　　　日　生

4. 动宾词组修饰名词性语素，修饰成分在前，同汉语。例如：

汉语：啄木鸟

诶话：tuk⁶ ma:i⁴ ŋɔk⁶
　　　啄　木　鸟

壮语：ɣok⁸ tiŋ¹ fai⁴
　　　鸟　啄　木

5. 诶话"名+量"结构是补充式结构，后面的量词性语素补充说明前面的名词性语素，同汉语。壮语的"量+名"结构是以量词性语素为中心，名词性语素起区别意义的修饰作用。

汉语：船只　　　　　　　纸张

诶话：çyn² tsio²　　　　tçi³ tseŋ¹
　　　船　只　　　　　　纸　张

壮语：ʔan¹ ɣu²　　　　　ʔbaw¹çei³
　　　个　船　　　　　　张　纸

（二）以形容词性语素为中心

1. 名词性语素修饰形容词性语素，修饰成分在前，同汉语。例如：

汉语：桃红　　　　　　　金黄

诶话：fɔŋ¹ ta:n¹　　　　kiem¹ ŋ̊an³
　　　桃　红　　　　　　金　黄

壮语：ho:ŋ² ta:u²　　　　he:n³ kim¹
　　　红　桃　　　　　　黄　金

2. 形容词性语素修饰形容词性语素，修饰成分在前，同汉语。例如：

汉语：嫩黄　　　　　　　嫩绿

诶话：ŋuən⁵ ŋ̊an³　　　　ŋuən⁵ lɔk⁷
　　　嫩　黄　　　　　　嫩　绿

壮语：he:n³ o:i⁵　　　　he:u¹ o:i⁵
　　　黄　嫩　　　　　　绿　嫩

（三）以动词性语素为中心

1. 形容词性的语素修饰动词性的语素，修饰成分在前，同汉语。例如：

汉语：低落　　　　　　　空想

诶话：tam⁵ lɔk⁶　　　　khɔŋ¹ siŋ³
　　　低　落　　　　　　空　想

壮语：lok⁷ tam⁵　　　　　　　si:ŋ³ ho:ŋ⁵
　　　　落　低　　　　　　　　想　空

2. 动词性语素修饰动词性语素，修饰成分在前，同汉语。例如：

汉语：晕死　　　　　　　　　赊购

诶话：yɛn² piai¹　　　　　　　çia² tsy⁴
　　　　晕　死　　　　　　　　赊　买

壮语：ta:i¹ŋon⁶　　　　　　　ka:i¹si¹
　　　　死　晕　　　　　　　　购　赊

4.2.2　附加式合成词的比较

（一）前附加式合成词

1. "te⁵（第）"在表示序数时，不管数目大小，都不省略"第"字，同汉语。壮语的"ta:i⁶-"用于表示第十以内的序数。第十以外的序数，壮语口语中常常省略"ta:i⁶-"。例如：

汉语：第十六间　　　　　　　第二十条

诶话：te⁵ tsiep⁷lɔk⁶ kien¹　　　te⁵ ȵi⁵ tsiep⁷ tiəu²
　　　　第　十　六　间　　　　第　二　十　条

壮语：fuŋ⁶ çip⁸ yok⁷　　　　　ti:u² ŋei⁶ sei⁵
　　　　间　十　六　　　　　　条　二　四

2. 壮语的"ta³-"是动词前缀，加在行为动词之前表示动作行为的专门性。诶话没有与"ta³-"相应的动词前缀，同汉语。例如：

汉语：	栽	种树	种植		买	买菜	采买
诶话：	nam¹	nam¹ ma:i⁴	nam¹		tsy⁴	tsy⁴ phia:k⁷	tsy⁴
	栽	种树	种		买	买菜	买
壮语：	ʔam¹	ʔam¹ fai⁴	ta³ ʔam¹		çaɯ⁴	çaɯ⁴ pjaik⁷	ta³ çaɯ⁴
	栽	种树	（专门）种		买	买菜	（专门）买

3. 壮语的"to⁴-"附加在动词之前，表示动作的相互性或趋向。诶话没有与"to⁴-"相应的动词前缀，同汉语。例如：

汉语：相亲　　　　　　　往上　　　　　　往下

诶话：siaŋ⁴ tshan¹　　　　uŋ³ kyn²　　　　uŋ³ te³
　　　　相　亲　　　　　　往　上　　　　　往　下

壮语：to⁴　kjai²　　　　　to⁴ huɯ³　　　　to⁴ yoŋ²
　　　　相互　亲　　　　　往　上　　　　　往　下

4. "ləu³（老）"只用于人的排行和称谓，同壮语。例如：

汉语：老师　　　　老三　　　　　老鼠　　　老虎

诶话：ləu³ ɕi¹　　　ləu³ sa:m¹　　　ŋ̩u⁴　　　kok⁶
　　　老 师　　　　老 三　　　　老鼠　　　老虎

壮语：la:u⁴ sa:i¹　　la:u⁴ sa:m¹　　nou¹　　　kuk⁷
　　　老 师　　　　老 三　　　　老鼠　　　老虎

5. 前缀"lik⁷-"与人物、动物名称组合时可以表示幼小义，同壮语。例如：

汉语：小孩　　　　　　　　猪崽
诶话：lik⁷ nɔŋ⁴　　　　　lik⁷ m̩u¹
　　　小 孩　　　　　　　小 猪
壮语：luuk⁸ ŋe²　　　　　luuk⁸ mou¹
　　　小 孩　　　　　　　小 猪

（二）后附加式合成词

1. 壮语行为动词后面带上"-Faɯ⁵，表示催促或随意的意义（符号 F 表示与其前边的动词声母相同的形式）。诶话行为动词后没有带后缀的构词方式，同汉语。例如：

汉语：吃　　　　　快吃
诶话：kian¹　　　khuai⁵ kian¹
　　　吃　　　　　快　吃
壮语：kɯn¹　　　kɯn¹ kaɯ⁵
　　　吃　　　　　吃 快

2. 动物名加后缀"lik⁷-"可以表示幼小义，同壮语。例如：

汉语：马驹
诶话：ma⁴ lik⁷
　　　马 小
壮语：ma⁴ luuk⁸
　　　马 小

3. 形容词加双声叠韵后缀，构成形容词的生动形式，同壮语。例如：

汉语：胖　　　　　肥肥的
诶话：puei²　　　puei² toŋ⁵ toŋ⁵
壮语：pi²　　　　pi² pɯt⁸ pɯt⁸

4.2.3　特殊结构合成词的比较

（一）方位名词性语素的重叠

壮语单音节方位名词语素可以重叠，重叠形式在表义上比原来的单音节方位词更进了一层。诶话单音节方位词没有 AA 式重叠，有 AB 反义对举，同汉语。例如：

汉语：上下　　　　　　里外

诶话：kyn² te³　　　　lau¹ lok⁶

壮语：kɯn²　上面　　kɯn² kɯn²　最上面

　　　la³　　下面　　la³ la³　　　最下面

　　　ɣo:k⁸　外面　　ɣo:k⁸ ɣo:k⁸　最外面

　　　ʔdaw¹　里面　　ʔdaw¹ ʔdaw¹　最里面

（二）表示称谓的名词性语素的重叠

汉语表示称谓的单音节语素有 AA 式重叠。诶话表示称谓的名词性语素没有 AA 式的重叠，同壮语。例如：

汉语：爷爷　　奶奶　　爸爸　　妈妈

诶话：kɔŋ¹　　po²　　ia¹　　ma³

　　　祖父　　祖母　　父亲　　母亲

壮语：koŋ¹　　pu²　　po⁶　　me⁶

　　　祖父　　祖母　　父亲　　母亲

第三节　诶话语义场特征分析

诶话与汉语、侗台语的关系除了从构词法这个角度进行比较之外，还可以从语义场的角度来分析。语义场是外部世界系统性在语义中的反映，意义上相互规定、相互制约、相互作用的词通常可以构成一个语义场。因此，诶话词汇系统大致可以分为十五个语义场。本节以其中九个语义场为例，把诶话与汉语、侗台语进行比较，从而进一步探讨诶话与汉语、侗台语的关系。

1. 方位词

表 4.1　　　　　　　　诶话与汉语、侗台语方位词比较

词义	诶话	汉语（土拐话）	侗台语	
			壮语	仫佬语
前边	pin¹ kuan⁴	tsin¹ pin¹	pa:i⁶na³；ta:ŋ⁵na³	kun⁵
后边	pin¹ ɭaŋ	xəu⁵pin¹	pa:i⁶laŋ¹	lən²
左边	tsɔ⁴ pin¹	tsɔ⁴pin¹	pa:i⁶sɯi⁴	ce⁴
右边	iəu⁵ pin¹	iəu⁵pin¹	pa:i⁶kva²	fa¹
里边	lau¹ pin¹	lau¹pin¹	pa:i⁶daɯ¹；daɯ¹te¹	ho³
外边	lok⁶ pin¹	uai⁵pin¹	pa:i⁶daɯ¹；daɯ¹te¹	ho³

续表

词义	诶话	汉语（土拐话）	侗台语	
			壮语	仫佬语
上边	kyn²	saŋ⁵pin¹	pa:i⁶kɯ:n²	ʔu¹
下边	te³pin¹	te³pin¹	pa:i⁶la³；bi:ŋ³la³	te3
中间	tam¹khen¹	tɕiɔŋ¹ kien¹	ɕuŋ⁵kja:ŋ¹	ta⁵

　　比较的结果表明：侗台语有使用身体部位词来表示方位的特点，诶话的"后"用"背部"表示，这与侗台语相同。从语音对应的情况来看，"前"、"后"、"里"、"外"、"上"与侗台语对应；"左"、"右"、"里"、"下"与汉语对应。从构词形式来看，"前边"、"后边"、"上边"与侗台语相同，"里面"、"外面"、"中间"、"左边"、"右边"、"下边"与汉语相同。

　　2. 时间词

表 4.2　　　　　　　　诶话与汉语、侗台语时间词比较

词义	诶话	汉语（土拐话）	侗台语	
			壮语	仫佬语
天	ŋuan²	thin¹	ŋon²	fan¹
月	ŋyet⁷	ŋyet⁷	dɯ:n¹	n̪øt⁸
年	puei²	n̪ian²	pi¹	mɛ¹
早晨	n̪iɛ⁵ xiet⁶	tsəu³ tɕiu²	kja:ŋ¹hat⁷；ta:i⁶ɕau⁴	hət⁷mən¹kɣa:ŋ¹
晚上	n̪ia:n⁴	man³ saŋ⁵	ham⁶；to⁴ham⁶；to⁴lap⁷	thəu⁵mu²
夜里	lau¹n̪ia:n⁴	ia⁵ lau¹	to⁴ham⁶；ham⁶lap⁷；to⁴hun⁶	thəu⁵mu²
今天	n̪iɛ⁵ŋuan²	kian² thin¹	ŋon²nei⁴	fan¹na:i¹
明天	kioŋ⁵ŋuan²	meŋ² thin¹	ŋon²ɕo:k⁸	fan¹m̪ɔ³
昨天	ŋuan¹ŋuan²	tsuk⁶ thin¹	ŋon²lɯ:n²	fan¹n̪iu⁴
前天	ŋuan²kuan⁴/kuan⁴ŋuan²	tsin² thin¹	ŋon²po:n²	fan¹hun⁵
后天	ŋuan² l̪aŋ¹	xəu⁵ thin¹	ŋon²raɯ²	fan¹na³
大前天	uɔk⁷ŋuan²kuan⁴	ta:i⁶tsin²thin¹	ŋon²po:n² ko:n⁵	fan¹hun⁵ʔi⁵
大后天	uɔk⁷ŋuan² l̪aŋ¹	ta:i⁶xəu⁵thin¹	ŋon²laŋ¹	fan¹na³ʔi⁵
今年	puei²n̪iɛ⁵	kian²n̪ian²	pi¹nei¹	mɛ¹na:i⁶
明年	puei²le⁵/le⁵puei²	meŋ²n̪ian²	pi¹mo⁵	mɛ¹lən²
去年	puei² khiai¹	ky⁵n̪ian ²	pi¹kva⁵	mɛ¹ce¹
前年	puei²kuan⁴/kuan⁴puei²	tsin² n̪ian²	pi¹kja:i¹	mɛ¹kun²
后年	lien² puei²	xəu⁵n̪ian ²	pi¹ɣaɯ²	mɛ¹lən²ʔi⁵

从表 4.2 可知：诶话单音节词"月"语音形式与汉语对应，"天"、"年"、"晚上"与侗台语对应。在多音节词里，"夜里"、"今年"、"去年"、"后天"四个词都是中心成分在前，修饰成分在后，保持了侗台语的特色；"早晨"、"今天"、"昨天"、"明天"、"后年"五个词的构词形式同汉语；"前天"、"前年"、"明年"修饰成分可前可后，体现了汉语和侗台语两种语言结构的特点。"大后天"和"大前天"在构词上既使用了侗台语结构，也使用了汉语结构。

3. 代词

表 4.3   诶话与汉语、侗台语代词比较

分类	词义	诶话	汉语（土拐话）	侗台语	
				壮语	仫佬语
人称代词	我	ku¹	mu¹	kou¹	ʔəi²；həi²；ʔɛ²
	我们	kiu¹	ŋua³	ɣau²	hɣaːu¹；niu²
	你	n̩²	ni³	muɯŋ²	n̩a²；n̩i²
	你们	su¹	no³	sou¹	saːu¹
	他	mɔ⁵	tha¹	te¹	mɔ⁶；ki⁶
	他们	mɔ⁵kiau¹	ta⁵	kjoŋ⁵te¹	mɔ⁶hwa³naːi⁶；mɔ⁶
指示代词	这	pi⁵	ko⁵	nei⁴	naːi⁶
	这个	ko⁵n̩an¹	ko⁵ ko⁵	ʔan¹nei⁴	ʔat⁷naːi⁶；ʔat⁷ni⁵
	这些	ko⁵n̩et⁶	ko⁵ ti⁵	ki³nei⁴；kaːi⁵nei⁴	niŋ⁵naːi⁶
	这里	pi⁵lau¹	ko⁵ li³	nei³；ki²nei⁴	kɣaːn⁶naːi⁶；kɣaːn⁶ni⁵
	这边	ko²pin¹	ko⁵pin¹	biːŋ³nei⁴	hɣət⁷naːi⁶；mjaːn⁶naːi⁶
	这样	ko⁵iŋ⁵	ko⁵ iŋ⁵	jiːŋ⁶nei⁴	hə⁶naːi⁶；hə⁶naːi⁶；
	那（较远指）	piaŋ⁵	no³	muɯm⁵	ka⁶hwi⁵
	那（最远）	piaŋ⁵	no³	muɯm⁵	ka⁶
	那个（物）	piaŋ⁵n̩an¹	no³ ko⁵	ʔan¹te¹；ʔan¹han¹	ʔat⁷ka⁶
	那些	no⁵n̩et⁶	no³ ti⁵	hai³；toŋ⁶ki³	hə⁶ka⁶；niŋ⁵ka⁶
	那里	piaŋ⁵pi²	no³ lau¹	muɯm⁵te¹	kɣaːn⁶ka⁵；pɣak⁶ka⁶
	那边	piaŋ⁵pin¹	no³ pin¹	biːŋ³lauɯ¹；paːi⁶te¹	hɣət⁷ka⁸
	那样	no⁵iŋ⁵	no³ iŋ⁵	jiːŋ⁶te¹	hə⁶ka⁶
疑问代词	谁	ŋau²	sei²	plaɯ²	nau²
	哪个	no⁵n̩an¹	na⁴ ko⁵	ʔan¹laɯ¹	n̩au¹；nau²
	哪里	ŋau¹	na⁴ lau¹	muɯm⁵laɯ¹	khə⁵ŋau¹；niŋ⁵ŋau¹

续表

分类	词义	诶话	汉语（土拐话）	侗台语	
				壮语	仫佬语
疑问代词	怎样	ŋau^{1}ieŋ^5	tseŋ^1 iŋ^5	pan^{2}lau^{2}ji:ŋ^6; pan^{2}lau^2	ʔə^{6}ma:ŋ^2; hə^{6}ma:ŋ^2
	多少	l̥a:i^{1}ɕi:u^3	to^1 ɕi:u^3	la:i^{1}no:i^4; kei^{3}la:i^1	ma:ŋ^{2}kɣuŋ^2; ci^{3}ta^1
	几个（人）	ki^{3}mo^5	ki^3 ko^5	kei^{3}pou^4	ci^{3}ʔat^7
	为什么	uei^{5}maŋ^2	uei^5 maŋ^2	vi^{6}ki^{3}ma^2; vi^{6}ma^2; vi^{6}ku^{6}ma^2	wai^{6}hə^{6}ma:ŋ^2; wəi^{6}hə^{6}ma:ŋ^2

比较的结果显示：诶话基本人称代词的读音与侗台语对应；指示代词中"这"的读音既不与汉语对应，也不与侗台与对应，属于特有词，"这边"、"这样"、"那样"的读音与汉语对应，"那"、"那个"的读音与侗台语对应，"这个"、"这些"、"那些"、"那边"是侗台—汉语混合词，"这里"、"那里"是特有—侗台混合词。疑问代词中，"谁"和"哪里"的读音与侗台语对应，"为什么"的读音与汉语对应，"哪个"、"怎样"、"多少"、"几个"是侗台—汉语混合词。

4. 数量词

诶话数词中 soŋ^1 "二"、ŋ̊a^3 "五"、l̥ɔk^6 "六"与侗台语对应，"十"以上的 ȵi^5 "二"和其他"十"以下的数词都是与汉语对应。"十"以上的数词中，由"五"和"六"组成的数词是侗台—汉语混合词，其他的数词都是汉语词。

诶话大多数量词与汉语对应，少数量词与侗台语对应，与侗台语对应的量词有：mo^5/ ŋan^1 "个"、tsio^2 "只"、ŋem^3 "把"、ŋuan^3 "碗"、kau^5 "（一）块（石头）"、l̥a:p^6 "（一）担（行李）"、l̥a:p^6 "（一）石（谷子）"、ŋ̊uan^2 "天"、ȵia:n^4 "夜"、puei^2 "年"、pa:n^1 "代"、tin^1 "脚"、sa^1 "些"、tsa:ŋ^2 "层"、m̥ai^3 "（一）件（衣）"、m̥iaŋ^4 "半（斤）"。另外，诶话量词"件"和"半"都有两种读音。当"件"用于衣服时，读音是"m̥ai^3"，与侗台语对应；当"件"用于个体器物或者事情、案子、公文、信件时，读音是"kin^4"，与汉语对应。当"半"在"半+量[+名]"结构里，如"半（斤）"，读音是"m̥iaŋ^4"，与侗台语对应；当"半"在"数+量+半[+名]"结构里，如"（一斤）半"，读音是"puən^4"，与汉语对应。

5. 人体部位

诶话人体部位词的来源大致可以分为三类：

第一类是最基本的人体部位概念用侗台语词表达，较复杂的人体部位概念用汉语词表示。例如：

tin¹"脚"与侗台语对应，ket⁶ŋan³tsi³"脚踝"、ket⁶tɕin¹"脚后跟"、ket⁶tɕi³"脚指头"、ket⁶sam¹"脚心"用汉语词表示。

mu¹"手"与侗台语对应，ɕiau³tseŋ³"手掌"、ɕiau³pei³"手背"、ɕiau³uan³"手腕"、ɕiau³tɕi³"手指"用汉语词表示。

xyan¹"牙"与侗台语对应，ta:i⁵ŋa²"臼齿"、khyən³ŋa²"犬齿"、pəu⁵ŋa²"暴牙"、ŋa²ŋian²"牙龈"用汉语词表示。

第二类是最基本的人体部位概念用侗台语词表达，较复杂的人体部位概念用侗台—汉语混合词表示。例如：

khiau³"头"与侗台语对应，phen¹khiau³"头发"、khiau³syn⁵"头旋"、khiau³pin⁵"头辫"、khiau³nəu³ua²"后脑窝"是侗台—汉语混合词。

第三类是不同部位相同组织的名称，既有与侗台对应的，也有与汉语对应的。例如：

phen¹khiau³"头发"、phen¹iap¹"睫毛"、phen¹m̥i¹"眉毛"是头部的毛发，这些词中"毛发"的读音与侗台语对应；xuən⁵məu²"寒毛"是头部以外的毛发，这个词中"毛发"的语音与汉语对应。

6. 植物名词

在诶话蔬菜类名词中，"菜"语素的读音既有与侗台语对应的，也有与汉语对应的。例如：piuk⁷phia:k⁶"白菜"、im²ɕy¹phia:k⁶"莞荽菜"、ŋuat⁶phia:k⁶"青菜"中的"菜"语素的读音与侗台语对应；kiau³tsha:i⁴"韭菜"、kien²tsha:i⁴"芹菜"、oŋ⁵tsha:i⁴"蕹菜"、po¹tsha:i⁴"菠菜"、xuən⁵tsha:i⁴"苋菜"中"菜"语素的读音与汉语对应。"菜"语素与其他语素组成的名词，无论其他语素是侗台语，还是汉语，其构词形式与汉语一致。

虽然诶话植物名词在构词形式上以汉语结构为主，但是诶话树类名词的构词形式却是与侗台语相同，只有少数几个树类名词的构词形式采用汉语结构。例如：ma:i⁴foŋ¹"桃树"、ma:i⁴toŋ²"桐子树"、ma:i⁴lem¹"枫树"、ma:i⁴saŋ²"桑树"、ma:i⁴pie:k⁶"柏树"、ma:i⁴ioŋ²"榕树"、ma:i⁴ɕia¹"杉树"、ma:i⁴tshat⁶"漆树"、ma:i⁴li³"李树"的构词形式是中心语在前，与侗台语结构一致；lau³ɕy⁵"柳树"、tɕie²ma:i⁴"茶树"、tsəu³ɕy⁵"枣树"的构词形式是中心语在后，与汉语结构一致。ma:i⁴soŋ¹/soŋ¹ma:i⁴"松树"是一个特例，它的中心语既可以在前，也可以在后，体现了汉语和侗台语两种语言结构的特点。

7. 动物名词

诶话单音节动物名词在语音上主要与侗台语对应。单音节动物名词，如牛、马、猪、狗、鸡、鱼、鸟作为语素与其他语素组词时，其构词形式有如下四种类型。

第一种类型：无论其他语素是侗台语，还是汉语，或是特有词，其构词形式与侗台语一致。例如：xuai¹çia¹"黄牛"、xuai¹çy³"水牛"、xuai¹tek⁷"公黄牛"、xuai¹tek⁷"公水牛"、xuai¹maːi⁴"母黄牛"、xuai¹maːi⁴"母水牛"、xuai¹n̥io³"未下子的母黄牛"、xuai¹ n̥io³"未下子的母水牛"。

第二种类型：无论其他语素是侗台语，还是汉语，或是特有词，构词形式与汉语相同。例如： phia¹khiai⁴"鱼卵"、y²phəu⁵"鱼泡"、phia¹ tɕhi⁴"鱼鳍"、ŋɔk⁶ua²"鸟窝"、pu⁵kɔk⁶ŋɔk⁶"布谷鸟"、tuk⁶maːi⁴ŋɔk⁶"啄木鸟"。

第三种类型：无论其他语素是侗台语，还是汉语，或是特有词，构词形式既有侗台语结构，也有汉语结构。例如：tin¹m̥a¹"疯狗"、liːt⁷m̥a¹"猎狗"、im¹kai⁴"阉鸡"、ia³kai⁴"野鸡"、kai⁴tsaːu³"鸡爪子"、kai⁴mi³"鸡尾"、kai⁴kuən¹"鸡冠"、maːi⁴ kai⁴"母鸡"、lik⁷ kai⁴"小鸡"、xaŋ⁵ki⁴"未下蛋的母鸡"、ki⁴nuei⁵kiem¹"鸡胗"、lik⁷ m̥u¹"猪崽"、kɔŋ¹ma⁴"公马"、kɔŋ¹m̥u¹"公猪"、ia³m̥u¹"野猪"是汉语结构；m̥a¹ n̥io³"未下崽的母狗"、ma⁴maːi⁴"母马"、ma⁴ lik⁷"马驹"、m̥u¹ n̥io³"未下崽的母猪"是侗台语结构；m̥a¹kɔŋ¹/kɔŋ¹m̥a¹"公狗"、m̥a¹maːi⁴/maːi⁴m̥a¹"母狗"、maːi⁴m̥u¹/m̥u¹maːi⁴"母猪"、xuai¹çia¹kak⁶"黄牛角"、xuai¹çy³kak⁶"水牛角"、xuai¹çia¹te²"黄牛蹄"、xuai¹çy³te²"水牛蹄"、xuai¹çia¹toŋ¹"黄牛犊"、xuai¹çy³toŋ¹"水牛犊"、xuai¹çia¹pi²"黄牛皮"、xuai¹çy³pi²"水牛皮"是侗台结构和汉语结构并存。

8. 基本颜色词

根据 Berlin&Kay（1969）基本颜色词名称发展规律的理论，不同发展水平的民族对色彩的认识有所不同。每种语言对基本颜色词的称呼可以分为以下七个阶段：第一阶段有两个基色名称，即黑和白；第二阶段有三个基色名称，即黑、白、红；第三阶段有四个基色名称，即黑、白、红、绿或黑、白、红、黄；第四阶段有五个基色名称，即黑、白、红、黄、绿；第五阶段有六个基色名称，即黑、白、红、黄、绿、蓝；第六阶段有七个基色名称，即黑、白、红、黄、绿、灰、棕；第七阶段有八个到十一个基色名称，即黑、白、红、绿、黄、蓝、棕、紫、粉红、橙黄、灰。

诶话基本颜色词有：au³"黑"、piuk⁷"白"、taːn¹"红"、lɔk⁷"绿"、ŋ̊an³"黄"、laːm²"蓝"、tsi³"紫"、x(f)uei¹"灰"。按照上述层次的划分，诶话基本颜色词已经发展到第七个阶段。前三阶段的基色名词"黑"、"白"、"红"、"黄"的读音与侗台语对应，第四个阶段出现的"绿"、第五个阶段出现的"蓝"、第六个阶段出现的"灰"、第七个阶段出现的"紫"的读音与汉语对应。前三个阶段出现的颜色词"黑"、"白"、"红"、"黄"作为语素与其他语素组词时，"白"和"黄"的读音既有与侗台语对应的情况，也有与汉语对应的情况，与侗台语对应的例如：piuk⁷kiuk⁶"白鞋"、piuk⁷ phia:k⁶"白菜"、piuk⁷ta:ŋ²"白糖"、kua¹ŋan³"黄瓜"，与汉语对应的例如：pek⁷xo⁵"白鹤"、pek⁷ȵi³"白蚁"、tan⁵uŋ²"蛋黄"、uŋ²ɕy³loŋ²"黄鼠狼"、uŋ²ɕin⁵"黄鳝"；"黑"和"红"作为语素与其他语素组词时，读音只与汉语对应，例如：xak⁶tau⁵"黑豆"、xak⁶pa:n³"黑板"。

9. 亲属称谓

表 4.4　　　　　诶话、汉语、侗台语亲属称谓词的比较

分类	词义	诶话	汉语（土拐话）	侗台语	
				壮语	仫佬语
直系	祖父	koŋ¹	koŋ¹	koŋ¹	koŋ¹
	祖母	po²	po²	pu²/me⁶ke⁵	pwa²
	外祖父	mei⁴koŋ¹	mei⁴koŋ¹	koŋ¹ta¹	ŋwa:i⁶ koŋ¹
	外祖母	mei⁴po²	mei⁴po²	me⁶ta:i¹	ŋwa:i⁶ pwa²
	父亲	ia¹/pa⁵	pa⁵	po⁶	pu⁴
	母亲	ma³	ma³	me⁶	ni⁴
	哥哥	kɔ¹	kɔ¹	ko¹/pai⁴	fa:i⁴
	姐姐	ta:i⁵	ta:i⁵	ɕe¹/ta⁶ ɕe³	tsɛ²
	弟弟	te⁵	te⁵	tak⁸nu:ŋ⁴	nuŋ⁴
	妹妹	muei⁵	muei⁵	da⁶nu:ŋ⁴	nuŋ⁴/ nuŋ⁴la:k⁸ʔja: k⁷
旁系	伯父	(ta:i⁵)ta³	ta³	luŋ³/koŋ¹ luŋ⁴	pa⁵
	伯母	ma³	ma³	ba³/me⁶pa³	mu⁴
	舅父	kiau⁵	kiau⁵	kau⁴（母弟）/ luŋ²（母兄）	luŋ²
	舅母	kiau⁵ ma³	kiau⁵ ma³	kim/pa³	pa³
	姨父	i² ia¹	i² ia¹	koŋ¹hai²	luŋ²
	姨母	i² ma³（比母大）/ i² niŋ³（比母小）	i² ma³	me⁶hai²	pa³
	姑父	ku⁵ia¹	ku⁵ia¹	po⁶ko¹	so⁵ku¹
	姑母	kio⁴	kio⁴	me⁶ko¹	pa³
	叔叔	ɕiok⁶	ɕiok⁶	ʔa:u¹	so⁵
	婶母	ɕam³	ɕam³	sim³/me⁶sim³	səm³

比较的结果表明：亲属称谓是比较重要的关系语义场，汉语与侗台语

亲属称谓存在差异。随着汉族文化影响的加深，诶话的直系亲属称谓和旁系亲属称谓使用的是都是汉语亲属称谓词，其亲属称谓词的读音和结构与汉语一致。

第四节　诶话词汇系统特征

诶话偏正结构的复合式合成词主要体现的是汉语特征，其次是汉壮混合特征。体现汉语特征的有：（1）以名词性语素为中心，修饰成分是动词性语素或动宾词组时，修饰成分在中心语的前面；"名+量"结构中，后面的量词性语素补充说明前面的名词性语素。（2）以形容词性的语素为中心，修饰成分是名词性或形容词性语素时，修饰成分在中心语的前面。（3）以动词性语素为中心，修饰成分是形容词性或动词性语素时，修饰成分在中心语的前面。体现汉壮混合特征的有：以名词性语素为中心，当修饰成分为名词性或形容词性语素时，修饰成分可以在中心语的前面或者后面。

诶话附加式合成词主要体现的是汉语和壮语两种语言特征。体现汉语特征的有：（1）"te^5（第）"不论数目大小，都不能省略。（2）没有动词前缀"ta^3-"和"to^4-"。（3）行为动词不可以带后缀。体现壮语特征的有：（1）前缀"lou^3（老）"只用于人的排行和称谓。（2）"lik^7-"与人物、动物名称组合时可以表示幼小义。（3）形容词加双声叠韵后缀构成形容词的生动形式。

诶话特殊结构合成词主要体现的是汉语和壮语两种语言特征。体现汉语特征的有：单音节方位词没有 AA 式重叠。体现壮语的特征有：表示称谓的名词性语素没有 AA 式的重叠。

笔者分析了诶话九个基本语义场，其中方位词、时间词、代词、数量词、人体部位词、植物名词、动物名词、基本词颜色词这八个语义场都体现语音上两分（既有与汉语对应的，又有与侗台语对应的）和构词上两分（既有与汉语一致，也有与侗台语一致）的特点，只有亲属称谓语义场从语音和构词上完全与汉语一致。

第五章　诶话的语法系统

第一节　诶话语法系统概述

5.1.1　词类

　　永乐乡四莫村诶话的词类共有 11 类：名词、代词、动词、形容词、数词、量词、副词、介词、连词、助词、叹词。

　　（一）名词

　　1. 名词和数词、指示代词结合充当句子成分时，一般都要加量词。例如：

kyn²	ma:i⁴	mi²	ŋ̊a³	tsio²	ŋɔk⁶	树上有五只鸟。
上	树	有	五	只	鸟	
ko⁵	tso⁵	phia¹	xan³	sa²		这座山很高。
这	座	山	很	高		

　　2. 单音节时间名词和兼做量词的名词能重叠，其他的普通名词有的也可以重叠。例如：

ma³	ma³	puei²	puei²	tsy⁴	pio⁵	kep⁶ ku¹	妈妈年年买衣服给我。
妈	妈	年	年	买	衣	给 我	
mɔ⁵	tshan¹	tshan¹	ɕut⁶	lau³			他餐餐喝酒。
他	餐	餐	喝	酒			
kai⁴	kai⁴	piet⁶	piet⁶	pa:i³	lem¹	iet⁶ tai²	鸡鸡鸭鸭摆满一桌。
鸡	鸡	鸭	鸭	摆	满	一 台	

　　3. 名词的复数形式是在名词后面加 ka¹ "家"、man² "们" 语素的方式来构成。例如：

lik⁷	nɔŋ⁴	ka¹/man²	pai¹	xa:k⁷	xa:u⁵	liau³	小孩们去学校了。
小	孩	家/们	去	学	校	了	

　　4. 名词的附加成分

　　（1）最常见的附加成分是 lik⁷ 和 ma:i⁴，把它们加在动物名的前面或者后面，分别表示 "幼小"、"阴性" 义。例如：

lik⁷　kai⁴ 小鸡　　　　　ma⁴　lik⁷ 马驹

幼小　鸡　　　　　　　　马　幼小

ma:i⁴ kai⁴ 母鸡　　　　　ma⁴　ma:i⁴ 母马

母　鸡　　　　　　　　　马　母

（2）后附成分主要有 n̦io³、tek⁷，分别表示"未下崽的雌性动物"、"阳性"。例如：

m̦u¹　　n̦io³ 未下崽的母猪　　　xuai¹　tek⁷ 公牛

猪　　　未下崽的雌性动物　　　牛　　公

5. 普通名词表处所时，方位词放在普通名词的前面。例如：

kyn² tai² 桌上　　　te⁵ phia¹ 山下　　kuan⁴ tu¹ 门前　　l̦an¹ l̦a:n¹ 房后

上　台　　　　　下　山　　　　前　门　　　　后　房子

lok⁶ man³ 村外　　　lau¹ ti⁴ 地里　　l̦ek⁶ l̦an¹ 路旁　　tam¹ khen¹ tson² 床中间

外　村　　　　　里　地　　　　旁　路　　　　中　间　床

6. 句法功能：在句中可以作主语、宾语、谓语、定语和状语。例如：

作主语：n̦am³　khai¹　lo⁵　　　　　　　水开了。

　　　　水　　开　　了

作宾语：m̦²　au¹　tsiɛn²　　　　　　　不要钱。

　　　　不　要　钱

作谓语：mɔ⁵　tɕioŋ⁵　tsɔk⁷　　　　　　他壮族。

　　　　他　壮　族

作定语：toŋ²　kɔ¹　tet⁶　kiuk⁶　pho⁴　liau³　堂哥的鞋破了。

　　　　堂　哥　的　鞋　破　了

作状语：lau²　lau¹　l̦a:n¹　naŋ⁵　　　　咱们屋里坐。

　　　　咱们　里　房子　坐

（二）代词

1. 人称代词：分单数和复数。表示单数的人称代词有：ku¹ "我"、n̦²
"你"、mɔ⁵ "他（她）"；表示复数的人称代词有：kiu¹ "我们"、lau² "咱们"、
su¹ "你们"、mɔ⁵kiau¹ "他（她）们"、ku¹ soŋ¹/lau² soŋ¹ "我俩"、su¹ soŋ¹/
n̦² soŋ¹ "你俩"、mɔ⁵ soŋ¹ "他（她）俩"。其他的人称代词还有：tsi⁵ ka¹
"自己"、lɛŋ¹ xuən¹ "别人"、xuən¹ ka¹ "人家"等。

2. 指示代词：分为近指、远指。其中 ko⁵ "这"和 piaŋ⁵、no⁵ "那"可
以与其他成分组成复合代词。表示近指的指示代词有：ko⁵ "这"、ko⁵ n̦an¹
"这个"、ko⁵ pin¹ "这边"、ko⁵ lau¹ "这里"、ko⁵ n̦et⁶ "这些"、ko⁵ iŋ⁵ "这样"；
表示远指的指示代词有：piaŋ⁵ "那"、piaŋ⁵ n̦an¹ "那个"、piaŋ⁵ pin¹ "那边"、
piaŋ⁵ pi² "那里"、no⁵ n̦et⁶ "那些"、no⁵ iŋ⁵ "那样"。

3. 疑问代词：主要有 ŋau^2 "谁"、$\text{çi}^5\,\text{maŋ}^2$ "什么"、$\text{no}^5\,\text{ŋau}^1$ "哪个"、$\text{ki}^3\,\text{mɔ}^5$ "几个"、ŋau^1 "哪里"、$\text{ŋau}^1\,\text{iən}^5$ "怎样"、$\text{ki}^3\,\text{ḷa:i}^1$ "几多"等。

（三）数词

1. 基数词：在多位数里有几个数词与单位数词不同。其中，"十"以内的"二"用"soŋ^1"，"十"以上的"二"用"n̠i^5"；"十五"的"五"用 $\text{ŋa}^3/\text{ŋo}^3$。

2. 序数词：其中"二"、"五"与单位数基数词不同。例如：

$\text{te}^5\quad\text{n̠i}^5$ 第二　　　　$\text{te}^5\quad\text{ŋa}^3/\text{ŋo}^3$ 第五　　　$\text{ŋ̍}\quad\text{ŋyet}^7$ 五月
第　二　　　　　　　　第　五　　　　　　　　五　月

亲属称谓的排行除有区分大小用的固有词外，还用序数词区分顺序。例如：

$\text{uɔk}^7\quad\text{kɔ}^1$ 大哥　　　$\text{niŋ}^3/\text{n̠i}^5\quad\text{kɔ}^1$ 小哥
大　哥　　　　　　小　哥

$\text{n̠i}^4\quad\text{kɔ}^1$ 二哥　　$\text{sa:m}^1\quad\text{kɔ}^1$ 三哥　　$\text{si}^4\quad\text{kɔ}^1$ 四哥
二　哥　　　　三　哥　　　　四　哥

niŋ^3、n̠i^5 用于两者比较的时候，都表示两者中最小的；用于三者比较时，niŋ^3 表示三者中最小的，n̠i^5 表示三者中排第二的。

3. 概数词：三种表示方法。

（1）在数词前加 $\text{ŋan}^1\,\text{pa}^3$ "个把"、iet^6 "约"表示。例如：

$\text{ŋan}^1\quad\text{pa}^3\quad\text{soŋ}^1\quad\text{ŋan}^1$ 个把两个　　$\text{iet}^6\quad\text{ŋ̊a}^3\quad\text{xyet}^4\quad\text{xuən}^1$ 约五百人
个　把　两　个　　　　　　约　五　百　人

（2）在数词后加 $\text{xyn}^3\,\text{xa}^5$ "上下"、$\text{tsɔ}^4\,\text{iəu}^5$ "左右"表示。例如：

$\text{sa}^1\quad\text{tsiep}^7\quad\text{suai}^4\quad\text{xyn}^3\quad\text{xa}^5$ 三十岁上下
三　十　岁　上　下

$\text{pie:t}^6\quad\text{tim}^3\quad\text{tsioŋ}^1\quad\text{tsɔ}^4\quad\text{iəu}^5$ 八点钟左右
八　点　钟　左　右

（3）用相连或者邻近的数词连用表示。例如：

$\text{ŋ̊a}^3\quad\text{ḷɔk}^6\quad\text{ŋan}^1$ 五六个　　$\text{tshat}^6\quad\text{pie:t}^6\quad\text{tsiep}^7\quad\text{suai}^4$ 七八十岁
五　六　个　　　　　七　八　十　岁

4. 倍数词：倍数借用汉语的表达方式，用数词加"倍"表示。例如：

$\text{iet}^6\quad\text{puei}^5$ 一倍
一　倍

5. 分数词

（1）借用汉语表达方式，十分之内，省去"之"字。例如：

$\text{sa:m}^1\quad\text{fen}^1\quad\text{n̠i}^5$ 三分之二
三　分　二

百分之和千分之不省去"之"，例如：

xyɐt⁴ fen¹ tɕi³ leŋ² tim³ ŋa³ 百分之零点五　　tshiːn¹ fen¹ tɕi³ ŋa³ 千分之五

百　分　之　零　点　五　　　　　千　　分　　之　　五

（2）还可以用"成"表示，例如：

tshat⁶ pieːt⁶ ɕieŋ² 七八成

七　　八　　　成

（四）量词

1. 名量词

（1）个体量词：主要有 ŋan¹ "个"、uei⁵ "位"、tiɐu² "条"、tseŋ¹ "张"、tsio² "只"、tau¹ "蔸"、khua³ "颗"、pa³ "把"、pen³ "本"等。

（2）度量衡量词：主要有 kian¹ "斤"、leŋ³ "两"、tsiɛn² "钱"、lap⁶ "石"、tau³ "斗"、ɕeŋ¹ "升"、li³ "里"、tɕien⁵ "丈"、tɕhiːk⁶ "尺"、tshan⁴ "寸"、fen¹ "分"、yn² "元"、kak⁶ "角"、mau⁵ "亩"等。

（3）集体量词：主要有 soŋ¹ "双"、tuai⁵ "对"、poŋ¹ "帮"、fu⁴ "副"、tuei¹ "堆"、tɕio¹/ŋem³ "把"等。

2. 动量词：主要有 tshi⁴ "次"、uei² "回"、tshan¹ "餐"、xa⁵ "下"等。

3. 量词的重叠

（1）量词可以重叠，表示"每"或者"全体"、"任指"的意思。例如：

kua³ tsi³ ŋan¹ ŋan¹ tu¹ li¹　　　　　　　　果子个个都好。

果　子　个　个　都　好

ko⁵ iet⁶ poŋ¹ xuai¹ tsio² tsio² tu¹ xan³ puei²　这一群牛头头都很肥。

这　一　帮　牛　只　只　都　很　肥

（2）量词还可以和数词一起重叠。重叠后表示"逐一"。例如：

iet⁶ ŋan¹ iet⁶ ŋan¹ ɕio⁴　　　　　　　　一个一个数

一　个　一　个　数

4. 量词受数词和指示代词的修饰。例如：

saːm¹ tsio² mu̠¹ 三只猪　　　　　ko⁵ ŋan¹ 这个

三　　只　　猪　　　　　这　个

（五）动词

1. 部分表示动作行为的单音节动词能够重叠，重叠之后表示动作频繁或时间短暂；两个反义的单音节动词重叠，构成 AABB 式的四音结构，表示动作频繁，反复进行。例如：

kau⁴ kau⁴　　sin³ sin³　　lip⁶ lip⁶　　maŋ⁵ maŋ⁵　　then⁴ then⁴

看　　看　　　想　　想　　走　　走　　望　　望　　　听　　听

xau³ xau³ ok⁶ ok⁶　　　pai¹ pai¹ teŋ² teŋ² 来来往往
进　进　出　出　　　　去　去　来　来

2. 能愿动词：主要有 uei⁵ "会"、siŋ³ "想"、ai¹ "要"、kaːm³ "敢"、kɔ¹ xeŋ⁴ "高兴"、ɕi² maŋ⁵ "希望" 等。这些与其他动词连用时，放在其他动词前面，受副词修饰时，副词放在两个动词之前。例如：

m̊² ai¹ ɕut⁶ 不要喝　　　m̊² uei⁵ khak⁶ 不会刻
不　要　喝　　　　　　不　会　刻

3. 趋向动词：表示"来、去"意义的动词可以用在一般动词之后，表示动作行为的发展趋向；如果受副词修饰，副词一般是放在主要动词的前面，但也有例外。例如：

mɔ⁵ ok⁶ pai¹ liau³ 他出去了。
他　出　去　了

mɔ⁵ m̊² ok⁶ pai¹ liau³ 他不出去了。　kaːi³ pai¹ m̊a¹ liau³ 别回去了。
他　不　出　去　了　　　　　　　别　去　回　了

4. 判断动词：ɕi⁵ "是"，表示判断，说明主语是什么。例如：
ku¹ ɕi⁵ ko⁵ n̥an¹ man³ tet⁶ xuən¹ 我是这个村子的人。
我　是　这　个　村　的　人

（六）形容词

1. 形容词大多可以重叠，表示性状程度加深。例如：
l̥ai¹ l̥ai¹ tet⁶ 长长的　　　kɔ¹ kɔ¹ tet⁶ 高高的
长　长　的　　　　　　高　高　的

yɛn¹ yɛn¹ khiok⁶ khiok⁶ tet⁶ 弯弯曲曲的
弯　弯　曲　曲　的

piuk⁷ piuk⁷ puei² puei² tet⁶ 白白胖胖的
白　白　胖　胖　的

2. 形容词后面可以接表示程度加深的后附音节，后附音节跟形容词本身没有语音上的必然联系，附加音节可以重叠，其位置在形容词之后，附加音节与形容词之间不能插入其他成分。

fuei¹ phɔk⁶ phɔk⁶　灰扑扑　　　sam³ ty⁵ ty⁵　酸溜溜
灰　扑　扑　　　　　　酸　溜　溜

3. 有些形容词有固定的后附成分，表示程度、状态的变化。后附的成分一般是两个音节，有的音节后附成分重叠可表示性状、程度和色彩的深化、加强。形容词后附音节的结构主要有 ABB 和 ABC 两种形式。后附音节常常与所附着的形容词声母或韵母互谐。后附音节除了重叠，还有叠韵。例如：

ɲit⁶ 冷　　ɲit⁶ lau³ lau³　冷得很　　　　piaŋ¹ 香　piaŋ¹ man³ man³ 香得很

xak⁶ 黑　　xak⁶ ma³ ma³　黑得很　　　　ta:i⁵ 大　ta:i⁵ paŋ³ kaŋ³　大得很

ten⁴ 短　　ten⁴ pe³ lɛ³　短得很　　　　puei² 肥　puei² toŋ³ loŋ³ 肥得很

（七）副词

1. 程度副词：主要有 xan³ "很"、tsen¹ "真"、tha:i⁵ "太"、tsuei⁴ "最"、keŋ⁴ "更" 等。修饰中心语时，位置在中心语之前。例如：

ɲie⁵ ŋuan² men¹ tha:i⁵ kit⁶　　　　　　　　　　今天天气太热。

今　日　天　太　热

2. 范围副词：主要有 tu¹ "都"、ia³ "也"、tɕi³ "只"、iet⁶ kiɔŋ⁴ "一共"、thoŋ³ kiɔŋ⁴ "统共"。修饰中心语时，位置在中心语之前。例如：

mɔ⁵ ɬan¹ iet⁶ kiɔŋ⁴ nam¹ liau³ ɬɔk⁶ mau³ na²　　　他家一共种了六亩田。

他　房子　一　共　种　了　六　亩　田

3. 否定副词：主要有 m̂² "不"、m̂² "没"、m̂² mi¹ / taŋ³ mi¹ / taŋ³ "没有"、ka:i³ "别"。修饰中心语时，位置在中心语之前。例如：

taŋ³ pai¹ 没有走　　　　taŋ³ kian¹ u⁴没有吃饭

没有 走　　　　　　　没有 吃 饭

taŋ³ mi¹ pat⁶没有笔　　taŋ³ mi¹ phen¹ khiau³没有头发

没 有 笔　　　　　　没 有 毛 头

taŋ³ 后接动词或动词性的词组；taŋ³ mi¹ 后接名词或名词性的词组；m̂² mi¹ 即可以接动词或动词性词组，也可以接名词或名词性的词组。

4. 时间副词：主要有 kha³ "刚"、tseŋ⁴ "正、"、ɲian⁵ "还"、lap⁷ khak⁶ "立刻"、i³ kiŋ² "已经"、iok⁷ "欲"、tep⁷ "忽然"、uŋ³ yŋ³ "永远"、mien⁵ mien⁵ "慢慢" 等，修饰中心语时，位置在中心语之前。时间副词 kuan⁴ "先"、xəu⁵ "后" 在中心语的前后都可以。例如：

mɔ⁵ i³ kiŋ² pai¹ lo⁵ 他已经走了。

他　已　经　走　了

kuan⁴ pai¹ 先走　　　　　pai¹ kuan⁴ 先走

先　走　　　　　　　　走　先

5. 频率副词：主要有 io⁵ "又"、tsɛ³ tsɛ³ "常常"，修饰中心语时，位置在中心语之前。例如：

ko⁵ lau¹ tsɛ³ tsɛ³ tɕeŋ⁴ ŋam³ 这里常常涨水。

这　里　常　常　涨　水

6. 语气副词：主要有 ɲian⁵ "还"、kan¹ pan³ "根本"、iet⁶ teŋ⁵ "一定" 等，修饰中心语时，位置在中心语之前，例如：

ɲ² xɔk⁶ maŋ¹ ɲian⁵ m̩² kiep⁶ 你为什么还不急？
你　做　么　　还　不　急

（八）介词

介词主要由动词虚化而来，也有借用汉语的，可以和名词或名词性短语组成介词结构。根据介词结构所表示的语法意义，常见的介词分以下几类：

表对象：pa³"把"、uan³"替"、kep⁶"给"、tuai⁵"对"、tsuai²"随"

表处所：u⁴"在"、tsem²"寻"、ɕian⁵"顺"

表起始：ta³……təu⁴"从……到"

表趋向：tɕiu²"朝"、uŋ³"往"、sieŋ⁴"向"

表比较：pi³"比"

表被动：xaŋ³"让"、ŋaːi²"挨"

表协同：uan³"和"、uan³"同"、nim¹"黏"

表目的：uei⁵ liau³"为了"

例如：miəu³ uan³ m̩a¹ kyt⁶ ka⁴ 猫和狗打架。
　　　　猫　和　狗　打　架
　　　　ma³ ma³ tuai⁵ mɔ⁵ kiaŋ³ 妈妈对他说。
　　　　妈　妈　对　他　讲

（九）连词

连词可以连接词、短语或分句。根据连词所表示的关系，常见的连词分以下几类：

并列：uan³"同"、nim¹"跟"、uan³"和"

转折：sei³ in²……tan¹ ɕi⁵"虽然……但是"

选择：ɕi⁵……ɲian⁵ ɕi⁵"是……还是"、uɔk⁷"或者"

递进：pat⁶ taːn⁵……ə²tshia³"不但……而且"

因果：ian¹ uei⁵……so³i³"因为……所以"、ki¹ in²……tɔ⁵"既然……就"

假设：y² kua³……tɔ⁵"如果……就"

条件：iau¹ ɕi⁵……tɔ⁵"要是……就"、tɕi³ iau¹……tɔ⁵"只要……就"

目的：uei⁵ liau³"为了"

例如：ɕi⁵ mɔ⁵ pai¹, ɲian⁵ ɕi⁵ mɔ⁵ pai¹　　　　是你去，还是他去。
　　　　是　你　去，　还　是　他　去
　　　　y² kua³ kioŋ⁵ ŋ̍uan² lɔk⁶ fen¹, ku¹ tɔ⁵ m̩² teŋ² 如果明天下雨，我就不来。
　　　　如果　明　日　落　雨，我　就　不　来

（十）助词

1. 结构助词

（1）tet⁶"的"，可以放在名词和修饰语之间组成偏正结构；也可以放在名词、人称代词、形容词、动词和主谓短语之后，组成"的"字结构，作名词短语。例如：

çi¹　fu⁴　tet⁶　neŋ¹ 师傅的鼻子　　　　mok⁷ tseŋ⁷　tet⁶　ḷɔ¹ 木匠的耳朵
师　傅　的　鼻子　　　　　　　　木　匠　的　耳朵

kuk⁶ ka¹ tet⁶国家的　　su¹　tet⁶你们的　　ta:n¹　tet⁶ 红的
国　家　的　　　　你们　的　　　　红　的

ḷi:u¹　tet⁶逃跑的　　pha:i¹　miɔk⁶　tet⁶卖花的
逃跑　的　　　　　卖　花　的

（2）lai3"得"，可以放在动词和补语之间表示结果；也可以放在动词后表示可能、可以、允许。否定式是在 lai³"得"前加 m̃²"不"，m̃² lai³"不得"既可以在动词前也可以在动词后。例如：

lo⁵　lai³　tsəu³起来得早。　　ḷip⁶　lai³　luai⁵走得累。　　iɔŋ⁵　lai³用得。
起来　得　早　　　　　　走　得　累　　　　　用　得

iɔŋ⁵　m̃²　lai³用不得。　　　m̃²　lai³　iɔŋ⁵不得用。
用　不　得　　　　　　不　得　用

2. 动态助词

（1）tɕiet⁷"着"，在动词后表示动作或持续的状态。例如：

thoŋ³tɕiet⁷kau⁴çy¹ 躺着看书。　　çian⁵tɕiet⁷ḷek⁶ḷa¹iəu² 顺着江边游。
躺　着　看　书　　　　　　顺　着　旁江游

（2）fai¹"过"，表示曾经发生某一动作、存在某一状态，但现在该动作不再进行，该状态不再存在。例如：

mɔ⁵　təu⁴　fai³　pak⁶　kaŋ¹ 他到过北京。
他　到　过　北　京

ku¹　çie⁴　fai³　pio⁵ 我洗过衣服。
我　洗　过　衣

（3）liau³"了"，用在动词后面表示动作的完成或者表示对行为实现的可能性作出估计；用在形容词后，表示对性状的变化作出估计。例如：

sa³　liau³　iet⁶　fɔŋ²　sen⁴ 写了一封信。
写　了　一　封　信。

xɔk⁶　lai³　liau³做得了。　　iŋ²　m̃²　liau³ 赢不了。
做　得　了　　　　　赢　不　了

ko⁵　peŋ⁵　li¹　lai³　liau³这病好得了。　ma:t⁷　xy⁴　m̃²　liau³ 袜子干不了。
这　病　好　得　了　　　　　袜子　干　不　了

3. 语气助词：放在句尾，表示陈述、疑问、祈使、感叹等语气。

（1）表示陈述语气的有 tet⁶"的"、lo⁵"了"。tet⁶"的"表示情况本来如此。lɔ⁵"了"在句末表示肯定事态出现了变化或即将出现变化。例如：

kiu¹ m̥² uei⁵ ta³lim² su¹ tet⁶　　　　　我们不会忘记你们的。

我们 不 会　忘记　你们 的。

lɔk⁶ fen¹ lɔ⁵ 下雨了。

落　雨　了

（2）表示疑问语气的有 ma³"吗"、ne⁴"呢"、pa²"吧"。例如：

mɔ⁵　song¹ xin¹ li¹ ma³ 她俩身体好吗？

她　双　身体　好 吗

n̥² tɕim¹ n̪au² ne⁴ 你问谁呢？　　　ko⁵ ɕi⁵ mɔ⁵ iuk⁷ pa² 这是她女儿吧？

你问　谁　呢？　　　　　这 是 她 女儿 吧

（3）表示祈使语气的有 pa²"吧"，例如：

khuai⁵ pai¹ pa² 快去吧！

快　　去 吧

pa³ n̥² tet⁶ ŋan¹ tsa⁴ kep⁶ ku¹ ioŋ⁵ iet⁶ uei⁵ pa² 把你的扁担借给我用一会吧！

把 你的 扁担借 给　我 用 一　会 吧

（4）表示感叹语气的有 o²"噢"、la³"啦"。例如：

kiu⁴ min⁴ o²! m̥¹ xuən¹ lɔk⁶ xa⁵ xɔ² la³　　　　救命啊！有人掉下河啦！

救　命　噢 有 人　落 下 河 啦

mɔ⁵ tsie² na² tsen¹ khuai⁵ o²　　　　　　他耕田真快呀！

他　耕 田　真　快　噢

（十一）叹词

主要有：ai³ ia²"哎呀"（表示惊讶）、ai³ iəu²"哎唷"（表示埋怨）、xeŋ³
"哼"（表示不满、气愤）。例如：

ai³ ia²! ku¹ tet⁶ ɕy¹ m̥² lon¹ liau³　　　　　哎呀！我的书不见了！

哎　呀 我 的　书　不 见　了

ai³ iəu²! keːt⁶ piai¹ ku¹ la³　　　　　　哎唷！疼死我啦！

哎 唷　疼　死　我 啦

xeŋ³，ku¹ tet⁶ pi³ mɔ⁵ tet⁶ li¹ lai³ l̪aːi¹ ne⁴　哼，我的比他的好得多呢！

哼　我 的　比 他　的 好得 多 呢

5.1.2　句法、句类和句型

（一）句子成分和语序

永乐乡四莫村诶话的句子成分有主语、谓语、宾语、定语、状语和补
语六种。其中主语和谓语是基本成分，一般不能缺少。

1. 主语：除名词（短语）或代词作主语外，数词或数量短语、动词（短

语）或形容词（短语）、"的"字短语、主谓短语、支配短语也能作主语。主语通常在句子的开头。句子的话题多为主语。

te⁵ te⁵ xan³ ḻəu¹ m̥a¹　　　　　　弟弟很怕狗。
弟　弟　很　怕　狗

mɔ⁵ ɕi⁵ ku¹ tet⁶ muei⁵ ka¹　　　　她是我的妻子。
她　是　我　的　妹　家

kiau³ ɕi⁵ sa:m¹ tet⁶ sa:m¹ puei⁵　九是三的三倍。
九　　是　三　的　三　倍

tsiep⁷ tɕhi:k⁶ uei⁵ iet⁶ tɕieŋ⁵　　十尺为一丈。
十　　尺　为　一　丈

tshɔ¹ lu³ m̥² li¹ 粗鲁不好。
粗　鲁　不　好

kit⁶ xuan¹ ɕi⁵ iet⁶ kin⁴ ɕi³ si⁵　结婚是一件喜事。
结婚　是　一　件　喜事

ta:n¹ tet⁶ li¹ kian¹　　　　　　红的好吃。
红　的　好　吃

ṇ² tu⁵ tsien² ɕi⁵ m̥² tuai⁵ tet⁶　你赌钱是不对的。
你　赌　钱　是　不　对　的

pia² phia¹ xan³ luai⁵　　　　　爬山很累。
爬　山　很　累

2. 谓语：主要由动词（短语）、形容词（短语）充当，名词（短语）、数量短语和主谓短语也可以充当谓语。例如：

ku¹ ḻip⁶　　　　　　　　　我走。
我　走

ṇiɛ⁵ ŋuan² men¹ ṇit⁶　　　　今天天冷。
今　日　天　冷

tɕi⁵ tsiep⁷ ṇi⁵ tim³ tɕiɔŋ¹　　现在十二点钟。
现在十　二　点　钟

ko⁵ ŋan¹ uɔk⁷ se¹ kua¹ sa:m¹ yn² ŋa³ kak⁶　这个大西瓜三元五角。
这　个　大　西　瓜　三　元　五　角

ko⁵ kin⁴ si⁵ mɔ⁵ xɔk⁶ m̥² li¹　这件事我做不好。
这　件　事　我　做　不　好

3. 宾语：除了名词（短语）和代词作宾语外，数量短语、动词（短语）、形容词（短语）、"的"字短语、主谓短语、介词短语都可以作宾语。

mɔ⁵ nam¹ ti⁴ tau⁵ 　　　　　　　　他种花生。

他　种　地　豆

su¹ kiaŋ³ ɕi⁵ maŋ² 　　　　　　　你们讲什么？

你们　讲　什么

iet⁶ xuən¹ pan¹ iet⁶ tau³ 　　　　　一人分一斗。

一　人　分　一　斗

mɔ⁵ xam¹ iəu² ɳam³ 　　　　　　　他喜欢游泳。

他　喜欢　游　水

ma³ ma³ m̩² ḷəu¹ san¹ khu³ 　　　　妈妈不怕辛苦。

妈　妈　不　怕　辛　苦

ko⁵ tseŋ¹ tai² ɕi⁵ mɔ⁵ tet⁶ 　　　　这张桌子是他的。

这　张　台　是　他　的

ku¹ ḷɔ³ n̩² siŋ³ tai³ 　　　　　　我知道你想哭。

我　知道　你　想　哭

ku¹ tɕhioŋ⁴ ḷoŋ¹ mɔ⁵,　ɕi⁵ u⁴ ḷek⁶ xɔ² 　我遇见她，是在河边。

我　闯　见　她，　是　在　旁河

4. 定语：名词、数量短语、代词、形容词（短语）、动词（短语）和主谓短语都可以充当定语。例如：

muei⁵ muei⁵ tet⁶ lan¹ i³ kiŋ² sau¹ li¹ liau³ 　妹妹的房屋已经修好了。

妹　妹　的　房子 已经　修　好　了

mɔ⁵ pia² liau³ iet⁶ tsa:ŋ² lau² 　　　　他爬了一层楼。

他　爬　了　一　层　楼

n̩² tet⁶ kiuk⁶ u⁴ te³ tsoŋ² 　　　　你的鞋在床下。

你　的　鞋　在　下　床

ɳak⁶ tet⁶ sie:ŋ¹ tsi³ kep⁶ ku¹ 　　　重的箱子给我。

重　的　箱　子　给　我

toŋ¹ tet⁶ u⁴ li¹ kian¹ 　　　　　煮的饭好吃。

煮　的　饭　好　吃

ko⁵ lau¹ ɕi⁵ ku¹ u⁴ tet⁶ nau¹ 　　　这里是我住的地方。

这　里　是　我　住　的　地方

5. 状语：可以充当状语的有形容词（短语）、动词（短语）、副词等。

（1）形容词作状语，既可以在中心语的前面，也可以在中心语的后面。例如：

khuai⁵ tim³ au¹ tsu² tau² teŋ² 　　　快点拿锄头来！

快　点 拿　锄　头　来

au¹ tsu² tau²　teŋ² kuai⁵ tim³　　　　　　　拿锄头来快点！

拿　锄　头　来　快　点

l̩a:i¹ kian¹ iet⁶ tim³　　　　　　　　　　多吃一点！

多　吃　一　点

kian¹ l̩a:i¹ iet⁶ tim³　　　　　　　　　　吃多一点！

吃　多　一　点

（2）副词 kuan⁴ "先"、xəu⁵ "后"作状语，既可以在中心语的前面，也可以在中心语的后面，其他副词一般在中心语的前面。例如：

n̩² xəu⁵ kiaŋ³ 你后讲。　　　n̩² kiaŋ³ xəu⁵ 你后讲。

你　后　讲　　　　　　　　　你　讲　后

ko⁵ iŋ⁵ xɔk⁶ ia³ li¹ 这样做也好。

这　样　做　也　好

（3）动词（短语）、名词（短语）作状语，只能在中心语的前面。例如：

mɔ⁵ naŋ⁵ tɕiet⁷ theŋ⁴　　　　　　　　她坐着听。

她　坐　着　听

fai³ xe:t⁶ kiu¹ khai¹ uei⁵　　　　　　　上午我们开会。

过　早　我　们　开　会

6. 补语：能充当补语的有形容词和动词。结果补语、趋向补语和可能补语在中心语的前面和后面均可，例如：

mɔ⁵ kyt⁶ piai¹ liau³ soŋ¹ tsio² kok⁶　　　他打死了两只老虎。

他　打　死　了　双　只　老虎

mɔ⁵ kyt⁶ soŋ¹　tsio² kok⁶ piai¹ liau³　　他打两只老虎死了。

他　打　双　只　老虎　死　了

au¹ iet⁶ tiəu² kuan¹ teŋ²　　　　　　　拿一根竿来。

拿　一　条　竿　来

au¹ teŋ² iet⁶ tiəu² kuan¹　　　　　　　拿来一根竿。

拿　来　一　条　竿

no⁵ n̠et⁶ kua³ tsi³ kian¹ m̩² lai³　　　那些果子吃不得。

那　些　果　子　吃　不　得

no⁵ n̠et⁶ kua³ tsi³ m̩² lai³ kian¹　　　那些果子不能吃。

那　些　果　子　不　得　吃

（二）句类

1. 陈述句：一般的叙述语气不用加语气助词。例如：

lau¹ n̠io³ mi¹ iet⁶ tiəu² ta:ŋ⁵　　　　草里有一条蛇。

里　草　有　一　条　蛇

2. 疑问句：可以分为是非问句、特指问句、选择问句和正反问句四种。

（1）是非疑问句里肯定式、否定式都加疑问助词 ma³ "吗"。表示怀疑、猜测语气的疑问句在叙述句后面加助词 pa² "吧"。用语调表示疑问是非问句。一个叙述句只要带上疑问语调，即句尾语调上升，就可以构成。例如：

ń² kian¹ liau³ ma³ 你吃了吗？　　mɔ⁵ m̓² teŋ² ma³ 她不来吗？

你　吃　了　吗　　　　　她　不　来　吗

mɔ⁵ khuai⁵ siŋ³ lo⁵ pa² 他快醒了吧！

他　快　醒　了　吧

mɔ⁵ ia³ pai¹ 他也去？　　　　ń² m̓² lɔ³ tɕhiŋ⁴ kɔ¹ 你不会唱歌？

他　也　去　　　　　　　你　不　会　唱　歌

（2）特指疑问句用疑问代词 ŋau² "谁"、ŋau¹ ieŋ⁵ "怎样"、ɕi⁵ maŋ² "什么"、ki³ ḷaːi¹ "几多"等表示。例如：

ko⁵ ɕi⁵ ɕi⁵ maŋ² miɔk⁶ 这是什么花？

这　是　什　么　花

tsy⁴ ki³ ḷaːi¹ 买多少？　　　　ŋau¹ ieŋ⁵ sa³ 怎样写？

买　几　多　　　　　　　怎　样　写

（3）选择疑问句：用（ɕi⁵）……n̠ian⁵ ɕi⁵ "（是）……还是"连接疑问对象。例如：

ń² ɕi⁵ pai¹, n̠ian⁵ ɕi⁵ m̓² pai¹　　　你是去，还是不去？

你　是　去，　还　是　不　去

ń² pai¹ n̠ian⁵ ɕi⁵ m̓² pai¹　　　你去还是不去？

你　去　还　是　不　去

（4）正反疑问句：由谓语中心的肯定式和否定式并置而成。例如：

ń² mi¹ m̓² mi¹　　　你有没有？

你　有　没　有

3. 祈使句：一般由动词（短语）、形容词（短语）以及副词、名词等构成，表示强制性的命令、催促，语气直率。商量句是祈使句的一种，表示商量的语气，在句尾加语气助词 pa² "吧"。例如：

m̓² ai³ fuŋ⁴ xua³ phiau¹ phia¹　　　不要放火烧山。

不　要　放　火　烧　　山

ń² uan³ mɔ⁵ tu¹ pai¹ pa²　　　你和他都去吧！

你　和　他　都　去　吧

4. 感叹句：一般在句子前面加叹词表示。例如：

ai³ iəu²! ɕi⁵ ń² o²　　　哎唷！是你噢！

哎　唷　是　你　噢

xeŋ³, ku¹ i³ kiŋ² mi¹ liau³　　　　　　　哼，我已经有了。

哼　我　已　经　有　了

（三）句型

1. 单句

（1）主谓句

① 名词谓语句：名词（短语）和数量短语可以单独作谓语。例如：

n̠iɛ⁵ ŋuan² tɕy² tsek⁷　　　　　　　　　今天除夕。

今　日　除　夕

mɔ⁵ uɔk⁷ pia¹　　　　　　　　　　　　她大眼睛。

她　大　眼睛

iet⁶ tshi⁴ sa:m¹ ŋuan³　　　　　　　　　一次三碗。

一　次　三　碗

② 动词谓语句：全句主语和主谓谓语的主语可换为修饰关系。例如：

mɔ⁵ mu¹ kan¹ liau³　　　　　　　　　　他手断了。

他　手　断　了

mɔ⁵ tet⁶ mu¹ kan¹ liau³　　　　　　　　他的手断了。

他　的　手　断　了

③ 形容词谓语句：形容词可以作谓语。例如：

me:k⁷ tsi³ n̠ian⁵ m̩² uŋ²　　　　　　　　麦子还没黄。

麦　子　还　没　黄

④ 兼语句：由一个动宾短语和一个主谓短语套在一起构成，谓语中前一个动宾短语的宾语兼做后一个主谓短语的主语。例如：

n̩² tshiŋ³ mɔ⁵ teŋ²　　　　　　　　　　你请他来。

你　请　他　来

⑤ 存现句：由"名词+方位词"、处所词、方位词、动词短语或介词短语构成主语，由主要动词加"着"构成谓语。

kyn² tseŋ² kua⁴ tɕiet⁷ iet⁶ tiəu² phia¹　　墙上挂着一条鱼。

上　墙　挂　着　一　条　鱼

⑥ 连动句：由两个或两个以上动词构成，在动词短语之间没有停顿，也没有关联词语，两个动词共用一个主语。例如：

ku¹ pai¹ pa:ŋ¹ mɔ⁵ kiau¹ nam¹ phia:k⁶　我去帮他们种菜。

我　去　帮　他　们　种　菜

⑦ 比较句：一种是可以直接在比较者之间加形容词的方式来表示，另一种是在比较者之间加介词"比"来表达。例如：

kɔ³ kɔ³ uɔk⁷ te⁵ te⁵ soŋ¹ suai⁴　　　　哥哥大弟弟两岁。

哥　哥　大　弟　弟　双　岁

kɔ³ kɔ³ pi³ te⁵ te⁵ uɔk⁷ soŋ¹ suai⁴　　　哥哥比弟弟大两岁。

哥　哥　比　弟　弟　大　双　岁

⑧ 给予类的双宾语句：一种是直接宾语在前面，间接宾语在后面，并且在间接宾语前加一个"给"。另一种是间接宾语在前面，直接宾语在后面。例如：

ku¹ kep⁶ tsiɛn² kep⁶ mɔ⁵　　　　　　　我把钱给他。

我　给　钱　给　他

ku¹ kep⁶ mɔ⁵ tsiɛn²　　　　　　　　　我给他钱。

我　给　他　钱

（2）非主谓句：一种是无主句，另一种是独词句。例如：

kyɛt⁶ l̥em¹ lo⁵ 刮风了！

刮　风　了

taːŋ⁵ 蛇！　　　　li¹ xieːŋ¹ tet⁶ miɔk⁶ 好香的花！

蛇　　　　　　好　香　的　花

2. 复句

（1）联合复句

① 并列关系：分句间可以不用关联词。例如：

ten³ tet⁶ li¹, l̥ai¹ tet⁶ m̩² li¹　　　　短的好，长的不好。

短　的　好　长　的　不　好

② 选择关系：在陈述句中用 uɔk⁷……uɔk⁷"或者……或者"，m̩² ɕi⁵……tɔ⁵ ɕi⁵"不是……就是"；在疑问句中用(ɕi⁵)……n̩ian⁵ ɕi⁵"（是）……还是"。例如：

uɔk⁷ n̩² pai¹, uɔk⁷ ku¹ pai¹　　　　　　　　或者你去，或者我去。

或者　你　去　或者　我　去

mɔ⁵ m̩² ɕi⁵ ɕien¹ peŋ⁵ liau³, tɔ⁵ ɕi⁵ mi¹ si⁵　他不是生病了，就是有事。

他　不　是　生　病　了，　就　是　有　事

③ 解说关系：分句间可以不用关联词。例如：

m⁵ kyn² mu¹ mi¹ soŋ¹ tsio² thu⁴ tsi³, iet⁶ tsio² piuk⁷ tet⁶, iet⁶ tsio² fuei¹ tet⁶

她　上　手　有　双　只　兔　子，　一　只　白　的，　一　只　灰　的。

她手上有两只兔子，　一只白的，一只灰的。

④ 递进关系：分句之间用 pat⁶ taːn⁵……ə² tshia³"不但……而且"，n̩ian⁵"还"、ia³"也"等连接。例如：

mɔ⁵ pat⁶ taːn⁵ sa³ lai³ khuai⁵, ə² tshia³ sa³ lai³ li¹   他不但写得快，而且写得好。

他 不 但 写得 快， 而且 写得 好

⑤ 承接关系：分句间既可以不用关联词语，也可以用 kuan⁴ "先"、tɔ⁵ "就" 等关联词语。例如：

kian¹ niaːn⁴ xəu⁵, ku¹ pai¹ kuan⁴ mɔ⁵ l̪aːn¹   吃晚饭后，我先去她家。

吃 夜 后， 我 去 先 她 房子

（2）主从复句

① 转折关系：分句间常用的关联词有 sei³ in²……taːn¹ çi⁵ "虽然……但是"。例如：

ko⁵ n̪et⁶ iau⁵ tsi³ sei³ in² uɔk⁷, taːn¹ çi⁵ m̩² xan³ fun¹

这 些 柚 子 虽 然 大， 但 是 不 很 甜

这些柚子虽然大，但是不很甜。

② 假设关系： 分句间常用 y² kua³……tɔ⁵ "如果……就" 连接。例如：

y² kua³ n̩² m̩² tsy⁴, ku¹ tɔ⁵ tsy⁴   如果你不买，我就买。

如果 你不 买， 我 就 买

③ 条件关系：分句间常用 iau¹ çi⁵……tɔ⁵ "要是……就"、tɕi³ iau¹……tɔ⁵ "只要……就" 连接。例如：

iau¹ çi⁵ fen¹ thaːi⁵ uɔk⁷, n̩² tɔ⁵ kaːi³ pai¹ maː¹ liau³   要是雨太大，你就别回去了。

要 是 雨 太 大， 你 就 别 去 回 了

④ 因果关系：分句间常用 ian¹ uei⁵……sɔ³ i³ "因为……所以"、ki¹ in²……tɔ⁵ "既然……就" 连接。例如：

ian¹ uei⁵ l̪an¹ xan³ xep⁶, sɔ³ i³ tɕhia¹ fai³ m̩² pai¹   因为路很窄，所以车过不去。

因 为 路很 窄， 所以 车 过 不 去

n̩² ki¹ in² teŋ² liau³, tɔ⁵ kaːi³ pai¹ liau³   你既然来了，就别走了。

你 既然 来 了， 就 别 去 了

⑤ 目的关系：在句首加 uei⁵ liau³ "为了"。例如：

uei⁵ liau³ tɕi⁵ peŋ⁵, mɔ⁵ pai⁴ tsa⁴ tsien²   为了治病，他去借钱。

为 了 治 病， 他 去 借 钱

⑥ 时间复句：分句间常用 tɔ⁵ "就"、n̪ian⁵ "还" 连接。例如：

fai³ liau³ iet⁶ puei¹, mɔ⁵ tet⁶ peŋ⁵ tɔ⁵ li¹ liau³ 过了一年，他的病就好了。

过 了 一 年， 他的 病就 好 了

taŋ³ liau³ m̪iaŋ⁴ ŋ̪uan², mɔ⁵ n̪ian⁵ m̩² teŋ²   等了半天，他还没来。

等 了 半 日， 他 还 没 来

⑦ 连锁复句：分句间一般出现相同的词语。例如：

ku¹ kiaŋ³ çi⁵ maŋ², n̥² tɔ⁵ xɔk⁶ çi⁵ maŋ²　　　　我讲什么，你就做什么。

我　讲　什么，你　就　做　什么

（3）紧缩复句

① 用成对的关联词语构成的固定句式。常见的有：yt⁷……yt⁷ "越……越"、iet⁶……tɔ⁵ "一……就"、m̥²……m̥² "不……不"。例如：

mɔ⁵ yt⁷ nem³ yt⁷ li¹ l̥iu¹　　　　　　　　　　他越想越好笑。

他　越　想　越　好笑

ku¹ iet⁶ kau⁴ tɔ⁵ l̥ɔ³　　　　　　　　　　　　　我一看就会。

我　一　看　就会

② 只有一个关联词语，常用 "就"。例如：

l̥e¹ na² m̥² xa:k⁷ tɔ⁵ m̥² l̥ɔ³　　　　　　　　　　犁田不学就不会。

犁　田　不　学　就　不会

第二节　诶话与汉语、壮语语法比较

为了探讨诶话的性质和形成机制，我们还有必要把诶话与汉语、侗台语进行语法比较研究。目前，我国少数民族语言与汉语的语法比较研究成果主要有戴庆厦（2006），王志敬（2002）、戴庆厦和邱月（2008）、戴庆厦和朱艳华（2010）、戴庆厦和范丽君（2010）等。不过，正如戴庆厦（2002）一文中所说，汉藏语比较研究相对来说，语音、词汇做得较多，成果较丰富，而语法方面做得较少，比较薄弱。就诶话而言，关于诶话与汉语、壮语语法比较研究目前还没有专题论著出现。鉴于此，本节拟对诶话与汉语、壮语语法进行一些比较研究。

5.2.1　词类

（一）名词

1. 诶话一般名词前不需要加一个与其相应的量词来表示其类别，与汉语相同。壮语一般名词前都可以加一个与其相应的量词来表示其类别。例如：

汉语：狗　　　　　　　人　　　　　　　　菜

诶话：m̥a¹　　　　　　xuən¹　　　　　　　phia:k⁶

壮语：tu² ma¹ 狗　　　pou⁴ vun² 人　　　　ko¹ pjaik⁷菜

2. 诶话名词作定语，一般放在中心语的前面，与汉语相同。壮语名词作定语，一般放在中心语的后面。例如：

汉语：父亲的书　　　　　　　壮族人

诶话：ia¹ tet⁶ ɕy¹　　　　　　tɕioŋ⁵ tsɔk⁷ xuən¹

　　　父亲的 书　　　　　　壮　族　人

壮语：saɯ¹ ta⁴ po⁶　　　　　vun² pou⁴ ɕu:ŋ⁶

　　　书 父亲　　　　　　人 壮 族

3. 诶话方位词"上"、"下"、"里"、"外"有 AABB 式的重叠，与汉语相同。壮语是 AA 式重叠，重叠后表示动作发展的最高程度。例如：

汉语：上上下下　　　　　　里里外外

诶话：kyn² kyn² te³ te³　　　lau¹ lau¹ lok⁶ lok⁶

　　　上　上 下 下　　　　里 里 外 外

壮语：huɯn³ kɯn² kɯn² pai¹ 到最高一层去　hau³ ʔdaɯ¹ ʔdaɯ¹ pai¹ 进最里头去

　　　上　上　上　去　　　　进　里　里　去

　　　ɣoŋ² la³ la³ pai¹ 到最下面去　　o:k⁷ ɣo:k⁸ ɣo:k⁸ pai¹ 到最外的地方去

　　　下 下 下 去　　　　　出　外　外　去

4. 诶话指人的名词复数形式是在名词后面加"们"，名词加"们"以后不能再受数词的修饰，与汉语相同。壮语指人名词的复数形式是在名词前面加"群"，名词加"群"以后仍然能受数词的修饰。例如：

汉语：孩子们　　　　　　　朋友们

诶话：lik⁷ nɔŋ⁴ man²　　　　pi² nɔŋ² man²

　　　孩子 们　　　　　　朋友 们

壮语：sa:m¹ kjoŋ⁵ luuk⁸ ne² 三群小孩　so:ŋ¹ kjoŋ⁵ ha:k⁸se:ŋ¹ 两群学生

　　　三　群　孩子　　　　两　群　学 生

5. 诶话名词一般不能单独作处所补语，与汉语相同。壮语名词能单独作处所补语。例如：

汉语：妹妹坐在门口。　　　　别站在小树枝上。

诶话：muei⁵ naŋ⁵ u⁴ pa:k⁶ tu¹。　ka:i³ kyn¹ u⁴ niŋ¹ ma:i⁴ tɕi¹ kyn²。

　　　妹妹 坐 在 口 门　　　别 站 在 小树　枝 上

壮语：ta⁶ nu:ŋ⁴ naŋ⁶ pa:k⁷tou¹。　kai³ ʔduɯn¹ ne¹ fai⁴。

　　　妹妹　坐 口 门　　　别 站 小枝 树

6. 诶话少部分非量词性名词有两种重叠方式：AA 式和 AABB 式，与壮语相同。汉语非量词性的名词不能重叠。例如：

汉语：桌上什么布都有。　　　他家鸡鸭样样有。

诶话：kyn² tai² paŋ² paŋ² tu¹ mi²　mɔ⁵ lan¹ kai⁴ kai⁴ piet⁶ piet⁶ tu¹ mi²

　　　上 台 布 布 都 有　　　他 家 鸡 鸡 鸭 鸭 都 有

壮语：kɯn² ta:i² paŋ² paŋ² ɕuŋ³ mi²。　ɣa:n² te¹ kai⁵ kai⁵pit⁷ pit⁷ ɕuŋ³ mi²。

　　　上 台 布 布 都 有　　　家 他 鸡 鸡 鸭 鸭 都 有

（二）动词

1. 诶话行为动词没有加词尾的用法，与汉语相同。壮语行为动词能加上词尾"-Fɯ⁵"或"动词+Fa+动词+ Fɯ⁵"，表示催促的意义。例如：

汉语：快去　　　　　　快快洗

诶话：khuai⁵ pai¹　　　　khuai⁵ khuai⁵ ɕie³
　　　快　去　　　　　快　快　洗

壮语：pai¹ pɯ⁵ 快去　　sak⁸ sa¹ sak⁸ saɯ⁵ 快快洗
　　　去　　　　　　洗　　洗

2. 诶话动词没有加描绘性后附音节的用法，与汉语相同。壮语大部分动词能加描绘性后附音节，有 AB 式、ABB 式和 AABB 式。例如：

汉语：跳　　　　　　　　坐

诶话：thiu⁴　　　　　　　naŋ⁵

壮语：ti:u⁵ juk⁷向前一跃 ti:u⁵ juk⁷ juk⁷不断向前跳　 naŋ⁶ naŋ⁶ na:k⁸ na:k⁸随便坐坐
　　　跳　　　　　　　跳　　　　　　　　　　 坐　坐

3. 诶话及物动词没有加词头的用法，与汉语相同。壮语一部分及物动词可以加词头 ta³-，变成不及物动词，动词词义范围扩大；还有一些及物动词可以加词头 to⁴-和 to⁶-，前者表示动作的相互关系，后者表示动作的趋向。例如：

汉语：种　　　　　　　抱　　　　　　　去

诶话：nam¹　　　　　　pa:u⁵　　　　　　pai¹

壮语：ta³ ʔdam¹ 种植　　to⁴ ko:t⁷ 相互拥抱　　to⁶ pai¹ 向前走
　　　种　　　　　　　抱　　　　　　　去

（三）形容词

1. 诶话形容词作定语时，中心语和定语之间有助词"的"，与汉语相同。壮语形容词作定语时，中心语和定语之间一般不需要助词"的"。例如：

汉语：我穿黄色的衣服。

诶话：ku¹ tan³ ŋan³ sak⁶ tet⁶ pio⁵。
　　　我 穿 黄 色 的 衣

壮语：kou¹ tan³ pu⁶ he:m³。
　　　我 穿 衣 黄

2. 诶话表示气味、被浸染的形容词不可以活用为动词，与汉语相同。壮语表示气味、被浸染的形容词不仅可以活用为动词，而且能带宾语。例如：

汉语：外边有花的香味。　　　　　衣服被水沾湿了。

诶话：pin¹ lok⁶ mi² miɔk⁶ tet⁶ piaŋ¹ mei⁴。　pio⁵ ŋa:i² ŋam³ nim¹ ɕəp⁶ liau³。
　　　　边　外　有　花　的　香味　　　衣　被　水　沾　湿　了

壮语：pa:i⁶ ɣo:k⁸ ɣa:ŋ¹ va¹。　　　　　　pu⁶ ʔbai⁵ ɣam⁴ lo¹。
　　　　边　外　香　花　　　　　　　　　衣　湿　水　了

3. 诶话单音节形容词后边一般能带描绘性后附音节，格式是 ABB 式，与壮语相同。汉语形容词后边没有加描绘性后附音节的用法。例如：

汉语：黑　　　　　　　　　　　　　　　湿

诶话：xak⁶ ma³ ma¹ 黑黑的　　　　　　sap⁶ lu³ lu¹ 湿湿的
　　　黑　　　　　　　　　　　　　　　湿

壮语：ʔdam¹ ʔda:t⁷ ʔda:t⁷ 黑乎乎的　　ʔbai⁵ ʔba:t⁷ ʔba:t⁷ 湿淋淋的
　　　黑　　　　　　　　　　　　　　　湿

（四）数词

1. 诶话"千"和"万"不能单个重叠，只能配合在一起形成 AABB 式，与汉语相同。壮语"百"、"千""万"、"亿"能单个重叠，重叠后表示"每一"的意思。例如：

汉语：千千万万

诶话：tshi:n¹ tshi:n¹ uan⁵ uan⁵
　　　千　　千　　万　　万

壮语：kei³ɕi:n¹nei⁴, ɕi:n¹ɕi:n¹ɕuŋ³ke⁵kau⁵lo¹。这几千（东西），每一千都数够了。
　　　几 千 这 千 千 都 数 够 了

2. 诶话加"第"的序数词跟量词组合时，只能放在量词的前面，与汉语相同。壮语加"第"的序数词跟量词组合时，多数放在量词的后面。例如：

汉语：第三个（人）

诶话：te⁵ sa:m¹ mo⁵
　　　第　三　个

壮语：pou⁴ ta:i⁶ sa:m¹
　　　个　第　三

（五）量词

1. 诶话量词不可以单独跟名词、人称代词、疑问代词、动词、形容词以及象声词组合，与汉语相同。壮语量词可以与上述词组合。例如：

汉语：客人　　　　　　　　　　　上边的那只

诶话：khie:k⁶ xuən¹　　　　　　　kyn² pin¹ tet⁶ no⁵ tsio²
　　　客　人　　　　　　　　　　上　边　的　那　只

壮语：pou⁴ he:k⁷客人（跟名词组合）　tu² pa:i⁶ kun²上边的那只（跟方位词组合）
　　　量词 客人　　　　　　　　　　量词 边 上

汉语：我的那本　　　　　　　　什么树

诶话：ku¹ tet⁶ no⁵ pen³　　　　　çi⁵ maŋ² ma:i⁴

　　　我 的 那 本　　　　　什 么 树

壮语：po:n³ kou¹（跟人称代词组合）ko¹ ku⁶ ma²（跟疑问代词组合）

　　　本　我　　　　　　　棵 什 么

汉语：飞的动物　　　　　　　　高的人　　　　　　　　鹧鸪

诶话：fi¹ tet⁶ tɔŋ⁵ uat⁷　　　　sa² tet⁶ xuən¹　　　　tɕia⁵ khu¹

　　　飞 的 动 物　　　　　　高 的 人　　　　　　鹧 鸪

壮语：tu² ʔbin¹（跟动词组合）　pou⁴ sa:ŋ¹（跟形容词组合）　tu² te:k⁷te⁴（跟
象声词组合）

　　　只 飞　　　　　　　　个 高　　　　　　　　　只（象声词）

2. 诶话量词不能单独作主、谓、宾、定、状、补等成分，只有跟数词组合起来才能充当某些句子成分，与汉语相同。壮语量词能单独作主语、谓语、宾语、定语、状语、补语。例如：

汉语：这些鸭，每人一只。

诶话：ko⁵ ɳet⁶ piet⁶, muei³ xuən¹ iet⁶ tsio²。

　　　这 些 鸭，每 人 一 只。

壮语：ki³ pit⁷ nei⁴, pou⁴　　tu²。（作主语和谓语）

　　　些 鸭 这　个（人）只

汉语：这些水果，每人吃一个。

诶话：ko⁵ ɳet⁶ sie³ kua³, muei³ xuən¹ kian¹ iet⁶ ɳan¹。

　　　这 些 水 果，每 人 吃 一 个

壮语：ki³ ma:k⁷ nei⁴, pou⁴　　kɯn¹ ʔan¹。（作宾语）

　　　些 果 这　个（人）吃　个

汉语：拿那只鸡来关。　　　　　　每次吃一个

诶话：au¹ no⁵ tsio² kai⁴ teŋ² kyan¹。　muei³ tshi⁴ kian¹ iet⁶ ɳan¹。

　　　拿 那 只 鸡 来 关　　　　每 次 吃　一 个

壮语：au¹ tu² kai⁵ tau³ kjaŋ¹。（作定语）　pai² kɯn² ʔan¹。（作状语）

　　　要 只 鸡 来 关　　　　　次 吃 个

汉语：你们每人做一个。

诶话：su¹　muei³ xuən¹ xɔk⁶ iet⁶ ɳan¹。

　　　你们 每 人　做 一 个

壮语：sou¹　pou⁴ ku⁶ ʔba:t⁷。（作补语）

　　　你们 个 做 次

3. 诶话有表示动物类别的量词，与壮语相同，汉语没有这类量词。

例如：

汉语：公牛　　　　母牛　　　　未下崽的母猪　　　未下崽母狗

诶话：xuai¹ tek⁷　　xuai¹ ma:i⁴　　m̥u¹　　n̥io³　　　m̥a¹　　n̥io³
　　　牛　公　　　牛　母　　　　母猪　未下崽　　　母狗　未下崽

壮语：xuai¹ tek⁷　　va:i²　me⁶　　mou¹　　ço⁶　　　ma¹　　ço⁶
　　　水牛　公　　　水牛　母　　　母猪　未下崽　　　母狗　未下崽

（六）副词

1. 汉语时间副词"先"、"后"只能作状语，壮语时间副词"先"、"后"一般作补语。诶话时间副词"先"、"后"可以作状语，也可以作补语，体现了汉壮两种语言的特征。例如：

汉语：你先走，我后走。

诶话：n̄² kuan⁴ pai¹，ku¹ laŋ¹ pai¹。
　　　你　先　走，　我　后　走。

　　　n̄² pai¹ kuan⁴，ku¹ pai¹ laŋ¹。
　　　你　走　先，　我　走　后。

壮语：muɯŋ² pai¹ ko:n⁵，kou⁵ pai¹ laŋ¹。
　　　你　走　先　我　走　后

2. 壮语一些前后配合使用的副词，能单独跟时间名词、量词以及形容词组合，表示比较、递进。诶话只能通过比较句来实现比较或递进的含义，与汉语相同。

汉语：一天比一天高。　　　　一个比一个强。

诶话：iet⁶ ŋuan² pi³ iet⁶ ŋuan² sa²。　iet⁶ ŋan¹ pi³ iet⁶ ŋan¹ kiŋ²。
　　　一　天　比　一　天　高　　　一　个　比　一　个　强

壮语：ji:t⁸ ŋon² ji:t⁸ sa:ŋ¹。　　　ji:t⁸ pou⁴ ji:t⁸ a:k⁷。
　　　越　天　越　高　　　　　　越　个　越　强

（七）代词

1. 诶话第三人称单数不能单独表示复数，与汉语相同。壮语第三人称单数在一定条件下能单独表示复数。例如：

汉语：他们三个人爱读书。

诶话：mɔ⁵ kiau¹ sa:m¹ xuən¹ ai⁴ tɔk⁷ çy¹。
　　　他们　　三　人　爱读书

壮语：te¹ sa:m¹ pou⁴ kjai² tok⁸ saɯ¹。（te¹处在二以上的数量词组之前）
　　　他　三　人　爱　读　书

2. 诶话人称代词不可以直接跟量词组合，与汉语相同。壮语人称代词可以直接与量词组合，组合时人称代词位于量词之后。例如：

汉语：你的那个　　　　　　　　你们的那棵

诶话：n̂² tet⁶ piaŋ⁵ ŋan¹　　　　 su¹　tet⁶ no⁵ khua³

　　　　你的　那　个　　　　　　你们的　那　棵

壮语：ʔan¹ muɯŋ²　　　　　　　　ko¹ sou¹

　　　　个　你　　　　　　　　　棵　你们

3. 诶话人称代词"自己"与其他词组合时，放在其他词的后面，与汉语相同。壮语人称代词"自己"跟其他词组合时，可以前置，也可以后置，前置时表示"仅"的意思，后置时表示"自己"的意思。例如：

汉语：他自己去。

诶话：mɔ⁵ tsi⁵ ka¹ pai¹。

　　　　他　自　己　去

壮语：ka:k⁸ te¹ pai¹ 只有他一人去。　　　 te¹ ka:k⁸　pai¹。他自己去。

　　　　自己　他　去　　　　　　　　　　他　自己　去

4. 诶话指示代词与量词组合时，指示代词在量词的前面，与汉语相同。壮语指示代词与量词组合时，指示代词在量词的后面。例如：

汉语：这棵　　　　　　　　　这里的一棵

诶话：ko⁵ khua³　　　　　　　ko⁵ lau¹ tet⁶ iet⁶ khua³

　　　　这　棵　　　　　　　这　里　的　一　棵

壮语：ko¹ nei⁴　　　　　　　　ko¹ ki² nei⁴

　　　　棵　这　　　　　　　棵　这里

5. 诶话指示代词跟量词组合作定语时，中心语位于指量词组之后，与汉语相同。壮语指示代词跟量词组合作定语时，中心语位于量词和代词之间。例如：

汉语：这棵树　　　　　　　　那只狗

诶话：ko⁵ khua³ ma:i⁴　　　　　no⁵ tsio² m̥a¹

　　　　这　棵　树　　　　　　那　只　狗

壮语：ko¹ fai⁴ nei⁴.　　　　　　tu² ma¹ han⁴.

　　　　棵　树　这　　　　　　只　狗　那

6. 诶话疑问代词跟名词组合时，疑问代词位于名词的前面，与汉语相同。壮语疑问代词位于名词的后面。例如：

汉语：这是谁的书？　　　　　　你是哪里人？

诶话：ko⁵ ɕi⁵ ŋau² tet⁶ ɕy¹?　　n̂² ɕi⁵ ŋau¹ xuən¹?

　　　　这　是　谁　的　书　　　你是　哪里　人

壮语：nei⁴ tuk⁸ sau¹ pou⁴ lau²?　　muŋ² vun² ki² lau²?

　　　　这　是　书　谁　　　　　你　人　哪里

7. 诶话疑问代词不能修饰量词，与汉语相同。壮语疑问代词能修饰量词，并且位于量词的后面。例如：

汉语：这棵是什么树？　　　　　　　那本是谁的书？

诶话：ko^5 $khua^3$ ςi^5 ςi^5 man^2 $ma:i^4$?　　no^5 pen^3 ςi^5 $\underset{\ }{n}au^2$ tet^6 ςy^1?

　　　这　棵　是什么　树　　　　　那　本　是谁的　书

壮语：ko^1 nei^4 ko^1 ki^3 ma^2?　　　　po:n^3 te^1 po:n^3 pou^4law^2?

　　　棵　这　棵　什么　　　　　　本　那　本　谁

（八）介词

诶话作定语的介词词组后要加助词"的"，中心语位于介词词组的后面，与汉语相同。壮语作定语的介词词组后不用加任何助词，中心语位于介词词组的前面。例如：

汉语：对他的感情。

诶话：$tuai^5$ mo^5 tet^6 kem^3 $tsen^2$

　　　对　他　的　感　情

壮语：ka:m^3 ςin^2 to:i^5 te^1

　　　感　情　对　他

（九）连词

1. 壮语 A+ te:m^1+A 格式表示重连关系，汉语没有这种格式表示重连关系，诶话与汉语相同。例如：

汉语：一年一年过去了。

诶话：iet^6 $puei^2$ iet^6 $puei^2$ fai^3 pai^1 $liau^3$。

　　　一　年　一　年　过　去　了

壮语：pi^1 te:m^1 pi^1 kva^5 pai^1 lo^1。

　　　年　接　年　过　去　了

2. 壮语选择连词"或者"可以用于疑问句。诶话选择连词"或者"不能用于疑问句，而能用于疑问句中的选择连词"还是"，与汉语相同。例如：

汉语：你去还是我去？

诶话：n^2 pai^1 $\underset{\ }{n}ian^5$ ςi^5 ku^1 pai^1?

　　　你　去　还　是　我　去

壮语：mun^2 pai^1 yo^4 nau^2 kou^1 pai^1?

　　　你　去　或者　我　去

（十）助词

1. 诶话结构助词"的"可以用于表达领属、描写、时间、地点、数量、状态等关系的定中结构里，与汉语相同。壮语结构助词"的"使用的范围只限于表示领属关系的定中结构里。例如：

汉语：你的鸡在这里。（领属）

诶话：n̩² tet⁶ kai⁴ u⁴　pi⁵。
　　　你 的 鸡 在 这里

壮语：kai⁵ tu⁶ muɯŋ² jou⁵ nei⁴。
　　　鸡 的 你　在 这

汉语：那个人看着蓝蓝的天。（描写）

诶话：no⁵ mo⁵ xuən¹ kau⁴ tɕiet⁷ la:m² la:m² tet⁶ men¹。
　　　那 个 人 看着 蓝 蓝　的 天

汉语：今天的饭在哪里？（时间）　谁拿走了屋里的椅子？（地点）

诶话：ŋuan² n̩ie⁵ tet⁶ u⁴ u⁴ ŋau¹？　　ŋau¹ au¹ pai¹ liau³ lau¹ la:n¹ tet⁶ i³？
　　　日 天 的 饭在哪里　　谁 拿 走 了 里 屋 的 椅

汉语：今天我带了五个人的饭。（数量）

诶话：ŋuan² n̩ie⁵ ku¹ tai⁴ liau³ ŋa³ mo⁵ xuən¹ tet⁶ u⁴。
　　　日 今 我 带 了 五 个 人　的 饭

汉语：你看他那伤心的样子。（状态）

诶话：n̩² kau⁴ mɔ⁵ no⁵ iŋ⁵ ɕiŋ¹ sam¹ tet⁶　iŋ⁵ tsi³。
　　　你 看 他 那 样 伤 心　的 样 子

2. 诶话动态助词"着"紧跟在谓词之后，与汉语相同。壮语动态助词"着"在谓词后面出现宾语或补语的情况下，它的位置移到宾语或补语后面。例如：

汉语：他们排着队参观。

诶话：mɔ⁵ kiau¹ pa:i² tɕiet⁷ tuai⁵ tsham¹ kun¹。
　　　他们　排着 队 参　观

壮语：kjoŋ⁵ te¹ pa:i² to:i⁶ tuɯk⁷ ɕa:m⁶ kva:n⁶。
　　　他们　排 队 着 参　观

汉语：你帮我把水挑到路边放着。

诶话：n̩² pa:ŋ¹ ku¹ pa³ ŋam³ l̩a:p⁶ təu⁴ l̩an¹ pin¹ fuŋ⁴ tɕiet⁷。
　　　你 帮 我 把 水 挑 到 路 边 放 着

壮语：muɯŋ² ɣa:p⁷ ɣam⁴ pai¹ ɕu:ŋ⁵ jou⁵ he:n² lo⁶ tuɯk⁷ haɯ³ kou¹。
　　　你 挑 水 去 放 在 边 路 着 给 我

3. 诶话动态助词"过"紧跟在谓词的后面，与汉语相同。壮语"过"的位置可以放在谓词的后面，也可以放在宾语的后面。例如：

汉语：我去过北京。

诶话：ku¹ pai¹ fai³ pak⁶ kaŋ¹。
　　　我 去 过 北 京

壮语：kou¹ pai¹kva⁵ pak⁷kiŋ¹。

我　去　过　北京

kou¹ pai¹ pak⁷kiŋ¹ kva⁵。

我　去　北　京　过

5.2.2　词组

（一）主谓词组

诶话主谓词组中陈述部分和被陈述部分都不能由量词充当，与汉语相同。在壮语中，陈述部分和被陈述的部分都能由量词充当。例如：

汉语：每人一个　　　　　　　　每人一棵

诶话：muei³ xuən¹ iet⁶ ŋan¹　　　muei³ xuən¹ iet⁶ khua³

　　　每　人　一　个　　　　　每　人　一　棵

壮语：pou⁴　　ʔan¹　　　　　　pou⁴　　　ko¹

　　（一个人）　个　　　　　（一个人）　棵

（二）动宾词组

诶话动宾词组中"动作行为涉及的对象"不能由量词充当，与汉语相同。壮语"动作行为涉及的对象"可以由量词来充当。例如：

汉语：吃一个　　　　　　　　抓一只

诶话：kian¹ iet⁶ ŋan¹　　　　tsap⁶ iet⁶ tsio²

　　　吃　一　个　　　　　　抓　一　只

壮语：(pou⁴) kɯn¹ ʔan¹　　　(pou⁴) kap⁸ tu²

　　　吃　个　　　　　　　抓　只

（三）定中词组

诶话定中词组中修饰成分绝大多数位于中心语的前面，与汉语相同。壮语定中词组修饰成分位于中心语之后。例如：

汉语：第三天　　　　　　　哪里人

诶话：te⁵ saːm¹ ŋuan²　　　ŋau¹ xuən¹

　　　第　三　天　　　　　哪里　人

壮语：ŋon² taːi⁶ saːm¹　　　vun² ki²laɯ²

　　　天　第　三　　　　　人　哪里

（四）联合词组

壮语联合词组中两个相同的量词通过连词"和"或"连"的连接能构成联合词组。诶话两个相同的量词不能通过连词连接构成联合词组，与汉语相同。例如：

汉语：人和人不一样。　　　　　　一只接一只出来。

诶话：xuən¹ uan² xuən¹ pat⁶ iet⁶ iŋ⁵。　　　iet⁶ tsio² nim¹ iet⁶ tsio² ok⁶ teŋ²。

　　　　人　和　人　不一样　　　　　　一　只　跟　一　只　出　来

壮语：pou⁴ ҫau⁵ pou⁴ (ʔbou³ toŋ²)。　　　tu² tok⁷ tu² o:k⁷ tau³。

　　　　个　和　个　不　同　　　　　　　只　连　只　出　来

（五）述补词组

　　壮语和汉语的述补词组都是由前置的谓词中心词和后置的补充成分构成。诶话与这两种语言的述补词组结构一致，不再列举。

5.2.3　常见句式

（一）双宾语句

　　汉语双宾语句中的直接宾语位于间接宾语的后面，壮语双宾语句中的直接宾语位于间接宾语的前面，诶话直接宾语可以位于间接宾语的前面或者后面，体现了汉壮两种语言特征。例如：

汉语：他问我话。　　　　　　　　　妈妈给我钱。

诶话：mɔ⁵ tҫim¹ ku¹ ua⁵。　　　　　ma³ kep⁶ ku¹ tsien²。

　　　　他　问　我　话　　　　　　　母亲　给　我　钱

　　　　mɔ⁵ tҫim¹ ua⁵ ku¹。　　　　　ma³ kep⁶ tsien² ku¹。

　　　　他　问　话　我　　　　　　　母亲　给　钱　我

壮语：te¹ ҫa:m¹ va⁶ kou¹。　　　　　ta⁴ me⁶ hau³ ŋan² kou¹。

　　　　他　问　话　我　　　　　　　母亲　给　钱　我

（二）存现句

　　诶话存现句动词后面常带"着"或"过"，与汉语相同。壮语一般带"有"，也可以不带"有"。例如：

汉语：门上挂着一个镜子。

诶话：kyn² tu¹ kua⁴ tҫiet⁷ iet⁶ ŋan¹ keŋ⁴。

　　　　上　门　挂　着　一　个　镜

壮语：kɯn² tou¹ ho:i³ mi² ʔan¹ kiŋ⁵ ʔde:u¹。　　kɯn² tou¹ ho:i³ ʔan¹ kiŋ⁵ ʔde:u¹。

　　　　上　门　挂　有　个　镜　一　　　　上　门　挂　个　镜　一

（三）判断句

　　诶话判断句中要使用系动词"是"，与汉语相同。壮语判断句中可以不用系动词"是"。例如：

汉语：那条鱼是鲤鱼。　　　　　　　这本书是我的。

诶话：no⁵ tiəu² phia¹ ҫi⁵ phia¹so³。　　ko² pen³ ҫy¹ ҫi⁵ ku¹ tet⁶。

　　　　那　条　鱼　是　鲤鱼　　　　这　本　书　是　我　的

壮语：tu² pja¹ te¹ pja¹lei⁴。　　　　　po:n³ sau¹ nei⁴ tu⁶ kou¹。

　　　　只 鱼 那 鲤鱼　　　　　　　本 书 这 的 我

（四）"把"字句

诶话否定副词或者助动词放在"把"字前面，与汉语相同。壮语"把"字前面一般不能使用否定副词或者助动词。例如：

汉语：我没有把药拿来。　　　　　我敢把鱼卖了。

诶话：ku¹ m² mi² pa³ xio¹ au¹ teŋ²。　　ku¹ ka:m³ pa³ phia¹ pha:i¹ liau³。

　　　我 没 有 把 药 拿 来　　　　我 敢 把 鱼 卖 了

壮语：tau² ʔan¹ ta:ŋ¹ ʔdap⁷ pai¹。把灯熄了。

　　　把 个 灯 熄 了

　　　tau² sau¹ ɕu:ŋ⁵ jou⁵ kun² ta:i²。把书放在桌子上。

　　　把 书 放 在 上 台

第三节　诶话语法系统特征

通过上述的比较分析，笔者认为诶话的语法系统受汉语的影响较大，主要体现的是汉语特征，壮语特征和汉壮语混合特征很少。

诶话语法系统体现汉语特征的有：（1）词类：一般名词前不需要加一个与其相应的量词来表示其类别；名词作定语，一般放在中心语的前边；指人的名词复数形式是在名词后面加"们"，名词加"们"以后不能再受数量词的修饰，并且"们"只能与表示人的名词组合；方位词"上"、"下"、"里"、"外"有 AABB 式的重叠；名词一般不能单独作处所补语。动词不加描绘性后附音节，行为动词不加词尾，及物动词不加词头。形容词作定语时，中心语和定语之间有助词"的"；表示气味、被浸染的形容词不可以活用为动词。数词"千"和"万"不能单个重叠，只能配合在一起形成 AABB式；加"第"的序数词跟量词组合时，只能放在量词的前边。量词不可以单独跟名词、人称代词、疑问代词、动词、形容词以及象声词组合，不能单独作主、谓、宾、定、状、补等成分，只有跟数词组合起来才能充当某些句子成分。不能通过前后配合使用副词表示比较、递进，只能通过比较句来实现比较或递进的含义。第三人称单数不能单独表示复数；人称代词不可以直接跟量词组合；人称代词"自己"与其他词组合时，放在其他词的后面；指示代词与量词组合时，指示代词在量词的前面；指示代词跟量词组合作定语时，中心语位于指量词组之后；疑问代词跟名词组合时，疑问代词位于名词之前；疑问代词不能修饰量词。作定语的介词词组后要加助词"的"，中心语位于介词词组的后面。选择连词"或者"不能用于问句，而能用于疑问句中的选择连词"还是"。结构助词"的"可以用于表达领属、描写、时间、地点、数量、状态、性质等关系的定中结构里。时态助词"着"和"过"紧跟在谓词之后。（2）词组：主谓词组的陈述部分和被陈述部分都不能由量词充当。动宾词组中"动作行为涉及的对象"不能由量词充当。定中词组中修饰成分绝大多数位于中心语的前面。两个相同的量词不能通过连词连接构成联合词组。（3）常见句式：存现句中的动词后面常带"着"或"过"。判断句要使用系动词"是"。否定副词或者助动词放在"把"字前面。

诶话语法系统体现壮语特征的有：（1）少部分非量词性名词有 AABB 式重叠。（2）单音节形容词后边一般能带描绘性后附音节。（3）有表示动物类别的量词。

诶话语法系统体现混合特征的有：（1）时间副词"先"、"后"可以作补语，也可以作状语。（2）双宾语句中的直接宾语可以位于间接宾语的前面或者后面。

第六章 诶话与汉语、侗台语关系的比较

第一节 斯瓦迪士二百核心词的比较

美国语言学家莫里斯·斯瓦迪士在 20 世纪 40 年代到 50 年代从统计学角度分析不同语言（以印欧语系语言为主）时提出了二百核心词列表。他认为，基本上所有语言的词汇都应该包含这二百个词语，只要掌握了某种语言的这二百个词语，就可以利用该种语言作最基本的沟通。因此，学界认为，就普遍性和客观性而言，斯瓦迪士二百核心词是最具有代表性，最为理想的小样本，"语言年代学理论"和界定语言关系的"关系词阶理论"都以此为基础进行语言研究。诶话与侗台语、汉语的接触到底到达怎样的程度呢？本节将诶话和侗台语、汉语做一个小样本的统计，以此来说明诶话与汉语、侗台语之间的关系。与诶话形成关系密切的少数民族语言主要是壮语和仫佬语，因此在二百核心词比较中，侗台语族壮傣语支的语言以壮语为代表，侗水语支的语言以仫佬语为代表，汉语词指融水县土拐话词和不同于土拐话的汉语词。

两百核心词的音义判断以现代汉语方言和侗台语言为主要依据，比如，壮语"眼睛"音[pia¹] 或[ta¹]（方言差异），诶话"眼睛"音[pia¹]，同壮语，故判此词源自壮语。[①]来源成分的判断是一个难点，笔者采用的是判断关系词的方法。按照严格的历史比较法，关系词应该形成一系列严格的语音对应。但是在实际操作中有些关系词很难做到严式对应，语音在语流中的同化、异化、增音、脱落往往改变严整的对应关系，所以判断关系词必须兼顾语音对应和语音变化规律。在判断关系词时，笔者主要依据以下原则：

1. 声、韵、调都对应的词是关系词，但声调对应比较灵活，所以声调是一个参考因素，有时声调对应不太整齐我们也视为关系词。

2. 关系词的声母应该是同一发音部位的音或具有相同发音方法的音。

---

① 有学者认为侗台语言"眼睛"[ta¹]（壮语方言、侗语）、[ⁿda¹]（水语）一词有可能与上古汉语"矑"[*lag]同源（曾晓渝 2004：163），而本节讨论的是侗台、汉语分化之后的语言接触现象，故不涉及远古同源词的问题。

3. 关系词的韵母应该有相同的韵尾，由于语流音变，不排除有旁转、对转的情况，但是这样的情况要做谨慎处理。

4. 关系词有符合一般语音变化规律的语音对应，如颚化、轻唇化、元音的高低、低化、单元音化、复元音化等等。

5. 不符合原则 2 的情况，但在两种语言中有两个以上的对应，笔者也视为关系词处理。

6. 声、韵、调中只有一部分无法对应的词，参照其他同语族语言的情况，如果可以系联，也视为关系词。[①]

由于斯瓦迪士二百核心词是在研究印欧语的基础上统计归纳出来的，因此，不是所有的词条都符合汉藏语言的特征。为了保证客观性，笔者在使用二百核心词进行比较时，删减了一些词条。第一百核心词中的 37 号"头发"由"头"和"毛"构成，72 号"太阳"由"眼睛"和"天"构成，这些词本身又都属于二百词，所以只统计了 98 个。第二百核心词中的 2 号"动物"、7 号"呼吸"、28 号"结冰"、37 号"打猎"、39 号"冰"这 5 个词空缺，78 号"吮吸"与第一百词中的 54 号"喝"是同一个词，省去，所以只统计 94 个词。

表 6.1 第一百核心词比较

编号	词义	侗台语		汉语	诶话
		壮语	仫佬语		
1	我	kou^1	^{7}əi^2/həi^2/^{7}ɛ^2	mu^1	ku^1
2	你	muɯŋ^2	ŋa^2/ŋi^2	ni^5	ń^2
3	我们	ɣa^2	hɣa:u^1/niu^2	ŋua^3	kiu^1
4	这个	^{7}an^{1}nei^4	^{7}at^{7}na:i^6/^{7}at^{7}ni^5	ko^{5}ko^5	ko^{5}ŋan^1
5	那个	^{7}an^{1}te^1/^{7}an^{1}han^4	^{7}at^{7}ka^6	no^{2}ko^5	piaŋ^{5}ŋan^1
6	哪个	^{7}an^{1}laɯ^1	ŋau^1/nau^2	sei^2	no^{5}ŋan^1
7	什么	ki^{3}ma^2/ka:i^{5}ma^2	^{7}at^{7}ma:ŋ^2	ɕi^{5}maŋ^2	ɕi^{5}maŋ^2
8	不	bou^3/mi^3	ŋ^5/khɔ:ŋ^1	pat^6	ḿ^2
9	都	ɕuŋ^3/tu^3	tu^5/tøn^2	tau^1	tu^1
10	多	la:i^1	kuŋ^2	tuo^2	ḷa:i^1
11	一	deu^1/he^1/^{7}it^7	ŋa:u^3/^{7}jət^7	iet^6	iet^6
12	二	so:ŋ^1/ŋei^6	ɣa^2/ŋi^5/hɣa^2	ŋi^5	soŋ^1

[①] 王宇枫：《同语族语言深度接触产生的语言——莫语》，博士学位论文，天津：南开大学，2005 年，第 21 页。

续表

编号	词义	侗台语		汉语	诶话
		壮语	仫佬语		
13	大	huŋ¹/buɯk⁷/wɐk⁷	lo/tsja:ŋ⁶hwa³/ŋa³tsja:ŋ⁵	ta:i⁵	uɔk⁷
14	长	ɣai²	ɣa:i³	tseŋ²	ɭai¹
15	小	ʔi⁵/jat⁷/niŋ⁵	niŋ⁵	siəu³	niŋ³
16	女人	vun²pa²/lɯk⁸buɯk⁷	ti²pwa²	ny⁴ŋian²	iuk⁷ka¹
17	男人	vun²sa:i¹	ti⁶kɔŋ.	na:m²ŋian²	lik⁷ka¹
18	人	vun²	çən¹	ŋian²	xuən¹
19	鱼	pla¹	məm⁶	y²	phia¹
20	鸟	ɣok⁸	nɔk⁸/mjɔk⁸	niu³	ŋ̊ɔk⁶
21	狗	ma¹	ŋ̊wa¹	kau³	m̥a¹
22	虱子	nan²	nan²	ɕa¹	man¹
23	树	fai⁴	mai⁴	ɕy⁵	ma:i⁴
24	种子	hau⁴ɕe⁶	pən³	tsoŋ³tɕi³	pen²
25	树叶	baɯ¹/ɣo:ŋ¹	fa⁵	iet⁶	xuei⁴
26	树根	ton³fai⁴/ɣa:k⁸kon⁵fai⁴	ta:ŋ¹	kan¹	kan¹
27	皮肤	naŋ¹	ŋɣa²	pi²fu¹	pi²fu¹
28	树皮	naŋ¹fai⁴	ŋɣa²mai⁴	ɕy⁵pi²	ma:i⁴pi²
29	肉	lɯ:t⁸	sik⁸	ŋio³	ma:m⁵
30	血	lɯ:t⁸	phɣa:t⁷	ɕye²	lyt⁷
31	骨头	do:k⁷	hɣa:k⁷	kuak¹	kiɔk⁶
32	脂肪	jou²	jəu²	iəu²	iəu²
33	蛋	kjai⁵	kɣəi⁵	tan⁵	khiai⁴
34	兽角	kau¹	ku¹	kak⁶	kak⁶
35	尾巴	ɣi:ŋ¹	khət⁷	mi³	mi³
36	毛	pɯn¹	tsən¹	məu²	phen¹
37	头发	plom¹/pɯn¹kjau³	fja¹/pɣam¹kɣo³	tau²fe³	phen¹khiau³
38	头	ɣau³/kjau³	kɣo³	tau²	khiau³
39	耳朵	ɣɯ²	khɣa¹	ŋi³	ɭɔ¹
40	眼睛	ta¹/pja¹	ɭa¹/mja¹	ŋan²	pia¹
41	鼻子	daŋ¹	kə⁵naŋ¹	pat⁶taŋ³	neŋ²
42	嘴	pa:k⁷	pa:k⁷	tsuei³	tsuei³

编号	词义	侗台语		汉语	诶话
		壮语	仫佬语		
43	牙齿	fan²/heu³	fan¹	ŋa²tɕhi³	xyan¹
44	舌头	lin⁴	ma²	liet⁷	liet⁷
45	爪子	ɕa:u³	tswa³	tsua³tɕi³	tsa:u³tsi³
46	脚	tin¹/kok⁷	tin¹	ket⁶	tin¹
47	膝盖	ɣau³ho⁵	ku⁶ko⁵/pu⁶ko⁵	pɔ¹lɔ¹kai⁴	pɔ¹ lɔ¹kaj⁴
48	手	fuŋ²	nja²	ɕiau³	mu¹
49	肚子	tuŋ⁴	loŋ²	tu⁵	toŋ⁴
50	脖子	ho²	lən³	ken³	n̥u¹
51	乳房	na:u⁵	ne⁶	na:i³	na:i³
52	心	sim¹	təm¹	sam¹	sam¹
53	肝	tap⁷	tap⁷	ŋuen⁵	tap⁶
54	喝	ɕup⁷/kɯn¹ 光	tot⁷ 光	tsut⁶	ɕut⁶
55	吃	kɯn¹	tsa:n¹	ke¹	kian¹
56	咬	hap⁸	cet⁷	ŋap⁶	n̥ap⁶
57	看见	ɣo:ŋ⁶ 光	kɣa:ŋ¹ 光	kan⁴ŋen⁴	ʅoŋ¹
58	听	tiŋ⁵/ŋi¹	theŋ⁵	theŋ⁴	theŋ⁴
59	知道	ɣo⁴	ɣo⁴ɕeu³	tek⁶ tɕi¹	ʅɔ³
60	睡	nin²	nyn²	se⁵	nun²
61	死	ɣa:i¹/ta:i¹	tai¹	si³	piai¹
62	杀	ka³	li³/khɣa³	sak⁶	ka³
63	游泳	ɕam⁴da:ŋ¹	jəu²/fɛ⁴ ˀa:p⁷	iəu²sie³	iəu²ɳam³
64	飞	bin¹	fən³	fi¹	fi¹
65	走	pja:i³	naŋ⁶	tsau³	ʅip⁶
66	来	ma¹/tau³	taŋ¹	lai²	teŋ²
67	躺	nin²	nyn²/hɣa:ŋ⁴	thaŋ³	thoŋ³
68	坐	naŋ⁶	tui⁶	tsua⁵	naŋ⁵
69	站	dɯm¹	taŋ⁴	tsan⁴	kyn¹
70	给	hau³	khɣe¹	xaŋ³	kep⁶
71	说	ka:ŋ³/nau²	ca:ŋ³	kiaŋ³	kiaŋ³
72	太阳	kja:ŋ¹ŋon²	thəu⁵fan¹	tha:i⁵ iŋ²	pia¹ ɳuan²

续表

编号	词义	侗台语		汉语	诶话
		壮语	仫佬语		
73	月亮	duːn¹	kɣaːŋ¹njen²	ŋyt⁶ liŋ⁵	ḷoŋ⁵ pyn¹
74	星星	daːu¹dai⁵	laːk⁸m̥ət⁷	sieːŋ¹	sieːŋ¹
75	水	ɣam⁴	nəm/sui³	sie³	ŋam³
76	雨	fɯn¹	kwən¹	y⁴	fen¹
77	石头	ɣin¹	tui²	ɕek⁷tau²	ḷin¹
78	沙子	sa¹/se¹/ɣin¹ɣei⁵	sa¹	sa¹	ɕyɛ²
79	地	tiːk⁸/tai⁶	ti⁶	ti⁴	ti⁴
80	云	fɯ³	kwa³	yan²	yan²
81	烟	ʔjiːn¹	fi¹kwan¹	in¹	in¹
82	火	fei²	fi¹	xua³	xuei¹
83	灰	tau⁶	pu¹	x(f)uei¹	ḷau⁴
84	烧	ɕaːu/tɯk⁷pjau¹	tɔ⁴	ɕiu¹	phiau¹
85	路	hon¹/lo⁶	khwən¹	lu¹	ḷan¹
86	山	pla¹	pɣa¹	ɕiɛn¹	phia¹
87	红	hoŋ²/diŋ¹	ḷaːn³	xɔŋ²	taːn¹
88	绿	heu¹/lok⁸	həu¹	lɔk⁷	lɔk⁷
89	黄	hen³/liːŋ¹	ŋ̊aːn³	uŋ²	ŋ̊an³
90	白	haːu¹/piːk⁸	paːk⁸/ɕwa³	pek⁷	piuk⁷
91	黑	au¹ 紫	kən⁵taːu⁴ 紫	xak⁶	au³
92	夜	ham⁶	mu²	ia⁵	ŋiaːn⁴
93	热	huɯŋ⁵	ŋet⁸	ŋiet⁶	kit⁶
94	冷	nit⁷	mən¹ŋit⁷	leŋ²	ŋit⁶
95	满	ɣim¹	pik⁷	men⁴	ḷem¹
96	新	mo⁵	m̥ai⁵	san¹	m̥ɔ⁴
97	好	dei¹	ʔi¹	fu³	li¹
98	圆	luːn²	kon⁶	yn²	yn²
99	干	haɯ⁵	khu¹	kuan²	xy⁴
100	名字	ɕo⁶	ʔɣaːn¹/mɛːŋ²	meŋ²tɕi⁵	meŋ²tsi⁵

表 6.2　　　　　　　　　　　第一百核心词比较结果

诶话、侗台（63个）	1 我、2 你、3 我们、6 哪个、8 不、9 都、10 多、12 二、13 大、14 长、15 小、18 人、19 鱼、20 鸟、21 狗、22 虱子、23 树、24 种子、29 肉、30 血、33 蛋、36 毛、38 头、39 耳朵、40 眼睛、 41 鼻子、43 牙齿、46 脚、48 手、49 肚子、50 脖子、53 肝、54 喝、55 吃、56 咬、57 看见、59 知道、60 睡、61 死、62 杀、66 来、68 坐、70 给、73 月亮、75 水、76 雨、77 石头、78 沙子、82 火、83 灰、84 烧 85 路、86 山、87 红、89 黄、90 白、91 黑、 92 夜、94 冷、95 满、96、新、97 好、99 干
诶话、壮语（56个）	1 我、6 哪个、8 不、9 都、10 多、12 二、13 大、14 长、15 小、18 人、19 鱼、20 鸟、21 狗、22 虱子、23 树、24 种子、29 肉、30 血、33 蛋、36 毛、38 头、39 耳朵、40 眼睛、 41 鼻子、43 牙齿、46、脚、48 手、49 肚子、50 脖子、53 肝、54 喝、55 吃、56 咬、57 看见、59 知道、60 睡、61 死、62 杀、68 坐、73 月亮、75 水、76 雨、77 石头、82 火、83 灰、84 烧 85 路、86 山、89 黄、90 白、91 黑、94 冷、95、满、96 新、97 好、99 干
诶话、仫佬语（47个）	2 你、3、我们、6 哪个、8 不、9 都、14 长、15 小、20 鸟、21 狗、22 虱子、23 树、24 种子、29 肉、33 蛋、36 毛、38 头、40 眼睛、 41 鼻子、43 牙齿、46 脚、48 手、49 肚子、50 脖子、53 肝、54 喝、59 知道、60 睡、61 死、62 杀、66 来、70 给、75 水、76 雨、77 石头、78 沙子、82 火、84 烧 85 路、86 山、87 红、89 黄、90 白、91 黑、92 夜、94 冷、96 新、97 好
诶话、汉语（25个）	7 什么、11 一、26 树根、27 皮肤、31 骨头、32 脂肪、34 兽角、35 尾巴、42 嘴、44 舌头、45 爪子、47 膝盖、51 乳房、52 心、58 听、64 飞、67 躺、71 说、74 星星、79 地、80 云、81 烟、88 绿、98 圆、100 名字
特有词（4个）	25 树叶、65 走、69 站、93 热
混合词（6个）	4 这个、5 那个、16 女人、17 男人、28、树皮、63 游泳

表 6.3　　　　　　　　　　第二百核心词比较

编号	词义	侗台语		汉语	诶话
		壮语	仫佬语		
1	和	εau^5/ tem^1	$hw\partial n^4$	ua^2	uan^2
2	动物	—			
3	背部	$pa{:}i^5la\eta^1$/$la\eta^1$	$la{:}i^2$/$l\partial n^2la{:}i^2$	$puei^5$	$khia\eta^1$ $l a\eta^1$
4	坏	$hwa{:}i^5$	$hwa{:}i^5$	uai^5	uai^5
5	因为	$^2an^1vi^6$	$jin^1w\partial i^6$	ian^1uei^5	$ian^1\ uei^5$
6	吹	$po^5/\varepsilon i^1$	$tshui^1$	$t\varphi hi\varepsilon^1$	$t\varphi hi\varepsilon^1$
7	呼吸	—	—	—	—
8	小孩儿	$luuk^8\eta e^2$	$la{:}k^8te^5$	$no\eta^4lik^7$	$lik^7no\eta^4$
9	数	$ke^5/su{:}n^5$	$s\mathcal{o}^3$	su^3	φio^4
10	砍	γam^3	$t\varepsilon^5/\eta wak^8$	$khan^3$	ηak^6

续表

编号	词义	侗台语		汉语	诶话
		壮语	仫佬语		
11	天	ŋon²	fan¹	thin¹	ŋ̊uan²
12	挖	²va:t⁷	²wa:t⁷	ua³	yɛt⁶
13	脏	²u:k⁷/²u⁵	wa⁵	ua⁴	io⁴
14	傻	ŋoŋ⁵/ŋaɯ²	ŋa:ŋ⁵/²wa³	suo⁵	ŋuaŋ⁵
15	尘土	fon⁵	tsən²	tsan²	tsan²
16	落	tok⁷	pɣø¹	lɔk⁶	lɔk⁶
17	远	kjai¹	ce¹	yn⁴	khiai¹
18	父亲	po⁶	pu⁴	pa⁵	ia¹
19	怕	la:u¹	khɣa:n⁵	pha⁴	ļəu¹
20	少	no:i⁴	sjeu⁸	ɕi:u³	ɕi:u³
21	打架	to⁴hon⁴/to⁴tup⁸	kui⁵ca⁵/kha:u¹ca⁵	kyt⁶ka⁴	kyt⁶ka⁴
22	五	ha³/ŋu⁴	ŋɔ⁴	ŋ̊³	ŋ̊a³
23	浮	fou²	fu²	fɔ²	fɔ²
24	流	ɣiu²/lai¹	thoi¹	lau²	lau²
25	花	va¹/bjo:k⁷（龙州）	hwa¹	x(f)ua¹	miɔk⁶
26	雾	mo³lo⁴/mo:k⁷	mək⁸lu⁴/mut⁸lu⁴	u⁵	mok⁶lu⁴
27	四	sei⁵	ti⁵	si⁴	si⁴
28	结冰	—			
29	果子	ma:k⁷	²at⁷/la:k⁸	kua³	kua³
30	草	ŋɯ³	ça¹/hɣɔk⁸	tshəu³	ŋio³
31	肠子	sai³	khɣa:i³	tɕiŋ²	sai³
32	他	te¹	mɔ⁶/ki⁶	tha¹	mɔ⁵
33	这里	nei³/ki²nei⁴	kɣa:n⁶na:i⁶/kɣa:n⁶ni⁵	ko²li³	tɕie⁵li³
34	打	tup⁸/mop⁸	kui⁵/kha:u¹	kyt⁶	kyt⁶
35	拿	taɯ²kam¹/²au¹	tsau⁴	tsau³	au¹
36	怎样	pan²laɯ²ji:ŋ⁶/pan²laɯ²	²ə⁶ma:ŋ²/hə⁶ma:ŋ²	tseŋ⁵ko⁵	ŋau¹ieŋ⁵
37	打猎				
38	丈夫	kva:n¹	kɣa:u⁴/tsja:ŋ⁴f:u¹	lik⁷ka¹	lik⁷ka¹
39	冰	—			
40	如果	ji²ko³	jɔk⁸si⁶	y²kua³	y²kua³

续表

编号	词义	侗台语		汉语	诶话
		壮语	仫佬语		
41	在	ˀjou⁵	ŋa:u⁶	tsai⁵	u⁴
42	湖	vaŋ²	hu²	fu²	u²
43	笑	ɣiu¹	ˀai⁸	si:u¹	ȴiu¹
44	左边	pa:i⁶sɯi⁴	ce⁴	tsɔ⁴pin¹	tsɔ⁴pin¹
45	大腿	ka¹pi²	tin¹pu:ŋ⁴/pu:ŋ⁶ka¹	ta:i⁵thuei³	uɔk⁷thuei³
46	活的	li⁴	seŋ¹	ut⁷	ut⁷
47	母亲	me⁶	ni⁴	ma³	ma³
48	窄	kap⁸/ kep⁸	ça:p⁷	tsiet⁶	xep⁶
49	近	kan⁶/kjaɯ³	phɣəi⁵	kiɛn⁵	kiɛn⁵
50	老	la:u⁴/ ke⁵	ce⁵/lo⁴	ləu³	ləu³
51	玩	ku⁶ɕam²	fien³	uan⁵	xɔk⁶ tsa:n²
52	拉	ɣa:k⁸/beŋ¹	la¹	la³	la³
53	推	jo:ŋ⁴/to:i¹	hɣai⁴/thoi¹	thuai¹	thuai¹
54	右边	pa:i⁶kva²	fa¹	iəu⁵pin¹	iəu⁵pin¹
55	对	to:i⁵/teŋ¹	twəi⁵	tuai⁵	tuai⁵
56	河	ta⁶	nja¹	xɔ²	xɔ²
57	绳子	sa:i¹	khɣe¹	ɕeŋ²	sa:i¹
58	烂	nau⁶	la:n⁶	la:n⁵	la:n⁵
59	擦	sɯk⁷/ɕa:t⁷/ˀu:t⁷	ma:t⁸	tsha:t⁶	tsha:t⁶
60	盐	kju¹	cwa¹	im²	khiəu¹
61	抓	kam⁶/kap⁸	tsok⁷	tsua¹	tsap⁶
62	海	ha:i³	ha:i³	xa:i³	xa:i³
63	缝	jip⁸/ŋip⁸	kɯp⁷	xoŋ²	xoŋ²
64	尖	som¹	khɣa¹	tsim¹	tsim¹
65	短	tin³	hɣən⁸	tun³	ten³
66	唱	ɕi:ŋ⁵/heu⁶	tshja:ŋ⁵	tɕhiŋ⁴	tɕhiŋ⁴
67	天	bɯn¹	mən¹/tjen¹	thin¹	men¹
68	闻	mup⁷/nam¹	nən⁴	uən²	ņ̊uan⁴/ŋyan⁴
69	平	piŋ²	peŋ²	piŋ²	piŋ²
70	蛇	ŋɯ²/ta:ŋ⁶	tui²	ɕia²	ta:ŋ⁵

续表

编号	词义	侗台语		汉语	诔话
		壮语	仫佬语		
71	雪	muɯi¹	nui¹	syt⁶	syt⁶
72	吐	pli⁵	phy¹	thu³	thu³
73	裂开	ɣek⁷/ɕek⁸/ʔa⁵/keu²	pik⁷/khai¹	tɕhiek⁶	tɕhiek⁶
74	压	nan⁴/ʔa:t⁷	ʔa:p⁷	a:p⁶	a:p⁶
75	戳	jok⁸/sok⁸	tshok⁷	tɕhiok⁶	tɕhiok⁶
76	棍子	tuɯŋ⁴	kwən⁵kɣən⁴	kuan⁴	kuan⁴
77	直	so⁶	ʃɔ³	tsie⁴	so⁴
78	吮吸	ɕup⁷/kɯn¹	tot⁷	tsut⁶	ɕut⁶
79	肿	fok⁸	——	——	ɱɔk⁶
80	那里	muɯn⁵te¹	kɣa:n⁶ka⁵/pɣak⁶ka⁶	no²xan²	piaŋ⁵pi²
81	他们	kjoŋ⁵te¹	mɔ⁶hwa³na:i⁶/mɔ⁶	ta⁵	mɔ⁵kiau¹
82	厚	na¹	na¹	xəu⁵	ŋa¹
83	薄	ba:ŋ¹	ʔwa:ŋ¹	puk⁷	xuaŋ
84	想	si:ŋ³/ŋai⁴/nəm³	tja:ŋ³	siŋ³	nem³
85	三	sa:m¹	ta:m¹	sa:m¹	sa:m¹
86	扔	vut⁷/kveŋ¹	pət⁸/khɣa:u⁵	ɣet⁷	ɣet⁷
87	捆	ɕuk⁸/hat⁸	tuk⁸	khuan³	khuan³
88	转	ɕi:n⁵/pan⁵	tsøn⁵	tsun³	tɕyn³
89	呕吐	vu:k³	hɣøk⁷/ʔøk⁷	au³ thu³	ɭuk⁶
90	洗	sak⁸	suk⁷	ɕie³	ɕie³
91	湿	bai⁵/tum²	ɣak⁷	sak⁶	ɭa:m¹
92	哪里	muɯn⁵laɯ¹	khə⁵ŋau¹/niŋ⁵ŋau¹	na³ko⁵	ŋau¹
93	宽	kva:ŋ⁵la:ŋ⁶	khwa:ŋ³	khut⁶	khut⁶
94	妻子	me⁶ja⁶	ma:i⁴/ti⁶pwa²	muei⁵ka¹	iuk⁷ka¹
95	风	ɣum²	ləm²/fɔ:ŋ¹	fɔŋ¹	ɭem¹
96	翅膀	fɯ:t⁸	hi⁵	tɕhi⁴	tɕhi⁴
97	重	nak⁷	çan¹	tsoŋ⁵	ŋak⁶
98	树林	doŋ¹	mai⁴/sa:n¹ləm³	ɕy⁵lem²	ma:i⁴lem²
99	虫	no:n¹/nen²	kɣa¹	tsoŋ²	ɱieŋ¹/nen¹
100	年	pi¹	mɛ¹	ŋian²	puei²

表 6.4　　　　　　　　　　　　第二百核心词比较结果

诶话、侗台（38 个）	1 和、3 背部、9 数、10 砍、11 天、14 傻、17 远、19 怕、22 五、25 花、26 雾、30 草、31 肠子、32 他、35 拿、41 在、43 笑、48 窄、51 玩、57 绳子、60 盐、61 抓、65 短、67 天、68 闻、70 蛇、77 直、79 肿、82 厚、83 薄、84 想、89 呕吐、91 湿、92 哪里、95 风、97 重、99 虫、100 年
诶话、壮语（34 个）	3 背部、9 数、11 天、14 傻、17 远、19 怕、22 五、25 花、26 雾、30 草、31 肠子、35 拿、41 在、43 笑、48 窄、51 玩、57 绳子、60 盐、65 短、67 天、68 闻、70 蛇、77 直、79 肿、82 厚、83 薄、84 想、89 呕吐、91 湿、92 哪里、95 风、97 重、99 虫、100 年
诶话、仫佬语（27 个）	1 和、9 数 10 砍、11 天、14 傻、17 远、19 怕、22 五、26 雾、31 肠子、32 他、48 窄、60 盐、61 抓、65 短、67 天、68 闻、70 蛇、77 直、79 肿、82 厚、83 薄、89 呕吐、92 哪里、95 风、99 虫、100 年
诶话、汉语（46 个）	4 坏、5 因为、6 吹、12 挖、15 尘土、16 落、18 父亲、20 少、21 打架、23 浮、24 流、27 四、29 果子、34 打、40 如果、42 湖、44 汉、46 活的、47 母亲、49 近、50 老、52 拉、53 推、54 右边、55 对、56 河、58 烂、59 擦、62 海、63 缝、64 尖、66 唱、69 平、71 雪、72 吐、73 裂开、74 压、75 戳、76 棍子、85 三、86 扔、87 捆、88、转、90 洗、93 宽、96 翅膀、
特有词（1 个）	13 脏
混合词（9 个）	8 小孩、33 这里、36 怎样、38 丈夫、45、大腿、80 那里、81 他们、94 妻子、98 树林

表 6.5　　　　　　　　　　　　二百核心词统计结果

来源成分	第一百核心词（98 个）	约占比例	第二百核心词（94 个）	约占比例
汉语	25	26%	46	49%
侗台	63	64%	38	40%
特有词	4	4%	1	1%
混合词	6	6%	9	10%

　　从表 6.5 可以看出，侗台语词在第一百核心词中占 64%，在第二百核心词中比例下降为 40%，汉语词则相反，在第一百核心词中仅为 26%，第二百核心词中上升为 49%，由此透露出了诶话形成时期始发语（基础语）与目标语的信息。

　　在第一百核心词内的 63 个侗台语词中，壮语词有 56 个，占侗台语词的 89%，这表明壮语对于诶话的特殊意义。

第二节　两千常用词语言成分的比较

第一节笔者以二百核心词为小样本分析了诶话与侗台语、汉语的关系。本节笔者将就诶话两千常用词汇的大样本进行比较，分析诶话词汇系统语言成分的构成。笔者对调查所得的 2306 个诶话常用词进行了分析统计，见表 6.6。

表 6.6　　　　　　　　　　词汇构成的总体统计

来源成分	数量	约占比例	备　注
侗台语	475	21%	包括壮侗语支语言
汉语	1438	62%	主要是土拐话
特有词	29	1%	诶话所独有的词
混合词	364	16%	侗台语内、汉–侗台、特有–汉、特有–侗台、特有–侗台–汉的合成词

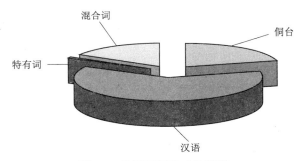

图 6.1　诶话词汇构成比例图

从统计的结果来看，诶话词汇中大部分是汉语词，约占总词汇量的 60% 以上。

6.2.1　非混合词的成分统计

2306 个诶话常用词可以分为非混合词和混合词，笔者对此进行了分别统计。非混合词共计 1942 个，来自汉语的词有 1438 个，约占非混合词的 74%；与侗台语有对应关系的词有 475 个，约占非混合词的 25%；特有词 29 个，约占非混合词的 1%。由此可以看出，汉语词是诶话非混合词的构成主体，诶话的非混合词主要来自汉语。

1. 汉语词

诶话中的汉语词分为两种：一种是语音形式与土拐话完全相同的词，笔者把这类词称为土拐话的词；另一种是语音形式不同于土拐话的汉语词，笔者把这类词称作非土拐话的汉语词。

（1）土拐话的词

日蚀	ŋet^{7}ɕie^3	果子	kua^3	事情	si^{5}tseŋ^2
月蚀	ŋyt^{6}ɕie^3	（果）核	khat^7	灾难	sa:i^1 na:n^4
星星	sie:ŋ^1	仁儿	ŋian^2	感情	kem^{3}tseŋ^2
北斗星	pak^{6}tau^{3}sie:ŋ^1	芽儿	ŋa^2	勇气	ioŋ^{3}khi^4
流星	lau^2 sie:ŋ^1	枣树	tsəu^{3}ɕy^5	精神	tseŋ^{1}ɕia:n^2
浪	la:ŋ^5	柳树	lau^{3}ɕy^5	想法	sin^{3}fap^6
银河/天河	sie:ŋ^{1}xɔ^2	苎麻	yan^{2}ma^2	道理	to^{2}li^3
天气	thin^1 khi^4	藤子	taŋ^2	经验	kiŋ^{1}ŋiɛn^4
雷	luei^2	柚子	iau^5	秘密	mi^{2}mat^7
云	yan^2	桔子	kyet^6	错误	tshok^{6}u^4
旋风	syn^5 fɔŋ^1	桃	təu^2	条件	ti:u^{2}kin^4
雪	syt^6	梨	li^2	区别	khy^{1}piet^7
霜	ɕioŋ^1	李子	li^3	关系	kuan^{1}xe^4
（火）烟	in^1	葡萄	pu^{2}təu^2	回声	uei^{2}iam^1
空气	khɔŋ^1 khi^4	枇杷	pi^{2}pa^2	空闲	khɔŋ^{4}xan^2
蒸汽	tseŋ^{1}khi^4	石榴	ɕek^{7}lau^2	痕迹	xan^{2}tsek^6
（天）地	ti^4	板栗	lat^{7}tsi^3	渣滓	tɕia^1
岭	leŋ^4	香蕉	xie:ŋ^{1}tsiu^1	生日	ɕieŋ^{1}ŋet^7
山坳	a:u^4	芭蕉	pa^{1}tsiu^1	意见	i^4 kiɛn^4
河	xɔ^2	杨梅	ien^{2}mei^2	胆量	ta:m^{3}leŋ^5
海	xa:i^3	甘蔗	kem^{1}tɕia^4	心思	sam^{1}si^1
井	tseŋ^3	菠萝	pɔ^{1}lɔ^2	方向	fuŋ^{1}sieŋ^4
坑	khieŋ^1	荔枝	li^{2}tɕi^1	中心	tɕioŋ^{1}sam^1
尘土（灰尘）	tsan^2	粮食	lieŋ^{2}ɕiek^7	周围	tsau^{1}uei^2
竹林	tsɔk^{6}lem^2	水稻	sie^{3}təu^5	附近	fu^{4}kiɛn^5
金子	kiem^1	早稻	tsəu^{3}təu^5	丑（牛）	tshəu^1
银子	ŋian^2	晚稻	man^{3}təu^5	寅（虎）	iɛn^2
铜	tɔŋ^2	旱稻	xuan^{5}təu^5	卯（兔）	ma:u^3
铁	thit^6	禾苗	ua^{5}miəu^2	辰（龙）	ɕia:n^2
锡	sek^6	秕子	kɔk^{6}phiep^6	巳（蛇）	tsi^5

铅	yn²	麦子	me:k⁷	午（马）	ŋ̍³
钢	koŋ¹	玉米	y⁵me³	未（羊）	mi⁵
汞/水银	sie³ ŋian²	玉米秸	y⁵me³ kuan³	申（猴）	ɕia:n¹
煤	muei²	玉米芯	y⁵me³sam¹	酉（鸡）	iau³
硫磺	lau² uŋ²	高粱	kəu¹lieŋ²	戌（狗）	sat⁶
碱	kin³	小米	siəu³me³	亥（猪）	xai⁵
石灰	ɕek⁷ fuei¹	麻	ma²	初一	tshɔ¹iet⁶
木炭	than⁵	韭菜	kiau³tsha:i⁴	初二	tshɔ¹ŋi⁵
国家	kuk⁶ka¹	菠菜	pɔ¹tsha:i⁴	初三	tshɔ¹sa:m¹
省	sieŋ³	芹菜	kien²tsha:i⁴	初四	tshɔ¹si⁴
城市	ɕieŋ² ɕi⁵	苋菜	xuɛn⁵tsha:i⁴	二月	ŋi⁵ŋyet⁷
隔壁	ket⁶pek⁶	蕹菜	ɔŋ⁵tsha:i⁴	三月	sa:m¹ŋyet⁷
桥	ki:u⁴	萝卜	lu²pak⁷	四月	si⁴ŋyet⁷
坟墓	fen²	藕	ŋau³	五月	ŋ̍³ŋyet⁷
汉族	xuən⁴tsɔk⁷	葱	tshɔŋ¹	七月	tshat⁶ŋyet⁷
布依族	pu⁴i³ tsɔk⁷	蒜	sun⁴	八月	pie:t⁶ŋyet⁷
临高人	lam²kəu¹ŋian²	红薯	xoŋ²ɕy²	九月	kiau³ŋyet⁷
傣族	ta:i⁵tsɔk⁷	红薯秧	xɔŋ²ɕy²ieŋ¹	元宵	yn²si:u¹
侗族	toŋ⁵tsɔk⁷	豆芽	tau⁵ŋa²	清明	tsheŋ¹meŋ²
水族	sie³tsɔk⁷	瓜	kua¹	端午	tuan¹ŋ̍³
黎族	lɛ²tsɔk⁷	瓢	piu²	中秋	tɕioŋ¹tshau¹
老头儿	koŋ¹ləu³	瓜皮	kua¹pi²	重阳	tsoŋ²iŋ²
老太太	pɔ²ləu³	冬瓜	toŋ¹kua¹	除夕	tɕy²tsek⁷
师傅	ɕi¹fu⁴	南瓜	na:m²kua¹	古时候	ku³ɕi²xəu⁵
木匠	mok⁷ tseŋ⁷	西瓜	se¹kua¹	将来	tseŋ¹lai²
铁匠	thit⁶tseŋ⁷	菠萝蜜	pɔ¹lɔ²mat⁷	月初	ŋyet⁷tɕhiu¹
泥瓦匠	nɛ²mo⁴ tseŋ⁷	葫芦	fu²lu²	月中	ŋyet⁷tɕioŋ¹
石匠	ɕek⁷tseŋ⁷	丝瓜	si¹kua¹	月底	ŋyet⁷te³
船夫	ɕyn²fu⁵	豆夹	tau⁵ka:p⁶	一	iet⁶
巫师	kuei³ɕi¹	黑豆	xak⁶tau⁵	三	sa:m¹
乞丐	ka:u³xua¹tsi³	绿豆	lɔk⁷tau⁵	四	si⁴
贼/小偷	tsa:k⁷	扁豆	pin³tau⁵	七	tshat⁶
官	kuən¹	豇豆	koŋ¹tau⁵	八	pie:t⁶
歪嘴子	uai¹tsuei³	芝麻	tɕi¹ma²	九	kiau³
豁嘴子	khyt⁶ɕia:n¹	蓖麻	pi⁵ma²	一百	iet⁶xyɛt⁶

新郎	san¹loŋ²	艾	ŋa:i⁵	千	tshi:n¹
新娘	san¹nieŋ²	兰靛草	la:m²tiŋ⁵	万	uan⁵
同伴	toŋ²puen⁵	木耳	mok⁷ŋi³	亿	i⁴
祖宗	tsu³tsɔŋ¹	锅巴	tsiu⁵pi²	第一	te⁵iet⁶
祖父	kɔŋ¹	咸鱼	xa:m²y²	第二	te⁵ŋi⁵
祖母	pɔ²	油	iəu²	第三	te⁵sa:m¹
外祖父	mei⁴kɔŋ¹	豆油	tau⁵iəu²	位	uei⁵
外祖母	mei⁴pɔ²	酱	tseŋ⁴	张	tseŋ¹
母亲	ma³	酱油	tseŋ⁴iəu²	只（买五斤）	tɕi³
哥哥	kɔ¹	豆腐	tau⁵fu⁵	根（棍）	tiəu²
弟弟	te⁵	淀粉	khin⁴fen³	条	tiəu²
妹妹	muei⁵	粉条	fen³tiu¹	把	pa³
伯母	ma³	八角（大料）	pie:t⁶kak⁶	棵	khua³
叔叔（泛指）	ɕiok⁶	糖	ta:ŋ²	苋	tau¹
姑母	kio⁴	红糖	xɔŋ²ta:ŋ²	行（小麦）	xɔŋ⁵
堂哥	toŋ²kɔ¹	蛋黄	tan⁵uŋ²	支（笔）	tɕi¹
堂姐	toŋ²tsie³	蛋青	tan⁵tsheŋ¹	堆	tuei¹
堂弟	toŋ²te⁵	烟	in¹	桶	thɔŋ³
堂妹	toŋ²muei⁵	烟丝	in¹si¹	（一）块（地）	khuai⁴
姐妹	tsi³muei⁵	糕	kəu¹	片（树叶）	phin⁴
嫂子	səu³	饼	peŋ³	句（话）	ky⁴
弟妹	te⁵sek⁶	棉花（皮棉）	min²xua¹	件（事）	kin⁴
亲戚	tshan¹tshek⁶	丝	si¹	对（兔）	tuai⁵
亲家	tshan¹ka¹	纽子	nau³khau⁴	副（眼镜）	fu⁴
岳父	ŋa:k⁷fu⁵	扣子	khau⁴	串（辣椒）	tɕhyn⁴
岳母	ŋa:k⁷mu³	裤子	khu⁴	滴（油）	tek⁶
内弟	nuei⁵te⁵	裤裆	khu⁴nɔŋ⁵	面（旗）	min⁵
爱人	ŋai⁴ŋian²	裙子	kyan²	封（信）	fɔŋ²
继父	ke⁵fu⁵	花裙	xua¹kyan²	包（东西）	pa:u¹
继母	ke⁵mu³	帽子	məu⁵	盒（药）	xe:p⁷
姑父	ku⁵ia¹	手绢	ɕiau³kyən⁵	滩（泥）	tha:n¹
舅父	kiau⁵	腰带	i:u¹tai⁴	斤	kian¹
舅母	kiau⁵ma³	木拖鞋	mok⁷kek⁷	（一斤）半	puən⁴
姨父	i²ia¹	戒指	ka:i⁵tɕi³	钱（银子）	tsiɛn²
姐夫	tsie³fu¹	手镯	ɕiau³tsiuk⁷		

身体	xin¹	手表	ɕiau³piəu³	秤（量词）	tsheŋ⁴
发髻	tau²to¹	脚圈	ket⁶khyn¹	斗	tau³
额头	ŋie⁵tau²	毛巾	məu²kian¹	升	ɕeŋ¹
腮	sa:i¹	蚊帐	mon²tɕeŋ⁴	里	li³
人中	ŋian²tɕioŋ¹	走廊	ok⁶im²te³	丈	tɕieŋ⁵
嘴/口	tsuei³	火塘	xua³ta:ŋ²	尺	tɕhi:k⁶
口条	li⁵tsiɛn²	楼	lau²	寸	tshan⁴
胡子	u²ɕy¹	砖	tɕyn¹	分	fen¹
下巴	xa⁵pa¹	瓦	mo⁴	元	yn¹
胳肢窝	lak⁶tɕi³te³	墙壁	tseŋ²	角	kak⁶
胸脯	xioŋ²pu²	柱子	tɕy⁴	分（地）	fen¹
乳房	na:i³	窗子	tɕhioŋ¹	亩	mau³
奶汁	na:i³	梁	leŋ²	点（钟）	tim³
肚脐	tu⁵tse¹	椽子	xeŋ²tiau²	会	iet⁶xa⁵tsi³
腰	i:u¹	房檐	ok⁶im²	次	tshi⁴
屁股	phi³pa:i⁴	篱笆	li²pa¹	回	uei²
膝盖	pɔ¹lɔ¹kai⁴	东西	ka¹si⁴	顿	tan⁵
小腿	siəu³thuei³	桌子	tai²	（喊一）声	ɕeŋ¹
脚踝	ket⁶ŋan³tsi³	椅子	i³	下	xa⁵
脚指头	ket⁶tɕi³	凳子	taŋ⁴	（咬）口	khau³
脚心	ket⁶sam¹	箱子	sie:ŋ¹	（一）批	phie¹
手腕子	ɕiau³uan³	柜子	kuei⁴	（两）成	ɕien²
手指	ɕiau³tɕi³	抽屉	thɔ¹sie:ŋ¹	几（个）	ki³
食指	ɕiek⁷tɕi³	盒子	xe:p⁷	大家	ta:i⁵tsie²
无名指	u⁵meŋ²tɕi³	棚子	pɔŋ²	自己	tsi⁵ka¹
指甲	tɕi³ka:p⁶	梯子	the¹	挨（近）	ŋa:i¹
手背	ɕiau³pei³	皮箱	pi²sie:ŋ¹	挨（被）	ŋa:i²
拳	kyən²	镜子	keŋ⁴	安（装）	ŋuən¹
脐带	tse¹tai⁴	玻璃	pɔ¹li²	把（尿）	ɕy⁴
肛门	phi³pa:i⁴man²	刷子	ɕyet⁶	霸占	pa⁵tɕim⁴
男生殖器	nun³	扫帚	səu⁴tsau³	摆（放）	pa:i³
女生殖器	pa:i¹	抹布	ma:t⁷pu⁴	摆（动）	pa:i³
皮肤	pi²fu¹	灯	taŋ¹	败	pa:i⁵
寒毛（汗毛）	xuən⁵məu²	灯芯	taŋ¹sam¹	拜（菩萨）	pa:i⁴
疤	pa¹	灯罩	taŋ¹tɕiau⁴	搬（家）	pu:n¹

疖子	tsiet⁶	灯笼	taŋ¹loŋ²	搬（凳子）	pu:n¹
痱子	fi⁴	蜡烛	la:p⁷tsɔk⁶	包（药）	pa:u¹
筋	kian¹	电灯	tin⁵taŋ¹	剥（花生）	pak⁶
手脉	me:k⁷	炭	than⁵	剥（牛皮）	pak⁶
门齿	man²tɕhi³	火把	xua³pa³	保（苗）	pa:u³
臼齿	ta:i⁵ŋa²	（烧）香	xie:ŋ¹	抱（小孩）	pa:u⁵
犬齿	khyən³ŋa²	垃圾	la³kiep⁶	刨（光一点）	pa:u²
虎牙（暴牙）	pəu⁵ŋa²	颜料	ŋan²liəu⁴	背（书）	puei⁵
牙龈	ŋa²ŋian²	漆	tshat⁶	（山）崩（了）	paŋ¹
喉咙	xau²loŋ³	灶	tsəu⁴	进（出来了）	pəu⁵
喉结	xau²kit⁶	蒸笼	tseŋ¹loŋ²	逼（他交出来）	pek⁶
肺	fe⁴	剑	kim⁴	比	pi³
心脏	sam¹	盘子	puən²	闭（口）	pe⁴
胃（肚子）	uei⁵	碟子	tiep⁷	编（辫子）	pin¹
胆	ta:m³	筷子	khuai⁵tsi³	编（篮子）	pin¹
膀胱（尿泡）	niu⁵phəu¹	勺子	piu²	变	pin⁴
尿	niu⁵	调羹	piu²kie:ŋ¹	辩论	pin⁵lan⁵
月经	ŋyt⁶kian²	杯子	puei¹	病（了）	peŋ⁵
痰	ta:m²	手套	ɕiau³thəu⁴	补（衣服）	pu³
脓	nɔŋ²	罐子	kuən⁴	补（锅）	pu³
畜生	tshɔk⁶ɕieŋ¹	坛子	tham²	擦（玻璃）	tsha:t⁶
马	ma⁴	缸	koŋ¹	猜（谜语）	tsha:i¹
公马	koŋ¹ma⁴	铁桶	thit⁶thoŋ³	裁（纸）	tsai²
马鬃	ma⁴tsoŋ¹	箍儿	khu³	（别）踩（庄稼）	tsha:i³
羊	ioŋ¹	桶底	thoŋ³te³	藏（东西）	tsoŋ²
绵羊	min²ioŋ¹	盆	pen²	操练	tshəu¹lin⁵
鸡胗	ki⁴nuei⁵kiem¹	摇篮	iu²la:m²	拆（房子）	tɕhiek⁶
鸡嗉子	ɕy⁴	扇子	sien³	掺（水）	tsha:m¹
鹅	ŋɔ²	算盘	sun⁴puən²	（蛇）缠（树）	liu³
野兽	ia³ɕiau⁴	秤	tsheŋ⁴	馋（肉）	tsa:m¹
翅膀	tɕhi⁴	秤砣	tsheŋ⁴tɔ²	唱（歌）	tɕhiŋ⁴
龙	loŋ²	秤纽	tsheŋ⁴tsoŋ¹	沉	tsem²
大象	ta:i⁵tsie:ŋ⁴	秤杆	tsheŋ⁴kuan³	称（粮食）	tɕheŋ¹
熊	ɕioŋ²	秤星	tsheŋ⁴sie:ŋ¹	称赞	tɕheŋ¹tsa:n⁴

鹿	lɔk⁷	斗（名）	tau³	盛（饭）	iu³
松鼠	sɔŋ¹ ɕy³	针	tsem¹	澄（清）	tsiŋ⁴
黄鼠狼	uŋ²ɕy³lɔŋ²	锥子	tsie⁴/ tse⁴	冲（在前边）	tshɔŋ¹
狼	lɔŋ²	锤子	tsie²	（用水）冲	tshɔŋ²
狐狸	fu²li²	捶（衣服）	tsie²	抽（出刀来）	tɕhau¹
燕子	in⁴	烫斗	thaŋ¹tau³	穿（针）	tɕhyn¹
大雁（天鹅）	ŋan⁵/thin¹ŋɔ²	烫（手）	thaŋ¹	吹（喇叭）	tɕhiɛ¹
白鹤	pek⁷xo⁵	剪刀	tsin³	戳（他一下）	tɕhiok⁶
鸬鹚	lu²tsi²	眼镜	ŋan³keŋ⁴	催（促）	tshuei¹
麻雀	ma²tɕhek⁶	钱	tsiɛn²	搭（车）	ta:p⁶
喜鹊	ɕi³tɕhek⁶	本钱	pen³tsiɛn²	搭（棚子）	ta:p⁶
乌鸦	u¹ a¹	银元	ŋian²yn²	打（人）	kyt⁶
鹦鹉	ŋɛŋ¹ u³	货	khua⁴	打（枪）	kyt⁶
斑鸠	pia:n¹kiu¹	雨伞	sa:n³	打（伞）	tsheŋ⁵
乌龟	u¹kuei¹	链子	lin⁵	打扮	ta³pa:n⁵
鳖（甲鱼）	pit⁶	棍子	kuan⁴	打呵欠	ta³xem¹
鹧鸪	tɕia⁵khu¹	杠子	kɔŋ⁴	打架	kyt⁶ka⁴
螃蟹	pa:ŋ¹ŋa:i⁴	鞭子	pin¹	打球	kyt⁶kiəu²
青蛙（腿的）	tsheŋ¹tɔŋ²ma²	轿子	ki:u⁴	打仗	kyt⁶tseŋ⁵
鱼泡	y²phəu⁵	行李	xeŋ²li³	打针	ta³tsem¹
鳃	sa:i¹	包袱	pa:u¹fɔ³	代替	the⁴
鳝鱼（黄鳝）	ɰŋ²ɕin⁵	船	ɕyn²	带（钱）	tai⁴
跳蚤	thiu⁴tsəu³	布鞋	pu⁴xai²	带（红领巾）	tai⁴
苍蝇	man²tsoŋ²	木筏	mok⁷pa:i²	带（路）	tai⁴
白蚁	pek⁷ɲi³	工具	kɔŋ¹ky⁴	戴（帽子）	tai⁴
蜘蛛	tɕi¹tɕy¹	斧头	fu³tau²	戴（项圈）	tai⁴
蜘蛛网	tɕi¹tɕy¹muŋ³	钳子	kim²	戴（手镯）	tai⁴
蛔虫	fei²tsoŋ²	钻子	tsom⁴	当（兵）	ta:ŋ¹
蟑螂	səu¹ka:p⁶	锉	tshɔ⁴	挡（风）	ta:ŋ³
蚂蚁	ma³ɲi³	刨子	pa:u²	到（家了）	təu⁴
蚂蚁洞	ma³ɲi³tɔŋ⁵	铲子	tɕiɛn³	倒（过来）	təu⁴
萤火虫	uən²xua³tsoŋ²	尺子	tɕhi:k⁶	等（人）	taŋ³
蚕儿	tsan²	墨斗	mak⁷tau³	点（头）	tim³
茧	kin³	锄头	tsu²tau²	垫（桌子）	tiem⁵
蛹	iɔŋ³	铁锹	thit⁶tshiu¹	叼（烟卷儿）	tiu¹

蛾子	ŋɔ²	麻袋	ma²tai⁵	掉（下井去了）	lɔk⁶
蜂王	fɔŋ¹ioŋ¹	肥料	fei⁴liəu⁴	吊（在梁上）	tiu⁴
蜂箱	fɔŋ¹sie:ŋ¹	镰刀	lim⁴	钓（鱼）	tiu⁴
蜜蜂房	fɔŋ¹fuŋ²	风箱	fɔŋ¹sie:ŋ¹	叠（被子）	tiep⁷
螳螂	toŋ²loŋ¹	炉子	lu²	冻	tɔŋ⁴
蝴蝶	u²tiep⁷	臼	khom³	（用衣）兜（着）	tɕhyai¹
蚌	pa:ŋ⁵	石臼	ɕek⁷khom³	读（书）	tɔk⁷
（蚌）壳	khak⁶	磨子	mɔ⁵	堵（漏洞）	tu³
蜗牛	kua¹ɳiau²	纸	tɕi³	赌（钱）	tu³
驴	ly²	笔	pat⁶	端（水）	ut⁶
救（命）	kiu⁴	毛笔	məu²pat⁶	断（气）	teŋ³
举（手）	ky³	钢笔	koŋ¹pat⁶	堆（稻草）	tuei¹
卷（布）	kyən³	铅笔	yn²pat⁶	对（笔迹）	tuai⁵
开（门）	khai¹	墨	mak⁷	炖（鸡）	ten⁴
棋盘	ki²puən²	书本	ɕy¹	夺	tut⁷
开（车）	khai¹	字	tsi⁵	发（信）	fɛt⁶
（走）开	khai¹	砚台	mak⁷in⁴	发抖	fɛt⁶tau³
开（会）	khai¹	墨盒	mak⁷xe:p⁷	发烧	fɛt⁶ɕiu¹
揩	kha:i¹	书包	ɕy¹pa:u¹	发芽	fɛt⁶ŋa²
考（学校）	khəu³	黑板	xak⁶pa:n³	罚（款）	fɛt⁷
烤（干衣服）	khəu¹	相片	siaŋ⁴phin⁴	翻（身）	fɛ:n¹
烤（火）	xɔŋ¹	图章	tu²tsieŋ¹	反（党）	fɛ:n³
靠（墙）	khəu⁴	球	kiəu²	犯（法）	fam⁵
磕（头）	khep⁶	风筝	fɔŋ¹tsieŋ¹	防（野猪）	fuŋ²
刻（用刀刻）	khak⁶	陀螺	to¹lɔ²	纺（棉花）	fuŋ³
扎（用针扎）	tsha:n²	鼓	ku³	放（田水）	fuŋ⁴
肯	khaŋ³	锣	lɔ²	放（心）	fuŋ⁴
扣（好衣服）	khau⁴	笛子	tek⁷	飞	fi¹
夸奖	khua³tseŋ³	箫	si:u¹	缝（衣服）	xoŋ²
捆（柴）	khuan³	喇叭	la³pa¹	孵（小鸡）	pəu⁵
拉（绳子）	la³	鞭炮	pha:u⁴	扶（着栏杆走）	fu²
拉（犁）	la³	纸钱	tsiɛn²tɕi³	扶（起来）	fu²
拉（"屙"屎）	ɔ¹	弓	kiɔŋ¹	伏（在桌子上）	pɔk⁷
赖（我）	la:i⁵	箭	tsin⁴	浮（在水上）	fɔ²

烂（腐烂）	la:n⁵	火药	siu¹	（不）该（讲）	kai¹
捞（起来）	la:u²	硝	si:u¹	改	kai³
勒（死）	lat⁷	铁砂	thit⁶ɕia¹	盖（一层土）	kai⁴
离开	li²	钓竿	tiu⁴kuan¹	盖（被子）	kai⁴
理睬	li³tsha:i³	上帝（玉帝）	y⁵te⁴	敢	ka:m³
练（武艺）	lin⁵	神仙	ɕia:n²sien¹	告状	kəu⁴tɕioŋ⁵
量（步）	leŋ²	雷公	luei²koŋ¹	割（肉）	kua:t⁶
晾（衣服）	la:ŋ³	鬼	kuei³	割（草）	kua:t⁶
聊天	liu²thin¹	神	ɕia:n²	搁（在桌子上）	fuŋ⁴
裂（开了）	tɕhiek⁶	妖精	iəu¹tseŋ¹	隔（一条河）	ket⁶
裂缝	khai¹tɕhiek⁶	魂魄	uan²phie:k⁶	（猪）拱（土）	koŋ³
淋（雨）	lem²	龙王	loŋ²ioŋ¹	钩	kau¹
流（水）	lau²	佛	fat⁷	够	kau⁴
（靠）拢	loŋ³	灶王爷	tsəu⁴ioŋ¹ia¹	估计	ku³ke⁴
搂（在怀里）	lau³	土地爷	thu³ti⁴ia¹	箍	khu³
轮流	lan²lau²	法术	fap⁶ɕiet⁷	鼓（起肚子）	ku³
摞（起来）	lɔ⁴	运气	yan⁵khi⁴	刮（掉毛）	kyɛt⁶
落（下来）	lɔk⁶	脾气	pi²khi⁴	刮（风）	kyɛt⁶
（手）麻	ma²	本事	pen³si⁴	挂（在墙上）	kua⁴
埋（老鼠）	mai²	办法	pien⁵fap⁶	怪（他）	kuai⁵
冒（烟）	məu⁵	梦	moŋ⁵	关（门）	kyan¹
蒙（住）	mɔŋ³	话	ua⁵	关（牛）	kyan¹
眯（眼）	mi³	歌	kɔ¹	管（事情）	ku:n³
抿（着嘴笑）	min³	山歌	ɕiɛn¹kɔ¹	灌（水）	ku:n⁴
磨（刀）	mɔ⁵	信（相信）	sen⁴	跪	kuei⁵
磨（面）	mɔ⁵	礼物	le³uat⁷	滚	kuan³
挠（痒）	ŋia:u²	风俗	foŋ¹tsɔk⁷	含（一口水）	xa:m²
（小孩）闹	na:u⁵	习惯	tsep⁷kuan⁴	喊（人开会）	xem³
碾（米）	ni:n³	姓名	siŋ⁵meŋ²	焊（管子）	xuan⁵
拧（紧）	neŋ³	水獭	tɕha:t⁶	烘（衣服）	xoŋ¹
弄（坏了）	lɔŋ⁵	首（歌）	ɕiu³	后悔	xəu⁵xuei³
挪（开）	nɔ²	抹（药）	ma:t⁷	（烧）糊	u²
拍（桌子）	phie:k⁶	（水）沟	kau¹	（眼）花（了）	xua¹
排（队）	pa:i²	回（头）	tɕyn³	画（图）	ua⁵
派（人）	pha:i⁴	寡妇	kua³fu⁵	还（账）	xu:n²

泡（衣服）	phəu⁵	鳏夫	kua³koŋ¹	还（钢笔）	xu:n²
泡（茶）	phəu⁵	让（我去）	xaŋ³	换	xu:n⁵
陪（客）	puei²	鳞	lan²	慌忙	fuŋ¹
赔本	puei²pen³	真（好）	tsen¹	会（客）	uei⁵
赔偿	puei²	（晒）蔫（了）	lim³	活	ut⁷
喷（水）	phan⁴	传染	tɕyn²ŋim³	挤（过去）	tse³
碰（桌子）	phoŋ⁴	染（布）	ŋim³	挤（奶）	tse³
披（衣）	phi¹	（布）密	mat⁷	系（鞋带）	təu²
劈（柴）	phek⁶	赶（鸟）	kuan³	继续	ke⁵tsɔk⁷
（红旗）飘	phiu¹	吼	xau³	加	ka¹
漂（布）	phiu⁴	（他）刚（来）	kha³	煎	tsin¹
拼（命）	phiŋ⁴	伯父	(ta:i⁵)ta³	剪	tsin³
泼（水）	phut⁶	大伯子	ta³	讲（故事）	kiaŋ³
破（篓）	pho⁴	间（房）	kiɛn¹	嚼	ŋai⁴
破（肚子）	pho⁴	花（衣服）	xua¹	叫（名字）	xem³
铺（被子）	phu¹	熄（灯）	sek⁶	（你扔，我）接	tsip⁶
欺负	khiɛn¹	煤油	sie³xua³iəu²	揭（锅盖）	ket⁶
骑（马）	ki²	街	ka:i¹	结（果子）	kit⁶
起（床）	khi³	喜欢	ɕi³f(x)un¹	结（冰）	kit⁶
牵（牛）	khen¹	尾巴	mi³/mi³pa¹	结婚	kit⁶xuan¹
前进	tsin²tsan⁴	双（鞋）	soŋ¹	借（钱）	tsa⁵
欠（钱）	khim⁴	吞	than¹	借（钢笔写字）	tsa⁵
抢	tsheŋ³	褪（色）	thuai⁵	禁止（烧山）	kiem⁴
切（菜）	tshiet⁶	拖（木头）	thɔ¹	敬（酒）	keŋ⁴
亲（小孩）	tshan¹	托（人办事）	thɔk⁶	揪（住）	niu³
请	tshiŋ³	脱（鞋）	thut⁶	挑拨	thiu¹put⁶
求（人帮忙）	kiu²	脱（衣）	thut⁶	跳	thiu⁴
劝	khyn⁴	（马）驮（货）	thɔ¹	（一只脚）跳	thiu⁴
绕（弯儿）	ŋiu³	煨（红薯）	uei¹	跳（舞）	thiu⁴
忍耐	ŋian³	围（敌人）	uei²	贴（标语）	thiep⁶
扔（掉）	yɛt⁷	捂（着嘴）	u³	听	then⁴
溶化	ioŋ²	吸（气）	kiep⁶	停	tiŋ²
塞（老鼠洞）	sak⁶	洗（碗）	ɕie³	挺（起腰）	thiŋ³
散步	sa:n³pu⁵	洗（衣）	ɕie³	通	thoŋ¹

扫（地）	səu⁴	洗（澡）	ɕie³	捅	thɔŋ³
筛（米）	sa:i⁴	（肿）消（了）	si:u¹	投（球）	tau²
扇（风）	sien³	写	sa³	涂（油）	tu²
骟（牛）	im¹	谢（大家）	tsa⁵	吐（痰）	thu³
伤（了手）	ɕiŋ¹	信（你的话）	sen⁴	推	thuai¹
生（孩子）	ɕieŋ¹	醒	siŋ³	退	thuai⁵
生（疮）	ɕieŋ¹	修（机器）	sau¹	迎接	ŋɛn²tsip⁶
省（钱）	sieŋ³	修（路）	sau¹	（我）用（铅笔）	iɔŋ⁵
剩（下）	ɕeŋ⁵	绣（花）	sau⁴	约（时间）	iet⁶
试试	ɕi⁴ɕi⁴	选（种子）	syn³	（头）晕	yɛn²
是	ɕi⁵	学	xa:k⁷	（碗）砸（破了）	tsap⁷
输	ɕy¹	压	a:p⁶	攒（钱）	tsa:n⁴
漱口	su⁴khau³	轧（棉花）	tsia:p⁶	糟蹋（粮食）	tsəu¹thap⁶
竖（起来）	ɕy⁵	阉（猪）	im¹	眨（眼）	iap⁶
甩（手榴弹）	ɕyɛi³	腌（鱼）	ip⁶	摘（下帽子）	thut⁶
闩（门）	ɕyɛn¹	扬（麦子）	iŋ²	粘（住了）	nim¹
涮（衣服）	ɕyet⁶	摇（木桩）	iu²	蘸（墨水）	tsiu¹
说（话）	kiaŋ³	依（他的）	tsuai²	长（大）	tɕeŋ³
撕（纸）	si¹	移	i²	涨（大水）	tɕeŋ³
送（他回去）	sɔŋ⁴	赢	iŋ²	（肚子）胀	tɕeŋ⁴
搜（山）	sau¹	隐瞒	iɛn³mun²	（用灯）照	tɕiu⁴
少	ɕi:u³	弹（棉花）	ta:n²	照（镜子）	tɕiu⁴
方	fuŋ¹	弹（琴）	ta:n²	争	tsieŋ¹
圆	yn²	着（火了）	tɕiet⁷	蒸（饭）	tseŋ¹
扁	pin³	淌（眼泪）	lɔk⁶	治（病）	tɕi⁵
尖	tsim¹	提（篮子）	te²	挂（拐棍）	tɕhiŋ⁵
秃	thɔk⁶	剃（头）	the⁴	准备	tsan³pi⁵
平	piŋ²	填（坑）	te:n²	兵	piŋ¹
正	tseŋ⁴	舔	nia:m⁴	近	kiɛn⁵
反	fɛ:n³	算（账）	sun⁴	宽	khut⁶
偏	phin¹	缩（小）	sɔk⁶	浅	tshin³
歪	uai¹	塌（下去）	tha:m³	空	khɔŋ¹
顺	ɕian⁵	绿	lɔk⁷	（放）松	sɔŋ¹

横	ŋyɛŋ²	蓝	la:m²	松（土）	sɔŋ¹	
斜	tsa²	轻	kheŋ¹	（鞋袜）松	sɔŋ¹	
糊涂	u²tu²	快	khuai⁵	松（紧）	sɔŋ¹	
老实	lɔu³ɕiet⁷	慢	miɛn⁵	绵	min²	
细心	se⁵sam¹	早（形）	tsɔu³	齐	tsiɛ²	
和气	ua²khi⁴	迟	tɕi²	乱	lun⁴	
勇敢	iɔŋ³ka:m³	钝	kyet⁷	对（错）	tuai⁵	
狠毒	xen³tɔk⁷	清	tsheŋ¹	错（对）	tshok⁶	
客气	khie:k⁶khi⁴	强	kiŋ²	真	tsen¹	
大方	ta:i⁵fuŋ¹	弱	niek⁷	假	ka³	
小气	siɔu³khi⁴	（咸）淡	ta:m⁵	生（瓜）	ɕiɛŋ¹	
勤快	kiɛn²	浓（茶）	nɔŋ²	（饭）熟	ɕiok⁷	
懒	lan³	淡（茶）	ta:m⁵	（果子）熟	ɕiok⁷	
乖	kuai¹	（我）也（去）	ia³	坏	uai⁵	
能干	naŋ²kuan⁴	当然（可以）	ta:ŋ¹in²	贵	kyɛn¹	
啰嗦	lɔ²sɔ¹	原来（是你）	yn²lai²	贱（便宜）	tsin⁵	
可惜	khɔ³sek⁶	根本（不对）	kan¹pan³	老	lɔu³	
可怜	khɔ³liŋ²	一定（去）	iet⁶teŋ⁵	丑	tɕhiɔu³	
高兴	kɔ¹xeŋ⁴	把（猪卖了）	pa³	难	na:n⁴	
难受	na:n⁴ɕiu⁵	往（东走）	uŋ³	容易	iɔŋ²i⁵	
亲热	tshan¹ŋiet⁶	向（上爬）	sieŋ⁴	苦	khu³	
讨厌	thɔu³im⁴	朝（南开）	tɕiu²	咸	xa:m²	
已经（晚了）	i³kiŋ²	对（我很好）	tuai⁵	腥	siŋ¹	
慢慢（说）	miɛn⁵miɛn⁵	比（月亮大）	pi³	臊	sau¹	
很（重）	xan³	为了（祖国）	uei⁵liau³	（空）闲	xan²	
太（大）	tha:i⁵	（我）的（书）	tet⁶	忙	muŋ²	
最（快）	tsuei⁴	（种田）的	tet⁶	富	fu⁴	
更（快）	keŋ⁴	（坐）着（讲）	tɕiet⁷	干净（清洁）	tsiŋ⁴	
的确（冷）	tik⁶khok⁶	亲自（去）	tshan¹tsi⁵	热闹	na:u⁵ŋiet⁶	
机灵	ki¹leŋ²	白（跑一趟）	pek⁷	安静	tsiŋ⁵	
光（说不行）	kɔŋ¹	清楚	tsheŋ¹tshu³	古怪	ku³kuai⁵	
笨	pen⁵	紧急	kin³kiep⁶	明亮	meŋ²liŋ⁵	
聪明	tshɔŋ¹meŋ²	难闻	na:n⁴uɔn²	渴	khak⁶	
闷	man⁵	难听	na:n⁴theŋ⁴	累	luai⁵	
慌张	f(x)uŋ¹tseŋ¹	辛苦	san¹khu³	毛南族	mɔu²na:n²tsɔk⁷	

急	kiep⁶	一百零一	iet⁶xyɛt⁶leŋ²iet⁶	一月	iet⁶ŋyet⁷/ tseŋ¹ŋyet⁷
学校/学堂	xa:k⁷xa:u⁵/ xa:k⁷toŋ²	青苔	tsheŋ¹tai²/ la:m² tai²	公公（丈夫之父）	ka¹koŋ¹
（两人）抬（一块石头）	kaŋ²	庹（两手伸直的长度）	pha:i³	情夫（野老公）	tseŋ²fu¹
拃（拇指中指张开的长度）	ka:p⁷	小姑子（夫之妹）	muei⁵	情妇（野老婆）	tseŋ²fu⁵
婆婆（丈夫之母）	ka¹po²	老鹰	ləu³ŋɛŋ¹/ta:i⁵ ta:i⁵u⁴	孑孓（蚊子的幼虫）	kit²nit⁶
门扣	man²khau⁴/ man²phan⁴	虎口（人体部位）	fu³khau³	胞衣（胎盘）	pa:u¹i¹/ thai²puən²
手掌	ɕiau³tseŋ³/ pa:¹tseŋ³	筷筒	khuai⁵tsi³toŋ²	（把谷子）焙（干）	puei⁵
（用木头）撑（住）	tsheŋ⁵	未下蛋的母鸡	xaŋ⁵ki⁴	穿山甲	tɕhyn¹ɕiɛn¹ ka:p⁶
（一代）传（一代）	tɕyn²	（把水）倒（掉了）	təu⁴	蠓（黑色的小蚊虫）	man⁵xan¹
（花）开（了）	khai¹	枪	tsheŋ¹/ tshɔŋ⁴	抠（用手指挖）	khau¹
（把衣服）翻（过来穿）	fɛ:n¹	（脚）木（了）	mok⁷	（火）灭（了）	mit⁷
姨母	i²ma³（比母大）i²niŋ³（比母小）	扫帚星	səu⁴ tsau³ sie:ŋ¹/səu⁴ pa³ sie:ŋ¹	媒人	muei²po²/ muei²ŋian²
（腋下）夹（着一本书）	ka:p⁶	（用手）捧（起来）	phɔŋ³	男亲家（公）	tshan¹ka¹koŋ¹/ tshan¹ka¹ ia¹
（把两根绳子接（起来）	tsip⁶	陷（下去）	xa:m⁵/ khiap⁶	女亲家（母）	tshan¹ka¹po²/ tshan¹ka¹
（竹竿）破（了）	pho⁴	（好话说）尽（完）	tsen⁵	（别）气（我）	khi⁴
（衣服）破（了）	pho⁴	（我）想（进城）	sin³	（人都）散（了）	sa:n³
（鸭子在河里）游	iəu²	摇摇晃晃	iu²iu²x(f)oŋ³x(f)oŋ³	（从树上）摔（下来）	lɔk⁶

套（上一件衣服）	thəu⁴	（用钻子）钻（洞）	tsun⁴	送（你一支笔）	sɔŋ⁴
踏（上一只脚）	tap⁷	（我）要（去北京）	ai¹	到底（是怎么回事）	təu⁴te³
原来（的地方）	yn²lai²	大概（是这样）	ta:i⁵kha:i⁴	越（走）……越（远）	yt⁷……yt⁷
（红色）的（纸）	tet⁶	一共（有五个）	iet⁶kiɔŋ⁴	漂（在水面上）	phiu¹
因为……所以……	ian¹uei⁵……sɔ³i³	不但……而且	pat⁶ta:n⁵……ə²tshia³	这边	ko²pin¹
这样	ko⁵iŋ⁵	那样	no⁵iŋ⁵	里边	lau¹pin¹
左边	tsɔ⁴pin¹	右边	iəu⁵pin¹		

（2）非土拐话的汉语词

虹	kaŋ⁴loŋ²	一辈子	iet⁶ɕiɛ⁴xuən¹
平坝子	ua⁵piŋ²	答应	eŋ⁴ɕeŋ¹
牢/监狱	kam²	打鼾	ta³fu²lu³
哑巴	ŋa³tsi³	带（孩子）	kau⁴
篙子（撑船）	tsheŋ⁵kəu¹tsɔk⁶	踩（脚）	to⁵
刺猬	tsin⁴tɕy¹	唤（狗）	xem³
蝙蝠	fi¹ɕy³	（老虎）叫	xəu³
壁虎	pa²tseŋ²fu³	蚯蚓	thu³fen³
花生	ti⁵tau⁵	烙（饼）	tsin¹
烟屎	in¹ɕi³	瞄准	kau⁴tsan³
肥皂	ieŋ²kin³	认（字）	ŋian⁵
炮	tshɔŋ⁴	撒（尿）	sɛt⁶
故事	kiaŋ³ku³	拴（牛）	təu²
谜语	kiaŋ³me⁵	淘（米）	ɕie³
谎话	lun⁴kiaŋ³	淘气	təu²khi⁴
打瞌睡	siŋ⁵tshun⁵lun²	（蛇）蜕（皮）	thuai⁵
年青	xəu⁵ɕieŋ¹	张（嘴）	khai¹
嚷	tsəu²	招（手）	iu²
抽（烟）	kiep⁶	浑（浊）	tsut⁷

耽误	tam⁵khɔ¹	悲哀	ɕiŋ¹ sam¹
拔（草）	pie:t⁷	一起（学习）	ta:i³tsiɛ²
拔（火罐）	pie:t⁷	沿（河走）	tsem²
（母猪）下（小猪）	ɕieŋ¹	二胡	ŋi⁵in²
打雷	luei² kɔŋ¹ kyt⁶/ kyt⁶ luei² kɔŋ¹	肘	tɕau³
箕（长形手纹）	phi¹uan²	裤腿儿	khu⁴tɔŋ²
斗（圆形手纹）	lɔ²uan²	（雪）化（了）	iɔŋ²
（公鸡）叫(打鸣、啼)	xəu³/ te²	（把辫子)盘(在头上)	niu³/ kiu³
印记(婴儿臀部青印)	ki⁴	（把信）封（好）	nim¹
蜻蜓	tsoŋ²tsieŋ²	（孩子）跟（着妈妈）	nim¹
锄（草）	tsiu²	（小鸟）叫（鸣）	xəu³
恨	xen⁵	婶母	ɕam³ mu³
哼（呻吟）	xeŋ³	癞蛤蟆	ɕam²ɕy²
减	kia:m³	捡	lim⁴
绑	paŋ³	糍粑	tsi²
跨（一步）	ka⁴	紫	tsi³
晒（衣）	ɕa:i⁵	蠢	tɕhiɛn³
赚（钱）	tsan⁵	舂（米）	tɕhɔŋ¹
痣	tɕi⁴	蛆（蝇类的幼虫）	tshy¹
壶	u²	躺（在床上）	thoŋ³
钉子	tiŋ¹	（人）晒（太阳）	ɕa:i⁵
席子	sik⁷	茶	tɕie²
车（水）	tɕhia¹	纱	ɕia²
车	tɕhia¹	钟	tɕiɔŋ¹
（蚊子）叮（人）	tiŋ¹	命	miŋ⁴
钉（钉子）	tiŋ¹	座（桥）	tso⁵
念（经）	na:m¹	朵（花）	to³
舍（不得）	ɕia⁴	瓶子	piŋ²
射（箭）	ɕia⁵	瓶（酒）	piŋ²
收（稻子）	ɕiu¹	插（牌子）	tɕie:p⁶
收（信）	ɕiu¹	查（账）	tɕia²
守（庄稼）	ɕiu³	差（得多）	tɕhia¹
锁（箱子）	so³	尝（味道）	ɕiŋ²

锁	so³	摸（鱼）	mo³
踢（球）	thik⁶	炸（开石头）	tɕia⁴
瞎（眼睛）	xa:t⁶	炸（油饼）	tɕia⁵
（打）中	tɕiɔŋ⁴	榨（油）	tɕia⁴
装（粮食）	tɕuŋ¹	差	tɕhia¹
灰	x(f)uei¹	抄（书）	tɕhi:u¹
壮	tɕiɔŋ⁵	吵（嘴）	tɕhia³
脆（形）	tshuei⁴	炒（菜）	tɕhi:u³
湖	u²	涩	kip⁶
疮	tɕhiɔŋ¹	巧	ti:u¹
时间	ɕi²kan¹	父亲	ia¹
伸（手）	tɕhien¹	子（鼠）	tsi³
伸（懒腰）	tɕhien¹	追（赶）	li:p⁷
粗	tshɔ¹	茶壶	tsie²u²
蜜蜂	mat⁷muŋ⁴	爪子	tsa:u³tsi³
黄豆	u²tau⁵	十月	tsiep⁷ŋyet⁷
旗子	khi²	十二月（腊月）	tsiep⁷ŋi⁵ŋyet⁷
扛（木头）	kaŋ²	十一月（冬月）	tsiep⁷iet⁶ŋyet⁷
瘸（了）	khyɛt⁶	十	tsiep⁷
望	maŋ⁵	十一	tsiep⁷iet⁶
转（身）	tɕyn³	十二	tsiep⁷ŋi⁵
转（弯）	tɕyn³	十三	tsiep⁷sa:m¹
转（动）	tɕyn³	十四	tsiep⁷si⁴
（粥）稀	xi¹	十七	tsiep⁷tshat⁶
（布）稀	xi¹	十八	tsiep⁷pie:t⁶
稀奇	xi¹ki²	十九	tsiep⁷kiau³
饿	ŋa⁵	二十	ŋi⁵tsiep⁷
饥饿	ŋa⁵	二十一	ŋi⁵tsiep⁷iet⁶
马虎	ma⁴u³	三十	sa¹tsiep⁷
永远（是这样）	uŋ³yn³	四十	si⁴tsiep⁷
脚后跟	ket⁶tɕin¹	七十	tshat⁶tsiep⁷
癣	ɕyən¹	八十	pie:t⁶tsiep⁷
利息	li⁵sek⁶	九十	kiau³tsiep⁷
消息	si:u¹sek⁶	第十	te⁵tsiep⁷
两	leŋ³	第十一	te⁵tsiep⁷iet⁶

段（路）	tuei⁴	戏	xi⁴
岁	suai⁴	希望	ɕi²maŋ⁵
旧	kau⁴	骨头	kiɔk⁶
桩子	tat⁶	骨节	kiɔk⁶tat⁶
爬（树）	pia²	危险	uei²xim³
（虫子）爬	pia²	握（手）	ak⁶
（冻）僵（了）	khiŋ¹	曲尺	khiok⁶tɕi:k⁶
猾	yɛt⁷	床	tsoŋ²
洒（水）	sɛt⁶	爬（山）	pia²
撒（种子）	sɛt⁶	（小孩在地上）爬	pia²
挖（地）	yɛt⁶	弯	yɛn¹
壮族	tɕioŋ⁵tsɔk⁷	弯（腰）	yɛn¹
车轮	tɕhia¹lan²	撒（尿）	sɛt⁶
浆糊	tsieŋ⁴u²	撞（墙）	tɕhuŋ⁴
命运	miŋ⁴yan⁵	嫩	ŋuən⁵
新鲜	san¹syn¹	糯稻	no⁵təu⁵
自行车	tan¹tɕhia¹	子弹	tsi³ta:n⁵
风车	fɔŋ¹tɕhia¹	钥匙	so³ɕi²
名声	meŋ²ɕeŋ¹	炸弹	tɕia⁵ta:n²
名字	meŋ²tsi⁵	狮子	si²tsi³
瞎子	xa:t⁶tsi³	豹子	pa:u⁴tsi³
哨子	sau⁵tsi³	鸽子	kep⁶tsi³
跛子/瘸子	po³ tsi³/ khyɛt⁶ tsi³	茄子	kia²tsi³
茶杯	tsie²puei¹	椰子	ia¹tsi³
皇帝	ioŋ¹te⁴	瓜子	kua¹tsi³
粗鲁	tshɔ¹lu³	棋子	ki²tsi³
兔子	thu⁴tsi³	包子	pa:u¹tsi³
肾（腰子）	i:u¹tsi³	脊椎骨	pe³lɔŋ² kiɔk⁶
影子	ɛŋ³tsi³	痛快	ɕuŋ⁴khuai⁵
楔子	tsim¹tsi³	羔羊	ŋuən⁴ioŋ¹
油渣	iəu²tɕia¹	粳稻	tɕim²təu⁵
骡子	lɔ²tsi³	样子	iŋ⁵tsi³
疯子	tin¹tsi³	滋味	tsi²mei⁴
麻子	ma²tsi³		

在 2306 个诶话常用词中，汉语词有 1438 个，笔者对这 1438 个汉语词

做了成分统计，见表 6.7。

表 6.7　　　　　　　　　　　　　汉语成分统计

来源成分	数量（个）	约占汉语词的比例
土拐话	1197	83%
非土拐话的汉语词	241	17%

从统计的结果来看，在 1438 个诶话汉语词中，土拐话的词不论是在数量上，还是在汉语词的比例上都占有绝对的优势，这充分说明了土拐话是诶话非混合词汉语成分的主要来源。

2. 侗台语词

在诶话非混合词中，还有一部分词与侗台语有对应关系。笔者把这部分词分别同壮语、布依语、临高语、傣语、侗语、仫佬语、水语、毛难语、黎语都进行了对比，结果发现这部分词与侗台语的对应关系可以分为三大类，第一类与侗台语对应，第二类只与壮傣语支对应，第三类只与侗水语支对应。前文已经指出与诶话形成有密切关系的侗台语主要是壮语和仫佬语，因此，侗台语主要参照壮语和仫佬语，其他侗台语言不再列举。

（1）与侗台语对应的词

词义	诶话	壮语	仫佬语
儿子	lik^7	luɯk^8	la:k^8
猫	miəu^3	meu^2	mja:u^4
老鼠	ŋu^4	nou^1	ŋɔ^3
水	ŋam^3	ɣam^4	nəm/sui^3
（水）田	na^2	na^2	ɣa^5
帮助	pa:ŋ^1	pa:ŋ^1	poŋ^1
厚	ŋa^1	na^1	na^1
傻	ŋuaŋ^5	ŋoŋ^5/ŋaɯ^2	ŋa:ŋ^5/ʔwa^3
（你）先（走）	kuan^4	ko:n^5/si:n^5	kun^5/tɔk^{7}kun^5
沤（烂了）	au^4	ʔom^5/ʔau^5	ʔau^5
（用尖刀）剜	kyɛt^6	kvet^7/ʔvet^7	lau^1/khau^1
雨	fen^1	fɯn^1	kwən^1
分（粮食）	pan^1	fan^1	khɣe^1
分（家）	pan^1	fan^1	khɣe^{1}ca^1
蚊子	ŋioŋ^1	ŋuŋ^2	ŋuŋ^{2}thəu^{6}mu^1
袜子	ma:t^7	fa:t^8/ma:t^8	ma:t^8

鸡	kai⁴	kai⁵	ci¹
狗	m̥a¹	ma¹	ŋ̊wa¹
肉	ma:m⁵	no⁶/na:n⁴	sik⁸
肠子	sai³	sai³	khɣa:i³
毛	phen¹	pɯn¹	tsən¹
都（来了）	tu¹	ɕuŋ³/tu³	tu⁵/tøn²
火	xuei¹	fei²	fi¹
屁	ḽat⁶	ɣot⁷	khət⁷
（一）天	ŋ̊uan²	ŋon²	fan¹
天天	ŋ̊uan²ŋ̊uan²	ŋon²ŋon²	fan¹fan¹
土	tam¹	tom¹/na:m⁶	na:m⁶
（一）年	puei²	pi¹	mɛ¹
（下雨）了	lɔ⁵	lo⁶/lu⁶	lə⁶/ljəu⁶
缺（了口子）	maŋ³	bin⁵/veu⁵/va:u⁵	chøt⁷
村子（寨子）	man³	ba:n³	m̥a:n³
锯	kio⁴	kaɯ⁵	kø⁵
锯子	kio⁴	kaɯ⁵	kø⁵
闪（电）	la:p⁷	pla³mlik⁸	jap⁸lap⁸liŋ⁶
猪	m̥u¹	mou¹	m̥u⁵
鸟	ŋ̊ok⁶	ɣok⁸	nok⁸/mjok⁸
份儿	pen⁵	fan⁶	pən⁶
簸箕	noŋ³	doŋ³	loŋ³fan⁵
竹笋	ŋ̊aŋ¹	ɣa:ŋ²	na:ŋ²
醉（酒）	m̥ei¹	fi²	ŋwɛ²
傻子	ŋuaŋ⁵	vun²ŋaɯ²	lak⁷ŋa:ŋ⁵
头	khiau³	ɣau³/kjau³	kɣo³
牙齿	xyan¹	fan²/heu³	fan¹
稻草	xioŋ¹	ja:ŋ³/fɯ:ŋ²	m̥a:ŋ¹
价钱	ŋ̊a⁵	kja⁵ɕi:n²	ca⁵ tjen²
犁	ḽe¹	ɕai¹	khɣai¹
鸭子	piet⁶	pit⁷	ʔja:p⁷
眼睛	pia¹	ta¹/pja¹	ḽa¹/mja¹
石头	ḽin¹	ɣin¹	tui²
树	ma:i⁴	fai⁴	mai⁴
长	ḽai¹	ɣai²	ɣa:i³

死	piai¹	ɣa:i¹/ta:i¹	tai¹
种子	pen²	hau⁴ɕe⁶	pən³
死鱼	phia¹piai¹/piai¹ phia¹	pla¹ɣa:i¹/pla¹ta:i¹	məm⁶tai¹
今天	ŋiɛ⁵ŋ̊uan²	ŋon²nei⁴	fan¹na:i¹
小鸡	lik⁷kai⁴	kai⁵luɯk⁸	ci¹la:k⁸
猪崽	lik⁷ȵu¹	luɯk⁸mou¹	ȵu⁵ la:k⁸
鸡肉	ma:m⁵kai⁴/ kai⁴ma:m⁵	no⁶ka:i¹/na:n⁴kai⁵	sik⁸ci¹
狗肉	ma:m⁵ȵa¹	no⁶ma¹	sik⁸ŋ̊wa¹
猪肉	ma:m⁵ȵu¹/ȵu¹ma:m⁵	no⁶(na:n⁴)mou¹	sik⁸ȵu⁵
前天	ŋ̊uan²kuan⁴/ kuan⁴ŋ̊uan²	ŋon²po:n²	fan¹hun⁵
母猪	ma:i⁴ȵu¹/ȵu¹ma:i⁴	mou¹me⁶	ȵu⁵mai⁴
母狗	ȵa¹ma:i⁴ /ma:i⁴ȵa¹	ma¹ɕo⁶	ŋ̊wa¹tai⁵
母鸡	ma:i⁴ kai⁴	kai⁵me⁶	ci¹mai⁴
头发	phen¹khiau³	plom¹/puɯn¹kjau³	fja¹ /pɣam¹ kɣo³
头人/寨老	man³khiau³	vun²tau²	lak⁷tau²/ lak⁷kɣo³
昨晚	ŋuan⁵ȵia:n⁴	ham⁶luɯ:n²	mu²ŋiu¹
昨天	ŋuan⁵ŋ̊uan²	ŋon²luɯ:n²	fan¹ȵiu⁴
木头	ma:i⁴khiau³	fai⁴/mok⁸	ja:ŋ⁶tjəu²
眼泪	pia¹ŋam³	ɣam⁴ɣa¹(ta¹)	nəm⁴ḷa¹
太阳	pia¹ŋ̊uan²	kja:ŋ¹ŋon²	thəu⁵fan¹
木犁	ma:i⁴ ḷe¹	ɕai¹fai⁴	khɣai¹mai⁴
洞	pa:k⁷	pa:k⁷嘴（口）	pa:k⁷嘴（口）
脸	ŋa³	na³	na³
脚	tin¹	tin¹/kok⁷	tin¹
（踢一）脚	tin¹	tin¹	tin¹
肝	tap⁶	tap⁷	tap⁷
鼻涕	ȵuk⁷	muk⁸	muk⁸
虱子（衣服上的）	man¹	nan²	nan²
头虱（头上的）	man¹	tu²ɣau¹	khɣo¹/khɣəu¹
秧	khia³	kja³	kɣa³
蛋	khiai⁴	kjai⁵	kɣəi⁵
门	tu¹	tou¹	tɔ¹
风	ḷem¹	ɣum²	ləm²/fɔ:ŋ¹
山洞	ka:m³	ka:m³	ka:m¹

（这儿）出（水果）	ok⁶	ˀoːk⁷	ˀuk⁷
出（嫁）	ok⁶	ha⁵	ˀuk⁷ca⁵
出（水痘）	ok⁶	ˀoːk⁷	ˀuk⁷
出（汗）	ok⁶	ˀoːk⁷	ˀuk⁷
（太阳）出（来了）	ok⁶	ˀoːk⁷	ˀuk⁷
出（去）	ok⁶	ˀoːk⁷	ˀuk⁷
穿（衣）	tan³	tan³	tan³
穿（鞋）	tan³	tan³	tan³
回（家）	m̥a¹	ma¹	ma¹
回来	m̥a¹	ma¹/taːu⁵ma¹	ma¹
取（款）	au¹	ˀau¹	tsɿ²/tshɿ³
拿（来）	au¹	taɯ²kam¹/ˀau¹	tsau⁴
招（女婿）	au¹	ˀau¹	tsjeu¹
娶（妻子）	au¹	ˀau¹	ˀaːu¹
要（钱）	au¹	ˀau¹	ˀaːu¹
去	pai¹	pai¹	paːi¹
织（布）	tam³	tam³	tam³
插（秧）	nam¹	dam¹	fɛ⁴hɣaːm¹
种（麦子）	nam¹	dam¹	tɔ⁴
栽（树）	nam¹	dam¹	mɣa²/lam⁵
利（快）	l̥aːi⁴	ɣai⁶	ɣaːi⁶/hɣaːi⁶
卖（菜）	phaːi¹	haːi¹/kaːi¹	cɛ¹
（粥）稠	ket⁷	kɯt⁸/ɣo³	cak⁷/tsɔk⁷cat⁸
（天气）冷	ŋit⁶	nit⁷	mən¹ŋit⁷
（水）冷	ŋit⁶	ɕap⁷/kjot⁷	ŋit⁷/kak⁷
被（同志们拦住了）	ŋaːi²	ŋaːi²/tɯk⁸	ŋaːi⁶
房子	l̥aːn¹	ɣaːn²	hɣaːn²
蛇	taːŋ⁵	ŋɯ²/taːŋ⁶	tui²
池塘	tam²	tam²	l̥am¹
拦（住）	teŋ⁴	laːn²/taːŋ³	laːn²
没（来）	m̥²/naŋ²	bou³/mi³	taːŋ²
教（书）	suan¹	soːn¹	caːu⁵
（房子）漏（雨）	l̥ɔ⁴	ɣo⁶	lau⁶
场（集）	xuei³	haɯ¹	fai³
山	phia¹	pla¹	pʁa¹

按（住）	kam⁵	ŋan⁴/kam⁶	tsa:m⁶/ka:m⁶
暗	l̥ap⁶	lap⁷/ʔa:m⁵	l̥ap⁷
（一）碗（饭）	ŋuan³	ʔva:n³	won³
碗	ŋuan³	ʔva:n³/tui⁴	won³
丢（了钱包）	lɔk⁶	tok⁷	sjet⁸
皱	ɲiau⁴	ŋau⁵	pɣai⁵
肚子	tɔŋ⁴	tuŋ⁴	lɔŋ²
懂（事）	l̥ɔ³	ɣo⁴/ɣo⁴jiu³	tɔŋ³
会（织布）	l̥ɔ³	ɣo⁴	ʔɣo⁴
能（做）	l̥ɔ³	dai³/naŋ²	nən⁶
知道	l̥ɔ³	ɣo⁴	ɣo⁴çeu³
明白（意思）	l̥ɔ³	ɣo⁴/miŋ²pek⁸	mɛŋ²pɛ:k⁸/ɣɔ⁴/tɔŋ³
认得	l̥ɔ³	ɣo⁴/ɣo⁴na³	sən⁶lai³
杀（人）	ka³	ka³	li³/khɣa³
杀（鸡）	ka³	ka³	li3/khɣa³
（用扁担）挑	l̥a:p⁶	ɣa:p⁷	kɣa:p⁷
（一）担（行李）	l̥a:p⁶	ɣa:p⁷	kɣa:p⁷
（一）石（谷子）	l̥a:p⁶	sik⁸	kɣa:p⁷/sek⁸
有	mi²	mi²	mɛ²
低	tam⁴	tam⁵	hɣam⁵
低（头）	tam⁴	kom²	tsam³
矮	tam⁴	tam⁵	hɣam⁵
远	khiai¹	kjai¹	ce¹
粘	nim¹	nem¹	nja:m¹
黑	au³	au¹ ₩	kən⁵ta:u⁴ ₩
猴子	ma⁴ lau¹	ma⁴lau²	mu⁶lau²/mun⁶
不（是）	m̩²	bou³/mi³	ŋ⁵/khɔ:ŋ¹
不（吃）	m̩²	bou³/mi³	ŋ⁵/khɔ:ŋ¹
短	ten³	tin³	hɣən⁸
盐	khiəu¹	kju¹	cwa¹
半（斤）	ɲiaŋ⁴	pu:n⁵	pon⁵
凉快	l̥im⁴	li:ŋ²	hɣɯm⁵
你们	su¹	sou¹	sa:u¹
手	mu¹	fɯŋ²	nja²
允许	xaŋ³	hau³/ɕɯm³	thən³

胖	puei²	pi²	pi²
（猪）肥	puei²	pi²	pi²
（地）肥	puei²	pi²	pi²
（一）个（鸡蛋）	ŋan¹	ˀan¹/ˀnan¹（上林）	ˀat⁷
个个	ŋan¹ŋan¹	pou⁴pon⁴	lat⁷lat⁷/ˀat⁷²at⁷
吮（奶）	ɕut⁶	ɕup⁷/kɯn¹	tot⁷
喝（茶）	ɕut⁶	kɯn¹/dum⁵	hɣop⁷
（写）了（一封信）	liau³	liu⁴	lai³
（腿）酸	sam³	nat⁷/ˀun⁵/na:i⁵	khəm³
数（数目）	ɕio³	ke⁵/su:n⁵	so³
烧（火煮饭）	phiau¹	ɕa:u⁴/tɯk⁷/pjau¹	tɔ⁴
烧（山）	phiau¹	ɕɯt⁷	ta:u³
烧（茶）	phiau¹	kon¹/tɯk⁷	ta:u³/kwən³
雾	mok⁶lu⁴	mo³lo⁴/mo:k⁷	mək⁸lu⁴/mut⁸lu⁴
叉子	ŋa¹	fa:k⁸ɕa¹	tsha¹ŋa¹
恶	a:k⁶	ˀja:k⁷	ˀa:k⁷
熬（粥）	ŋəu²	kon¹/ɕaɯ³	ŋa:u⁶
得到	lai²	dai³taŋ²	lai³thəu⁵
（把鸟）放（了）	l̥aŋ⁴	ɕoŋ⁵/la:ŋ⁶	tɕɔŋ⁵/la:ŋ⁶
放（牛）	l̥aŋ⁴	ɕoŋ⁵/ɕi:ŋ⁴	la:ŋ⁶
放（手）	l̥aŋ⁴	ɕoŋ⁵	tɔŋ⁵nja²
敷（药）	ep⁶	tɯk⁷/ˀa:p⁷/ɕoŋ⁵/ˀop⁷	tɔ⁴/pe¹/ˀəp⁷
寻（东西）	la³	ɣa¹	la⁴
找（人）	la³	ɣa¹/la⁴	la⁴
找（零钱）	la³	ɕa:u³/pou³	la⁴
（老鼠）钻（洞）	lun¹	don³/ɕo:n¹	lwon¹
窄	xep⁶	kap⁸/kep⁸	ça:p⁷
黄	ŋ̊an³	hen³/li:ŋ¹	ŋ̊a:n³
（马蜂）螫（人）	ŋyet⁶	da:t⁷	lyt⁷
粽子	ut⁶	hau⁴faŋ⁴/hau⁴²at⁷/ut⁷	ˀyt⁷
田鸡（蛙类）	kep⁶	kop⁷	kəp⁷
青蛙	kep⁶	kje³/kop⁷	kwai3
竹子	kuan¹	fai⁴pla²	kwan¹
小	niŋ³	ˀi⁵/jat⁷niŋ⁵	niŋ⁵
拈（一块糖）	ŋep⁶	ŋap⁸	njɯp⁷

夹（菜吃）	ŋɛp⁶	nip⁷/nep⁷/kep⁷/kip⁷	njap⁷
扁担	n̥an¹	ha:n²	lɔ⁵
呕吐	l̥uk⁶	vu:k³	hɣøk⁷/ʔøk⁷
剁（肉）	to⁵	fak⁸/to:k⁸	ŋwak⁸/tɛ⁵
白	piuk⁷	ha:u¹/ pi:k⁸	pa:k⁸/cwa³
睡	nun²	nin²	nyn²
睡觉	nun²	nin²	nyn²/nyn²nak⁷
（冰）雹	pa:k⁷	luɯk⁸ɣit⁷/pa:k⁸	pa:k⁸
看（书）	kau⁴	ʔjaɯ³/kau³	kau⁵
看（病）	kau⁴	ʔjaɯ³	kau⁵
甜	fun¹	ti:m²/va:n¹	fja:n¹
天	men¹	buɯn¹	mən¹/tjen¹
搅	la:u¹/ kia:u¹	kja:u⁴/hot⁸	la:u¹
拌（农药）	la:u¹	kja:u¹	ɣam¹
和（泥）	la:u¹	hot⁸/kja:u⁴	la:u¹/hwən³
鼻子	neŋ¹	daŋ¹	kə⁵naŋ¹
偷	l̥ek⁶	ɕak⁸	lak⁸
（一）把（菜）	ŋem³/tɕio¹	ban³/kam¹	ŋam¹/pa³
（一）把（米）	ŋem³/tɕio¹	kam¹	ŋam¹
泥巴	pom⁵	nai²/na:m⁶/poŋ²	na:m⁶/mɣa:n¹
刺（名）	tam¹	ʔon¹	l̥yt⁷
哄（哄骗）	l̥ok⁶	lo⁴	luk⁷
欺骗	l̥ok⁶	jau⁶/ɕa:t⁷	phjen⁵
好	li¹	dei¹	ʔi¹
虾	n̥iu²	kuŋ⁵/jiu²	ŋɔ²
脖子	n̥u¹	ho²	lən³
薄	xuaŋ¹	ba:ŋ¹	ʔwa:ŋ¹
香（气）	piaŋ¹	ɣa:ŋ¹/ho:m¹	m̥ɣa:ŋ¹
（味道）香	piaŋ¹	ɣa:ŋ¹/ho:m¹	m̥ɣa:ŋ¹
（两）层（楼）	tsa:ŋ²	ɕaŋ²	ta:ŋ²
起来	lo⁵	huɯn³tau³	lɔk⁷taŋ¹
讨（饭）	lai⁵	va⁵	ʔa:u¹hu³
哪里	ŋau¹	muɯn⁵laɯ¹	khə⁵ŋau¹/niŋ⁵ŋau¹
蚂蝗	m̥ian¹	pliŋ¹	miŋ²
棺材	ɕiəu⁵	ku:n¹ɕa:i²	səu⁶/kwən¹

锈	sie:ŋ⁴	mlai⁴	teŋ⁵
削（铅笔）	phɛ¹	ta:t⁷/ʔvet⁷/phai¹	hɣut⁸
折（断树枝）	ni:u³	ʔeu³ɣak⁷	leu³təu⁵
肿	m̥ɔk⁶	fok⁸	
牛	xuai¹	va:i²	wi²/hwi²
（两）只（鸟）	tsio²	tu²	tɔ²
六	l̥ɔk⁶	ɣok⁷/lok⁷	lɔk⁷
又（飞了一只）	io⁵	jau⁶/ɕa:i⁵/ju⁴	jəu⁶
暖和	l̥au³	ɣau³	kɣo³
褶（衣服）	tɕiep⁷	pop⁷/tɕip⁷折叠	nap⁷
姜	xin¹	kjɯ:ŋ¹/hiŋ¹	hiŋ¹
五	ŋ̊a³	ha³/ŋu⁴	ŋɔ⁴
进（屋）	xau³	hau³	lɔ³
新（衣）	m̥ɔ⁴	mo⁵	m̥ai⁵
直	so⁴	so⁶	l̥ɔ³
酒	l̥au³	lau³	khɣa:u³
（狗对生人）叫（吠）	l̥au⁴	ɣau⁵	khɣau⁵
咱们	lau²	ɣau²	hɣa:u¹
（地）瘦	phiɛn¹	plo:m¹	ɣɔm¹
（人）瘦	phiɛn¹	plo:m¹	ɣəm¹
（墙）倒（了）	lam³	plo:k⁷/tom⁵	kɣø²
倒	lam³	ta:u⁵plon³/plo:k⁷/ta:u³	tɔ⁵/tiŋ⁵tɔ⁵
善	ɕin⁵	si:n⁶/dei¹	sjen⁴
爱（她）	ai⁴	ʔa:i⁵/kjai²/ma:i³	tja:ŋ³
（头）疼	ke:t⁶	to:t⁷/ʔin¹/ke:t⁷	cit⁷
疼（孩子）	ke:t⁶	kjai²/ʔin¹	cit⁷lɔn²
赏（给些东西）	ɕiaŋ¹	ɕi:ŋ³/jo:k⁷	sja:ŋ³
（一）个（人）	mo⁵	pou⁴	mu⁶
江	l̥a⁴江	ta⁶	nja¹
闻（嗅）	ŋ̊uan⁴/ŋ̊yan⁴	mup⁷/nam¹	nən⁴
吓唬	l̥ok⁶	ha:k⁸/hap⁷	hap⁷/hap⁷ci¹
（鸡）啄（米）	tiŋ¹	to:t⁷/tiŋ¹	tøŋ¹
锅	l̥ie:k⁶	ɣek⁷	chik⁷
跌倒	lam³	lam⁴	sɛ:k⁷khɣam⁵

孙子	ḽa:n¹	lɯk⁸la:n¹	la:k⁸khɣa:n¹
路	ḽan¹	hon¹/lo⁶	khwən¹
怕（老虎）	ḽəu¹	la:u¹	khɣa:n⁵
可怕	ḽəu¹	la:u¹	hjəu¹sən⁸/khɣa:n⁵
泻（肚子）	sa⁵	si⁵	khɣɔ⁵
交（钱）	kiəu¹	kja:u¹/ke:u¹	ca:u¹
敲（门）	khiəu¹	ɣo⁵/po:n⁴/khe:u¹	kha:u¹
网	ɱuŋ³（渔～）	mu:ŋ⁴	mɣɔŋ⁴
门口	pa:k⁶tu¹	pa:k⁷tou¹	pa:k⁷tɔ¹
回去	pai¹ɱa¹	ma³/pai¹ma¹	pa:i¹ma¹
虮子（虱子的卵）	man¹khiai⁴	ɣai⁵nan²	kɣəi⁵nan²/kɣəi⁵khɣən¹
漂亮（男）	li¹ kau⁴	pan²ba:u⁵	ca:ŋ⁶
漂亮（女）	li¹ kau⁴	pan²sa:u¹	ca:ŋ⁶
美	li¹ kau⁴	kjau¹/ dei¹	ca:ŋ⁶
好看	li¹ kau⁴	dei¹²jaɯ³	la:i¹jak⁸
（来了）没有	m̩²mi²	mi³ɕaŋ²	ta:ŋ²
没有（钱了）	m̩²mi²	bou³mi²	ŋ⁵mɛ²/khɔ:ŋ¹mɛ²
山峰	phia¹khiau³	ŋo²d:oi¹/ŋo²pla¹	phɣɛ¹pɣa¹
公水牛	xuai¹ tek⁷	va:i²tak⁸	kwe²(hwi²)tak⁸
公黄牛	xuai¹ tek⁷	ɕɯ²tak⁸	tən²tak⁸
房子外边	ḽek⁶ḽa:n¹/ ḽa:n¹ḽek⁶	ɣo:k⁸ɣa:n²	ʔuk⁷hɣa:n²
赶集	pai¹ xuei³	pai¹haɯ¹	ka:n³fai³
哪个	no⁵n̩an¹	ʔan¹laɯ¹	ŋau¹/nau²
听见	ḽai³ŋen⁴	tiŋ⁵ŋi¹/tiŋ⁵han¹	then⁵hai⁵
锅盖	ḽie:k⁶ khiam⁴	fa¹ɣek⁷	kəm⁶/kai⁵
半路	ɱiaŋ⁴ ḽan¹	pu:n⁵hon¹/pjo:ŋ⁶hon¹	mɣa:ŋ⁶khwən¹
鸟蛋	n̩ok⁶ khiai⁴	kjai⁵ɣok⁸	kɣəi⁵nɔk³
母水牛	xuai¹ ma:i⁴	va:i²me⁶	wi²(hwi²)mai
小指	lik⁷ mu¹	fɯŋ²lɯk⁸	nja²la:k⁸ɱi²
鱼卵	phia¹khiai⁴	ɣai⁵pla¹	kɣəi⁵məm⁶
泥鳅	phia¹ḽan¹	pla¹nau⁵	məm⁶mɣət
鸭蛋	piet⁶khiai⁴	kjai⁵pit⁷	kɣəi⁵²ja:p⁷
啄木鸟	tuk⁶ma:i⁴n̩ok⁶	ɣok⁸tiŋ¹fai	nɔk⁸təŋ¹mai
房子前	ḽa:n¹ kuan⁴	na³ɣa:n²	kun⁵hɣa:n¹
小儿子	niŋ³ lik⁷	lɯk⁸jo:t⁷	la:k⁸niŋ⁵

牛肉	ma:m⁵xuai¹/ xuai¹ma:m⁵	no⁶va:i²（水牛）/ no⁶ɕɯ²（黄牛）	sik⁸tən²
早晨	ŋiɛ⁵ xiet⁶	kja:ŋ¹hat⁷/ta:i⁶ɕau⁴	hət⁷/mən¹kɣa:ŋ¹
枫树	ma:i⁴l̥em¹	fai⁴ɣau¹	mai⁴hɣəu¹
子孙	lik⁷ l̥a:n¹	lɯk⁸la:n¹	la:k⁸khɣa:n¹
鸡蛋	kai⁴ khiai⁴	kjai⁵kai⁵	kɣəi⁵ci¹
兄弟	pi² nɔŋ²	pa:i⁴nu:ŋ⁴	fa:i⁴nuŋ⁴
朋友	pi² nɔŋ²	paŋ²jau⁴	phoŋ⁶jəu⁶
肥肉	ma:m⁵ puei²	no⁶pi²	sik⁸pi²
母黄牛	xuai¹ ma:i⁴	ɕɯ²me⁶	tən²mai⁴
拇指	ma:i⁴ mu¹	fɯŋ²me⁶	nja²mai⁴

（2）只与壮傣语支对应的词

词义	诶话	壮语
肩膀儿	ma⁴	ba⁵
渡（河）	fai³	kva⁵/va:i³
过（桥）	fai³	kva⁵
过（了两年）	fai³	ko⁵/kva⁵
（到）过（北京）	fai³	kva⁵
过（河）	fai³	kva⁵
老虎	kok⁶	kuk⁷
鱼	phia¹	pla¹
虫	m̥ieŋ¹ /neŋ¹	no:n¹/neŋ²
菜	phia:k⁶	plak⁷
芋头	phiuk⁶	pi:k⁷
草	ŋio³	ŋɯ³
醋	m̥i⁴	mei⁵
布	paŋ²	paŋ²/po:i⁵
衣（上衣）	pio⁵	pu⁶
我	ku¹	kou¹
（水）坝	fa:i¹	fa:i¹
放（盐）	tet⁶	tɯk⁷/ɕoŋ⁵
哭	tai³	tai³
上（楼）	xyn³	hɯn³
坐（下）	naŋ⁵	naŋ⁶
满	l̥em¹	ɣim¹

重	ŋak⁶	nak⁷
亮	l̥oŋ⁵	ɣo:ŋ⁶
光	l̥oŋ⁵	do:ŋ⁵/ɣo:ŋ⁶
看见	l̥oŋ¹	ʔjaɯ³han¹
晴天	l̥oŋ⁵	buɯn¹ɣo:ŋ⁶/ ɣo:ŋ⁶
滑	m̥iak⁶	mla:k⁸/ɣau²
困（倦）	ŋa:i⁵	nat⁷/na:i⁵
别（嚷）	ka:i³	kai³
揉（面）	ŋo¹	nu¹
螺蛳	sa:i¹	ʔan¹sai¹
斗笠	khiap⁶	kjop⁷
穷	kun³	kuŋ²/ho³
耳朵	l̥ɔ¹	ɣɯ²
高	sa²	sa:ŋ¹
梳子	l̥uei¹	ɣo:i¹
花	miɔk⁶	va¹/bjo:k⁷
带子	sa:i¹	sa:i¹
问	tɕim¹	ɕa:m¹
养（鱼）	tɕioŋ³	ɕi:ŋ⁴
解（衣扣）	ke³	ke³
解（疙瘩）	ke³	ke³
擤（鼻涕）	saŋ⁴	saŋ⁵
吃	kian¹	kuɯn¹
动	ŋeŋ¹	toŋ⁶ /niŋ¹
动（身）	ŋeŋ¹	toŋ⁶da:ŋ¹/huɯn⁵da:ŋ¹
在	u⁴	ʔjou⁵
住（在哪儿）	u⁴	ʔjou⁵
（一）代（人）	pa:n¹	ta:i⁶
买（鱼）	tsy⁴	ɕaɯ⁴
喂（猪）	kio¹	ku:ŋ¹/kɯ¹
喂（奶）	kio¹	puɯn⁵
做（事情）	xɔk⁶	ku⁶/ku:k⁸
做（生意）	xɔk⁶	ku⁶/ku:k⁸
人	xuən¹	vun²
待（一会儿）	taŋ³	taŋ³/te⁵

多	l̥a:i¹	la:i¹
细	sa:i⁴	sai⁵/²i⁵/ jat⁷
（狗）咬	ŋ̊ap⁶	hap⁸
啃（骨头）	ŋ̊ap⁶	hen⁴/kat⁷
爱（吃）	xam¹	haŋ³/²ai⁵/kjai²
（晒）干	xy⁴	haɯ⁵
（树木）干（了）	xy⁴	haɯ⁵
（河水）干（了）	xy⁴	haɯ⁵
汗	l̥ɔ⁴	ha:n⁶/hɯ⁵
耙	l̥a:i⁴	ɣa:u⁵/pa²/jai⁵
耙（田）	l̥a:i⁴	ɣa:u⁵/pa²
饱	ŋam³	²im⁵
辣	xiat⁶	ma:n⁶
（衣服）湿（了）	l̥a:m¹	bai⁵/tum²
（淋）湿（了）	l̥a:m¹	bai⁵
舌头	liet⁷	lin⁴
（一）块（石头）	kau⁵	dak⁷/ko:n³/ka:u⁶
叔（父之弟）	mai²	²a:u¹
回忆	nem³	ŋei⁴
（你）想（什么）	nem³	si:ŋ³/ŋai⁴/nəm³
血	lyt⁷	lɯ:t⁸
刀	xia³	ɕa⁴/mit⁸
（草木）灰	l̥au⁴	tau⁶
痒	ŋ̊em¹	hum²
笑	l̥iu¹	ɣiu¹
深	lek⁷	lak⁸
屎	ŋ̊ai³	hai⁴
翘（尾巴）	kit⁷	diu⁵/di:ŋ⁵
驼子	lɔŋ³	pou⁴kum⁵ko²
（线）断（了）	kan¹	ka:t⁷/kwan⁶
（棍子）断（了）	kan¹	ɣak⁷/kon5
（老虎）扑（羊）	phɔk⁶	ɕom³/kop⁸/pok⁷
跑（步）	l̥i:u¹	pu:t⁷/sat⁷/tiu⁵/ɣi¹
逃跑	l̥i:u¹	teu²/pli⁵
（他）常常（来）	tsɛ³ tsɛ³	ɕi:ŋ²sai²

（捆）紧	ȵan³	dat⁷/man⁶
（拉）紧	ȵan³	dat⁷
（鞋袜）紧	ȵan³	dat⁷
（压）紧	ȵan³	dat⁷/net⁷
（三天）或者（五天）	uɔk⁷	ɣo⁴nau²/wu:k¹⁰tse³
大	uɔk⁷	huŋ¹/bɯk⁷/wək⁷
蹲	ku³	ko:ŋ²²jo:ŋ⁵
（一）些	sa¹	ti¹/ŋit⁸
好像（是他）	tsep⁷	lun³/lum³/tsjə:p⁷
像	tsep⁷	lum³
那（较远指）	piaŋ⁵	mɯn⁵/paŋ⁶
那（最远）	piaŋ⁵	mɯn⁵
二	soŋ¹	so:ŋ¹/ŋei⁶
凿	tsa⁵	siu⁵
凿子	tsa⁵	siu⁵/tsa:k¹⁰
儿媳妇	fiu³	lɯk⁸paɯ⁴/me⁶li:u²
大人	xuən¹uɔk⁸	vun²huŋ¹
柴刀	ȵun¹xia³	ɕa³mop⁸/ɕa⁴fɯn²
月亮	ļoŋ⁵ pyn¹	dɯ:n¹
菜刀	phia:k⁶xia³	ɕa⁴plak⁷/mit⁸plak⁷
耳屎	ļɔ¹ŋ̊ai³	hai⁴ɣɯ²
刀背	xia³ļaŋ¹	san¹ɕa⁴
（游）玩	xɔk⁶ tsa:n²	ku⁶ɕam²
草绳	ȵio³sa:i¹/ sa:i¹ ȵio³	ja:ŋ³
蜣螂（屎壳郎）	ŋ̊ai³ ȵie:ŋ¹	tu²bo:ŋ⁵bɯt⁷
背后	khiaŋ¹ ļaŋ¹	pa:i⁶laŋ¹
背部	khiaŋ¹ ļaŋ¹	pa:i⁵laŋ¹/laŋ¹

（3）只与侗水语支对应的词

词义	诶话	仫佬语
咳嗽	xau¹	huk⁸
柿子	mi:n³	ca:u¹
仫佬族	lam¹	mu⁶lam¹
螯（螃蟹螯）	ŋa:p⁶	ŋap⁷
他	mɔ⁵	mɔ⁶/ki⁶
浇（水）	lem²	ləm²/hwən⁵/phot⁷

掘（树根）	lau¹	lau¹/wa:t⁷
掏（出来）	lau¹	lau⁷
砍（骨头）	ŋak⁶	tɛ⁵/ŋwak⁸
背带	xa:ŋ³	ha:ŋ³
捏（手）	khap⁶	man³/ŋan³
（一）夜	ȵia:n⁴	mu²
晚上	ȵia:n⁴	thəu⁵mu²
米	u⁴	hu³
白米	u⁴	hu³ta:n¹/hu³
饭	u⁴	hu³
要（下雨了）	xa:i³	ʔa:u¹/ha:i³
背（孩子）	mie⁴	ma⁵
筛子	sa:i⁴	swa:i¹
（一）件（衣）	ȵai³	məi⁶
捉（鸡）	tsap⁶	tsok⁷
抓（特务）	tsap⁶	tswa¹
来	teŋ²	taŋ¹
煮（肉）	tɔŋ¹	tuŋ¹
红	ta:n¹	ḻa:n³
臭	ȵiau¹	ȵin¹
（水）开（了）	luk⁶	kwen³
就（在这儿）	tɔ⁵	təu⁶
忽然（来了一个人）	tep⁷	təm⁶jøn⁵
你	ṅ²	ŋa²/ȵi²
泉水	men⁴	nəm⁴mən⁵
谁	ȵau²	nau²
地方	nau¹	ŋa:u⁶ 在
姐姐	ta:i⁵	tsɛ²
我们	kiu¹	hɣa:u¹/niu²
沙子	ɕyɛ²	sa¹
指（方向）	ty³	ty³
同（他去）	uan³	hwən⁴
替（我写信）	uan³	poŋ¹
（哥哥）和（弟弟）	uan²	hwən
熏（肉）	fian¹	hwən¹/la:p⁸

（火）燃（了）	xuan¹		fən¹
下（楼）	le⁵		lui⁶
（太阳）下（山）	le⁵		lui⁶
下（雨）	le⁵		tɔk⁷
现在	tɕi⁵		na:i⁶/tsən⁶na:i⁶
（做）成（了）	xuan¹		fən¹
还（有许多）	ŋian⁵		naŋ¹
给（钱）	kep⁶		khɣe¹
给（他写信）	kep⁶		khje¹
梭子	piu¹so¹		phi⁵so¹
（衣服）霉	ɱei¹		mai³

2306 个诶话常用词中，侗台语词有 475 个，笔者对这 475 个侗台语词进行了成分统计，见表 6.8。

表 6.8　　　　　　　　　　　　侗台语成分统计

来源成分	数量（个）	约占侗台语的比例	语种
侗台语	304	64%	壮语、仫佬语
壮傣语支	119	25%	壮语
侗水语支	52	11%	仫佬语

从统计的结果来看，诶话非混合词中侗台语的成分主要来自侗台语（壮傣、侗水语支），就具体的语言来说， 在 475 个侗台语中，壮语词有 423 个，仫佬语词有 356 个，壮语词明显多于仫佬语，这样的统计结果与笔者之前的核心词比较结果不谋而合，壮语不仅在核心词的领域占主导地位，而且在常用词的侗台语来源中仍然占据重要的位置，壮语是诶话非混合词侗台语成分的主要来源。

3. 特有词

诶话的特有词很少，只有 29 个：

（天气）热	kit⁶	热（一下再吃）	kit⁶	摘（花）	nau³/khyet⁶
（用锤）砸（石头）	am¹	软	ɱiuk⁶	站	kyn¹
被子	puan⁴	山坡	kyai¹	这	pi⁵
臭虫	pe¹	收拾（房子）	kiep⁶	洲（江河之中）	ɬa⁵ŋɔk⁶
腐朽	ŋep⁷	污垢	io⁴	粥	ma:t⁶
旱地	ɕia²	蝎子	kip⁶	走	ȵip⁶

划（船）	pa²	鞋	kiuk⁶	硬	tsau²
糠	xio⁴	药	xio¹	脏	io⁴
留（种子）	khiau⁴	骂（人）	phan¹	蚱蜢（蝗虫）	ŋio⁵
青	ŋ̊uat⁶	女儿	iuk⁷		

6.2.2　混合词的成分统计

在 2306 个诶话常用词中，混合词有 364 个，这些混合词的语素分别来自于侗台语、汉语和特有词，由此这些混合词的语素组合形式有：侗台语内语素的组合、侗台–汉语语素的组合、特有–侗台语素的组合、特有–汉语语素的组合、特有–侗台–汉语语素的组合。其中，由侗台语内语素组成的混合词有 58 个，约占混合词的 16%；由侗台–汉语语素组成的混合词有 252 个，约占混合词的 69%；由特有–侗台语素组成的混合词有 21 个，约占混合词的 6%；由特有–汉语语素组成的混合词有 25 个，约占混合词的 7%；由特有–侗台–汉语语素组成的混合词有 8 个，约占混合词的 2%。从统计的结果来看，侗台–汉语语素的组合是诶话混合词最主要的组合形式，侗台–汉语混合词是诶话混合词的主体。

1. 侗台语内的混合
（1）壮傣—侗台语素的混合

从前	fai³ kuan⁴	阳光	ḷoŋ⁵ ŋ̊uan²	聋子	ḷɔ² ṇuk⁶
毛雨	fen¹ sa:i⁴/ sa:i⁴ fen¹	火灰	x(f)uei¹ ḷau⁴	下午	fai³ ŋ̊wan²
淅水（泔水）	ṃok⁶ ṇam³	中午	khiaŋ⁵ŋ̊wan²	后天	ŋ̊uan² ḷaŋ¹
眉毛	phen¹ ṃi¹	小孩儿	lik⁷ nɔŋ⁴	午饭	kian¹khiaŋ⁵ŋ̊uan²
大儿子	uok⁷lik⁷	那个（物）	piaŋ⁵ṇan¹	耕田	tɕie² na²
干鱼	phia¹ xy⁴	洪水	ṇam³uok⁷/ uok⁷ṇam³	大前天	uok⁷ŋ̊uan²kuan⁴
独眼龙	maŋ³ pia¹	木耙	ma:i⁴ tɕie¹	桃树	ma:i⁴ fɔŋ¹
值得	te³ lai³	耳环	ḷɔ¹ ṇiaŋ⁴	炒菜锅	tɔŋ¹phia:k⁶ḷie:k⁶
白菜	piuk⁷phia:k⁶	矮子	tam⁴ xuən¹	天上	kyn² men¹
（水）牛绳	xuai¹ sa:i¹	好吃	li¹ kian¹	黎明	men¹ ḷoŋ⁵
房子后	ḷa:n¹ ḷaŋ¹	上午	fai³ xiet⁶	早饭	kian¹xiet⁶
四脚蛇（蜥蜴）	ḷɔ¹ṇuk⁶ ta:ŋ⁵	六指	ḷa:i¹ mu¹ lik⁷/ mu¹ lik⁷ḷa:i¹	黄牛	xuai¹ ɕia¹

未下嵬的母黄牛	xuai¹ ŋio³	未下子的母水牛	xuai¹ ŋio³	未下嵬的母狗	ṃa¹ ŋio³
未下嵬的母猪	ṃu¹ ŋio³	蟒（蚒蛇）	ta:ŋ⁵uɔk⁷/uɔk⁷ta:ŋ⁵		

（2）侗水–侗台语素的混合

今晚	ŋiɛ⁵ ŋia:n⁴	火钳	xuei¹ ŋep⁶	饭碗	u⁴ŋuan³
明年（来年）	puei²le⁵/le⁵puei²	米酒	u⁴ ḷau³	蝌蚪	ma²nɔk⁶
半夜	ṃiaŋ⁴ ŋia:n⁴	后年	liɛn² puei²	臭蛋	ŋiau¹ khiai⁴
山下	phia¹te³				

（3）壮傣–侗水语素的混合

夜里	lau¹ŋia: n⁴	努力	iɔŋ⁵ ḷek⁶	处所	u⁴ nau¹
晚饭	kian¹ŋia: n⁴	桌子下	tai²te³	底下	ḷek⁶te³

（4）壮傣–侗水–侗台语素的混合

暴风雨	le5 fen1 uɔk7

诶话侗台语内的混合词有 58 个，笔者对这 58 个词进行了成分统计，见表 6.9。

表 6.9 侗台语的混合成分统计

语言成分	数量（个）	约占侗台混合词的比例
壮傣–侗台	41	71%
侗水–侗台	10	17%
壮傣–侗水	6	10%
壮傣–侗水–侗台	1	2%

壮傣–侗台语素构成的混合词有 41 个，约占侗台语内混合词的 71%，这说明壮傣语素在诶话侗台混合词中的组词能力要高于侗水语素，由此笔者认为壮语语素是构成侗台语内混合词的主要语素。

2. 侗台–汉语的混合

（1）侗台–汉语（土拐话）语素的混合

钩子	phia¹kau¹	鸡尾	kai⁴ mi³	独子	tɔk⁷ lik⁷
辫子	khiau³pin⁵	肌肉	ki¹ma:m⁵	男情人	ia³lik⁷
囟门	khiau³man²	羊肉	iɔŋ¹ma:m⁵	私生子	ia³lik⁷
头旋儿	khiau³syn⁵	兔肉	thu⁴ma:m⁵	马驹	ma⁴ lik⁷
睫毛	phen¹iap¹	疯狗	tin¹ṃa¹	孤儿	kua³lik⁷
秃子	thɔk⁶khiau³	阉鸡	im¹kai⁴	谷粒	kɔk⁶lik⁷

奶头	na:i³khiau³	野鸡	ia³kai⁴	豆子	tau⁵lik⁷
枕头	tsam³khiau³	蟋蟀	ts(h)əu³kai⁴	露水	lu⁵ŋam³
开始	khai¹khiau³	瞳人	pia¹ŋian²	口水	khau³ŋam³
羽毛	ioŋ²phen¹	丈夫	lik⁷ka¹	开水	khai¹ŋam³
公鸡	kai⁴koŋ¹	男人	lik⁷ka¹	游泳	iəu²ŋam³
鸡冠	kai⁴kuən¹	水缸	ŋam³koŋ¹	野猫	ia³miəu³
鸡爪子	kai⁴tsa:u³	水桶	ŋam³thoŋ³	难过	na:n⁴fai³
鸡油	kai⁴iəu²	水瓢	ŋam³piu²	双生子	soŋ¹ɕieŋ¹lik⁷
鸡窝	kai⁴ua²	水碾	ŋam³ni:n³	公狗	ɱa¹koŋ¹/koŋ¹ɱa¹
阴天	iem¹ŋ̊uan²	侄儿	tsat⁷lik⁷	母马	ma⁴ma:i⁴
每天	muei³ŋ̊uan²	布谷鸟	pu⁵kɔk⁶ŋɔk⁶	青年男子	lik⁷ka¹
火柴	tsi⁵lai²xuei¹	鸟窝	ŋɔk⁶ua²	耙齿	pa⁵xyan¹
猪油	ɱu¹iəu²	公猪	koŋ¹ɱu¹	铁犁	thit⁶l̥e¹
猪食	ɱu¹sau⁴	后颈窝	khiau³nəu³ua²	打闪	luei²la:p⁷
猪圈	ɱu¹khyn¹	三年前	kuan⁴sa:m¹puei²	我俩	lau²soŋ¹
猫头鹰	miəu³tau²ŋɛŋ¹	野猪	ia³ɱu¹	内兄	nuei⁵fən¹
理发匠	the³khiau³tseŋ⁷	树枝	ma:i⁴tɕi¹	吹火筒	tɕhiɛ¹xuei¹toŋ²
木板	ma:i⁴pa:n³	树皮	ma:i⁴pi²	桑树	ma:i⁴saŋ²
松树	ma:i⁴soŋ¹/soŋ¹ma:i⁴	树根	ma:i⁴kan¹	榕树	ma:i⁴ioŋ²
树梢	ma:i⁴mi³	李树	ma:i⁴li³	斜眼子	tsa²pia¹/pia¹tsa²
木桶	ma:i⁴thoŋ³	柏树	ma:i⁴pie:k⁶	树林	ma:i⁴lem²
木盆	ma:i⁴pen²	蘑菇	kyan⁵ma:i⁴	树干	ma:i⁴kuan³
木桶	ma:i⁴thoŋ³	漆树	ma:i⁴tshat⁶	桐子树	ma:i⁴toŋ²
木盆	ma:i⁴pen²	鲜鱼	syn¹phia¹	扎猛子	thiu⁴ŋam³
鱼鳍	phia¹tɕhi⁴	野鸭	ia³piet⁶	火石	xua³l̥in¹
活鱼	phia¹san¹	交情	kiəu¹tseŋ²	鱼篓	phia¹tɕiəu⁴
两天后	soŋ¹ŋ̊uan²xəu⁵/xəu⁵soŋ¹ŋ̊uan²	对面	tuai⁵ŋa³	瘦肉	ma:m⁵tseŋ⁷
皱纹	ŋiau⁴uan²	蛋壳	khiai⁴khak⁶	脸盆	ŋa³pen²
房顶	l̥a:n¹leŋ⁴	门闩	tu¹ɕyɛn¹/tu¹kyan¹	脚印	tin¹iɛn⁴
山谷	phia¹kɔk⁶	门框	tu¹khioŋ¹	山羊	phia¹ioŋ¹
山腰	phia¹i:u¹	门槛	tu¹kham³	竹竿	kuan¹paŋ⁴
山脚	phia¹ket⁶	外边	lok⁶pin¹	记得	ki⁴lai³
河岸	l̥ek⁶ xɔ²	你俩	su¹soŋ¹	黄瓜	kua¹ŋ̊an³
旁边	l̥ek⁶pin¹	乌云	yan²au³/au³yan²	白糖	piuk⁷ta:ŋ²

牛油	xuai¹iəu²	胳膊	mu¹pi⁴	难看	na:n⁴kau⁴
水牛圈	xuai¹khyn¹	好处	li¹tɕhy⁵	鼻孔	neŋ¹tɔŋ⁴
牛奶	xuai¹na:i³	短裤	ten³khu⁴	好听	li¹theŋ⁴
牛虻	xuai¹muŋ²	东方	tɔŋ¹ȵiaŋ⁴	好闻	li¹uən²
牛牤	xuai¹ŋet⁶	南方	na:m²ȵiaŋ⁴	烟卷儿	in¹ niŋ³
有名	mi²meŋ²	西方	se¹ȵiaŋ⁴	怎样	ŋau¹ieŋ⁵
邻居	pa:i²ɭa:n¹	北方	pak⁶ȵiaŋ⁴	漏斗	ɭɔ⁴tau³
浮萍	fɔ²piu²	初五	tshɔ¹ŋ̊a³	六月	ɭɔk⁶ŋyet⁷
凶恶	ɕiaŋ¹a:k⁶	几个（人）	ki³mo⁵	打倒	kyt⁶lam³
酒杯	ɭau³puei¹	玉米酒	y⁵me³ɭau³	寡蛋	kua³khiai⁴
酒窝儿	ɭau³yn³	红薯酒	xɔŋ²ɕy²ɭau³	甜酒	tim²ɭau³
铁锅	thit⁶ɭie:k⁶	锅铲	ɭie:k⁶tɕiɛn³	咸鸭蛋	xa:m²khiai⁴
洗锅刷	ɕie³ɭie:k⁶ɕyet⁶	鹅蛋	ŋɔ²khiai⁴	锅耳	ɭie:k⁶ȵi³
这些	ko⁵ŋet⁶	那些	no⁵ŋet⁶	这个	ko⁵ŋan¹
从（去年）到（现在）	ta³……təu⁴				

（2）侗台–汉语（非土拐话）语素的混合

竹节	kuan¹tat⁶	六十	ɭɔk⁶tsiep⁷	猎狗	li: t⁷ma¹
十五	tsiep⁷ŋ̊a³/tsiep⁷ŋ̊ɔ³	杉树	ma: i⁴ɕia¹	酒壶	ɭau³u²
十六	tsiep⁷ɭɔk⁶	结巴	lan³tsi³	茶树	tɕie²ma: i⁴
五十	ŋ̊a³tsiep⁷	牛车	xuai¹tɕhia¹		

（3）侗台–汉语（土拐话、非土拐话）语素的混合

算命先生	kau⁴miŋ⁴sin¹ɕieŋ¹	三千零五十	sa: m¹tshi: n¹leŋ²ŋ̊a³tsiep⁷

（4）壮傣–汉语（土拐话）语素的混合

上颚	kyn²ŋo⁵	麻绳	ma²sa:i¹	后边	pin¹ɭaŋ¹
铡刀	tɕia:p⁷xia³	干活儿	xɔk⁶kɔŋ¹	尖刀	tsim¹xia³
蓑衣	so²pio⁵	遇见	tɕhioŋ⁴lɔŋ¹	客人	khie:k⁶xuən¹
衣襟	pio⁵ khem¹	笑话	kiaŋ³ɭiu¹	坏人	uai⁵xuən¹
衣袖	pio⁵tsau⁴	篦子	pi⁵ɭuei¹	熟人	ɕiok⁶xuən¹
衣领	pio⁵liŋ³	棉花	min²miɔk⁶	别人	leŋ⁵xuən¹
衣袋	pio⁵tai⁵	难吃	na:n⁴kian¹	单身汉	tɔk⁷xin¹xuən⁴
刀把儿	xia³pien⁴	豆腐干	xy⁴tau⁵fu⁵	多少	ɭa:i¹ɕi:u³
刀刃	xia³khau³	震动	tsen⁴ŋeŋ¹	蓓蕾	miɔk⁶pa:u¹

刀鞘	xia³khak⁶	花蒂	miɔk⁶te⁴	花瓣	miɔk⁶pa:n⁵
墙上	kyn²tseŋ²	莞荽菜	im²ɕy¹phia:k⁶	骗子	ɭok⁶xuən¹tet⁶xuən¹
稗子	pai⁵n̩io³	害羞	ɭou¹ sau¹	铁耙	thit⁶tɕie¹
桌子上	kyn²tai²/tai²kyn²	大腿	uok⁷thuei³	那边	piaŋ⁵pin¹
菜园	phia:k⁶ɕyn¹	婴儿	ŋuən⁴nɔŋ⁴	心里	sam¹lau¹/lau¹sam¹
红薯干	ɕy²xy⁴/xy⁴xɔŋ²ɕy²	粪箕	fen⁴ɭau⁴		

（5）壮傣–汉语（非土拐话）语素的混合

外国人	ieŋ²xuən¹	辣椒	xiat⁶tsiu¹	猎人	li:p⁷xuən¹/li:t⁷xuən¹

（6）侗水–汉语（土拐话）语素的混合

米汤	u⁴thaŋ¹	糙米	tshəu⁵u⁴	什么	ɕi⁵maŋ²
红薯饭	xɔŋ²ɕy²u⁴	力气	ɭek⁶khi¹	下边	te³pin¹
谷仓	u⁴tshoŋ¹	他俩	mɔ⁵soŋ¹	前边	pin¹kuan⁴
米粉	u⁴fen³	赶快（去）	kuan³kep⁶	为什么	uei⁵maŋ²
玉米饭	y⁵me³u⁴	臭豆腐	ŋiau¹tau⁵fu⁵	穗儿	u⁴sien³
一（看）就（懂）	iet⁶...tɔ⁵	如果（要是）……就	y²kua³...tɔ⁵	（火车）快要（到了）	xa: i³iok⁷
是（小孩）还是（大人）	ɕi⁵……n̩ian⁵ɕi⁵				

（7）侗水–汉语（非土拐话）语素的混合

粳米	u⁴tɕim²

（8）壮傣–侗台–汉语（土拐话）语素的混合

织布机	tam³paŋ²ki¹	黄牛皮	xuai¹ɕia¹pi²	狗尾草	ma¹mi³n̩io³
黄牛角	xuai¹ɕia¹kak⁶	生人	ɕien¹n̩a³xuən¹	树林里	ma: i⁴lem²lau¹
黄牛蹄	xuai¹ɕia¹te²	蛀虫	tɕy⁴ma: i⁴mieŋ¹		

（9）侗水–侗台–汉语（土拐话）语素的混合

一昼夜	iet⁶n̩uan²n̩ia: n⁴

　　诶话侗台–汉语混合词有 252 个，笔者对这 252 个词进行了成分统计，见表 6.10。

表 6.10　　　　　　　　侗台–汉语混合成分统计

语言成分		数量（个）		约占侗台–汉语混合词的比例
侗台（壮傣、侗水语支）–汉语	侗台–汉语（土拐话）	163	176	70%
	侗台–汉语（非土拐话）	13		

续表

语言成分		数量（个）		约占侗台–汉语混合词的比例
壮傣–汉语	壮傣–汉语（土拐话）	44	47	19%
	壮傣–汉语（非土拐语）	3		
侗水–汉语	侗水–汉语（土拐话）	18	19	7.5%
	侗水–汉语（非土拐话）	1		
壮傣–侗台–汉语（土拐话）		8		3.2%
侗水–侗台–汉语（土拐话）		1		0.3%

统计的结果表明：由侗台（壮傣、侗水语支）–汉语（土拐话）语素构成的混合词数量最多，约占侗台–汉语混合词的一半以上，其次是壮傣–汉语（土拐话）语素构成的混合词数量也不少。由此可知，侗台–汉语混合词的主要语素来源有两个，一个是土拐话，一个是壮语。

3. 特有–侗台混合

（1）特有–侗台语素的混合

忘记	ta³lim²	汤药	xio¹ŋam³	明天	kioŋ⁵ŋuan²
白鞋	piuk⁷kiuk⁶	鲤鱼	phia¹so³	树叶	ma: i⁴xuei⁴
孙女儿	iuk⁷ḷa: n¹	水牛	xuai¹ɕy³	小女儿	niŋ³iuk⁷

（2）特有–壮傣语素的混合

大女儿	uɔk⁷iuk⁷	那里	piaŋ⁵pi²	怀孕	lɔŋ¹ nɔŋ⁴
青菜	ŋuat⁶phia:k⁶	这里	pi⁵lau¹	草鞋	ŋio³kiuk⁶
女婿	iuk⁷kuei²	休息	thau³ŋa:i⁵		

（3）特有–侗水语素的混合

米糠	u⁴xio⁴	明晚	kioŋ⁵ŋia: n⁴	他们	mɔ⁵kiau¹

（4）特有–侗台–壮傣语素的混合

黄牛犊　　xuai¹ɕia¹toŋ¹

诶话特有–侗台混合词有 21 个，笔者对这 21 个词进行了成分统计，见表 6.11。

表 6.11　　　　　　　　　特有–侗台混合成分统计

语言成分	数量（个）	约占特有–侗台混合词的比例
特有–侗台	9	43%
特有–壮傣	8	38%
特有–侗水	3	14%
特有–侗台–壮傣	1	5%

通过上表可知，在特有–侗台语素组合形式中，特有–侗台语素组成的混合词最多，所占特有–侗台混合词比例最高，其次就是特有–壮傣语素组成的混合词比较多，所占比例略少于特有–侗台。因此，壮语仍然是特有–侗台混合词中侗台语素的主要来源。

4. 特有–汉语混合

（1）特有–汉语（土拐话）语素的混合

药片	xio¹phin⁴	皮鞋	pi²kiuk⁶	桑叶	saŋ²xuei⁴
药丸	xio¹yən²	球鞋	kiəu²kiuk⁶	烟叶	in¹xuei⁴
药末	xio¹fen³	侄女儿	tsat⁷iuk⁷	厨房	tsəu⁴luk⁷
鞋底	kiuk⁶te³	女情人	ia³iuk⁷	厕所	x(f)uei²luk⁷
妻子	iuk⁷ka¹	毒药	tɔk⁷xio¹	草药	tshəu³xio¹
妇女/女人	iuk⁷ka¹	悬岩	ŋai²ŋoŋ³	玉米糠	y⁵me³xio⁴
青年女子	iuk⁷ka¹	芦苇	lu²te⁵	蜈蚣	mɔŋ³kɔŋ¹
陷阱	khioŋ³khuat⁶				

（2）特有–汉语（非土拐话）语素的混合

茶叶	tɕie²xuei⁴	中间	tam¹khen¹	软骨	ɱiuk⁶kiɔk⁶

诶话特有–汉语混合词有 25 个，笔者对这 25 个词进行了成分统计，见表 6.12。

表 6.12　　　　　　　　　特有–汉语混合成分统计

语言成分	数量（个）	约占混合词的比例
特有–汉语（土拐话）	22	88%
特有–汉语（非土拐话）	3	12%

统计的结果很明显地表明，特有–汉语语素组合时，土拐话是汉语语素的主要来源。

2. 特有–侗台–汉语混合

（1）特有–壮傣–汉语（土拐话）语素的混合

大老婆　　　uɔk⁷iuk⁷ka¹

（2）特有–侗水–汉语（土拐话）语素的混合

后妻　　　liɛn²iuk⁷ka¹

（3）特有–侗台–汉语（土拐话）语素的混合

前妻	kuan⁴iuk⁷ka¹	小老婆	niŋ³iuk⁷ka¹	水牛皮	xuai¹ɕy³pi²
水牛角	xuai¹ɕy³kak⁶	水牛犊	xuai¹ɕy³toŋ¹	水牛蹄	xuai¹ɕy³te²

诶话特有–侗台–汉语混合词有 8 个，笔者对这 8 个词进行了成分统计，见表 6.13。

表 6.13 特有–侗台–汉语混合成分统计

语言成分	数量（个）	约占特有–侗台–汉语混合词的比例
特有–侗台–汉语（土拐话）	6	75%
特有–壮傣–汉语（土拐话）	1	12.5%
特有–侗水–汉语（土拐话）	1	12.5%

从表 6.13 可以看出，特有–侗台–汉语混合词占绝大多数，土拐话是特有–侗台–汉语混合词中汉语语素的主要来源。特有–壮傣–汉语（土拐话）和特有–侗水–汉语（土拐话）这两种组合构成的混合词数量是相同的，因此笔者认为在特有–侗台–汉语语素构成的混合词中，壮语和仫佬语都是侗台语语素的主要来源。

第三节　诶话与汉语、侗台语修饰结构的比较

6.3.1　常用词、核心词修饰结构统计

诶话词法中的修饰关系可以分为三类：第一种是中心成分位置在后，与汉语相同；第二种是中心成分位置在前，与侗台相同；第三种是中心成分位置可前可后。

在 2306 个诶话常用词中，修饰关系的合成词有 637 个，笔者对这些具有修饰关系的词语进行了分析统计，见表 6.14。

表 6.14 常用词修饰结构统计

结构	数量	约占比例	备注
中心成分在后面	564	89%	与汉语结构一致
中心成分在前面	51	8%	与侗台结构一致
中心成分可前可后	22	3%	汉语与侗台混合结构

笔者再进一步对 200 核心词中具有修饰关系的词语进行了分析统计，见表 6.15。

表 6.15 核心词修饰结构统计

结　构	第一百核心词中的数量比例	第二百核心词中的数量比例	备　注
中心成分在后	5 个，71%	8 个，100%	与汉语结构一致

结　　构	第一百核心词中的数量比例	第二百核心词中的数量比例	备　　注
中心成分在前	2 个，29%	0	与侗台语结构一致
中心成分可前可后	0	0	汉语与侗台语混合结构

　　上述两个统计表中的结果表明：尽管诶话常用词和核心词中存在少数中心成分在前面的词语，在一定程度上反映了侗台语言的特点，但是这种中心成分在前的词语其比例在常用词和核心词中都极小，不足以证明诶话的侗台语言性质。换言之，诶话常用词和核心词修饰结构的特点无疑是以汉语为主色调的。

6.3.2　非混合词、混合词修饰结构统计

　　为了更加全面、准确地判断诶话修饰结构的特点，笔者除了对诶话常用词和核心词修饰结构进行总体统计之外，还从混合词和非混合词的角度对诶话的修饰结构进行了分类统计分析。

　　（一）非混合词的修饰结构统计

　　1. 中心成分在后，与汉语结构一致的非混合词

竹林	tsɔk^6 lem^2	今天	ȵie^5 ŋuan^2
汞/水银	sie^3 ŋian^2	元宵	yn^2 si:u^1
石灰	çek^7 fuei^1	中秋	tçiɔŋ^1 tshau^1
学校/学堂	xa:k^7 xa:u^5/xa:k^7 toŋ^2	重阳	tsoŋ^2 iŋ^2
平坝子	ua^5 piŋ^2	古时候	ku^3 çi^2 xəu^5
山峰	phia^1 khiau^3	月初	ŋyet^7 tçhiu^1
虮子（虱子的卵）	man^1 khiai^4	月中	ŋyet^7 tçiɔŋ^1
公马	kɔŋ^1 ma^4	月底	ŋyet^7 te^3
绵羊	min^2 ioŋ^1	一月	iet^6 ŋyet^7/ tseŋ^1 ŋyet^7
未下蛋的母鸡	xaŋ^5 ki^4	二月	ȵi^5 ŋyet^7
鸡胗	ki^4 nuei^5 kiem^1	三月	sa:m^1 ŋyet^7
野兽	ia^3 çiau^4	四月	si^4 ŋyet^7
松鼠	soŋ^1 çy^3	五月	ŋ^3 ŋyet^7
黄鼠狼	uŋ^2 çy^3 lɔŋ^2	七月	tshat^6 ŋyet^7
大雁（天鹅）	ŋan^5/ thin^1 ɔ^2	八月	pie:t^6 ŋyet^7
白鹤	pek^7 xo^5	九月	kiau^3 ŋyet^7
青蛙（长腿的）	tsheŋ^1 tɔŋ^2 ma^2	十月	tsiep^7 ŋyet^7

鱼泡	y² phəu⁵	十一月（冬月）	tsiep⁷ iet⁶ ŋyet⁷
鳝鱼（黄鳝）	uŋ² çin⁵	十二月（腊月）	tsiep⁷ n̠i⁵ ŋyet⁷
白蚁	pek⁷ n̠i³	昨晚	ŋuan⁵ n̠iaːn⁴
蜘蛛网	tçi¹ tçy¹ moŋ³	昨天	ŋuan⁵ n̠̊uan²
蛔虫	fei² tsoŋ²	锅巴	tsiu¹ pi²
蚂蚁洞	ma³ n̠i³ toŋ⁵	咸鱼	xaːm² y²
荧火虫	uən³ xua³ tsoŋ²	豆油	tau⁵ iəu²
蜂王	foŋ¹ ioŋ¹	酱油	tseŋ⁴ iəu²
蜂箱	foŋ¹ sieːŋ¹	淀粉	khin⁴ fen³
蜜蜂房	foŋ¹ fuŋ²	粉条	fen³ tiu¹
壁虎	pa² tseŋ² fu³	红糖	xoŋ² taːŋ²
蜜蜂	mat⁷ muŋ⁴	烟丝	in¹ si¹
小鸡	lik⁷ kai⁴	烟屎	in¹ çi³
母鸡	maːi⁴ kai⁴	日蚀	n̠et⁷ çie³
没有（钱了）	m̊² mi²	月蚀	n̠yt⁶ çie³
中心	tçioŋ¹ sam¹	北斗星	pak⁶ tau³ sieːŋ¹
下边	te³ pin¹	流星	lau² sieːŋ¹
桌子下	tai² te³	扫帚星	səu⁴ tsau³ sieːŋ¹/
			səu⁴ pa³ sieːŋ¹
左边	tso⁴ pin¹	银河/天河	sieːŋ¹ xo²
右边	iəu⁵ pin¹	旋风	syn⁵ foŋ¹
半路	m̠iaŋ⁴ l̥an¹	蒸汽	tseŋ¹ khi⁴
背后	khiaŋ¹ l̥aŋ¹	难闻	naːn⁴ uən²
走廊	ok⁶ im² te³	难听	naːn⁴ theŋ⁴
火塘	xua³ taːŋ²	细心	se⁵ sam¹
门扣	man² khau⁴/man² phan⁴	好看	li¹ kau⁴
房檐	ok⁶ im²	漂亮（男）	li¹ kau⁴
抽屉	tho¹ sieːŋ¹	漂亮（女）	li¹ kau⁴
外祖父	mei⁴ koŋ¹	美	li¹ kau⁴
外祖母	mei⁴ po²	大概（是这样）	taːi⁵ khaːi⁴
堂哥	toŋ² ko¹	（来了）没有	m̊² mi²
堂姐	toŋ² tsie³	棉花（皮棉）	min² xua¹
堂弟	toŋ² te⁵	纽子	nau³ khau⁴
堂妹	toŋ² muei⁵	花裙	xua¹ kyan²
亲家	tshan¹ ka¹	腰带	iːu¹ tai⁴

岳父	ŋa:k⁷ fu⁵	木拖鞋	mok⁷ kek⁷
岳母	ŋa:k⁷ mu³	手镯	ɕiau³ tsiuk⁷
内弟	nuei⁵ te⁵	手表	ɕiau³ piəu³
爱人	ŋai⁴ n̠ian²	脚圈	ket⁶ khyn¹/ket⁶ tsiuk⁷
继父	ke⁵ fu⁵	毛巾	məu² kian¹
继母	ke⁵ mu³	蚊帐	mon² tɕeŋ⁴
情夫（野老公）	tseŋ² fu¹	布鞋	pu⁴ xai²
情妇（野老婆）	tseŋ² fu⁵	裤腿儿	khu⁴ tɔŋ²
姑父	ku⁵ ia¹	哪个	no⁵ n̠an¹
舅母	kiau⁵ ma³	办法	pien⁵ fap⁶
姨父	i² ia¹	山歌	ɕiɛn¹ kɔ¹
姨母	i² ma³（比母大）/ i² nin³（比母小）	礼物	le³ uat⁷
姐夫	tsie³ fu¹	感情	kem³ tseŋ²
婶母	ɕam³ mu³	想法	sin³ fap⁶
斗（圆形手纹）	lɔ² uan²	道理	to² li³
眼泪	pia¹ ŋam³	经验	kiŋ² n̠ien⁴
耳屎	lɔ¹ ŋ̊ai³	回声	uei² iam¹
额头	n̠ie⁵ tau²	生日	ɕieŋ¹ n̠et⁷
人中	n̠ian² tɕiɔŋ¹	胆量	ta:m³ leŋ⁵
胳肢窝	lak⁶ tɕi³ te³	谎话	lun⁴ kiaŋ³
肚脐	tu⁵ tse¹	菜刀	phia:k⁶ xia³
膝盖	pɔ¹ lɔ¹ kai⁴	刀背	xia³ l̠aŋ¹
小腿	siəu³ thuei³	皮箱	pi² sie:ŋ¹
脚踝	ket⁶ ŋan³ tsi³	抹布	ma:t⁷ pu⁴
脚指头	ket⁶ tɕi³	灯芯	taŋ¹ sam¹
脚心	ket⁶ sam¹	灯罩	taŋ¹ tɕiəu⁴
手腕子	ɕiau³ uan³	灯笼	taŋ¹ lɔŋ²
手指	ɕiau³ tɕi³	蜡烛	la:p⁷ tsɔk⁶
食指	ɕiek⁷ tɕi³	电灯	tin⁵ taŋ¹
无名指	u⁵ meŋ² tɕi³	颜料	ŋan² liəu⁵
指甲	tɕi³ ka:p⁶	蒸笼	tseŋ¹ lɔŋ²
虎口（人体穴位）	fu³ khau³	筷筒	khuai⁵ tsi³ tɔŋ²
手掌	ɕiau³ tseŋ³/pa¹ tseŋ³	铁桶	thit⁶ thɔŋ³
手背	ɕiau³ pei³	桶底	thɔŋ³ te³

脐带	tse¹ tai⁴/tu⁵ tai⁴	摇篮	iu² laːm¹
肛门	phi³ paːi⁴ man¹	算盘	sun⁴ puən²
胞衣（胎盘）	paːu¹ i¹/ thai² puən²	秤砣	tsheŋ⁴ tɔ²
寒毛（汗毛）	xuən⁵ məu²	秤纽	tsheŋ⁴ tsɔŋ¹
门齿	man² tɕhi³	秤杆	tsheŋ⁴ kuan³
臼齿	taːi⁵ ŋa²	秤星	tsheŋ⁴ sieːŋ¹
犬齿	khyən³ ŋa²	眼镜	ŋan³ keŋ⁴
虎牙（暴牙）	pəu⁵ ŋa²	本钱	pen³ tsiɛn²
牙龈	ŋa² ŋian²	银元	ŋian² yn²/xəu²
喉结	xau² kit⁶	木筏	mok⁷ paːi²
膀胱（尿泡）	niu⁵ phəu¹	工具	kɔŋ¹ ky⁴
箕（长形手纹）	phi¹ uan²	烫斗	thaŋ¹ tau³
脚后跟	ket⁶ tɕin¹	墨斗	mak⁷ tau³
背部	khiaŋ¹ ḷaŋ¹	肥料	fei⁴ liəu⁴
骨节（关节）	kiɔk⁶ tat⁶	风箱	fɔŋ¹ sieːŋ¹
汉族	xuən⁴ tsɔk⁷	石臼	ɕek⁷ khom³
布依族	pu⁴ i³ tsɔk⁷	毛笔	məu² pat⁶
临高人	lam²kəu¹n̠ian²	钢笔	kɔŋ¹ pat⁶
傣族	taːi⁵ tsɔk⁷	铅笔	yn² pat⁶
侗族	tɔŋ⁵ tsɔk⁷	砚台	mak⁷ in⁴
水族	sie³ tsɔk⁷	墨盒	mak⁷ xeːp⁷
毛难族	məu² naːn² tsɔk⁷	书包	ɕy¹ paːu¹
黎族	lɛ² tsɔk⁷	黑板	xak⁶ paːn³
老头儿	kɔŋ¹ ləu³	相片	sian⁴ phin⁴
老太太	pɔ² ləu³	图章	tu² tsieŋ¹
木匠	mok⁷ tseŋ⁷	风筝	fɔŋ¹ tsieŋ¹
铁匠	thit⁶ tseŋ⁷	陀螺	to¹ lo⁴
泥瓦匠	ne² mo⁴ tseŋ⁷	棋盘	ki² puən²
石匠	ɕek⁷ tseŋ⁷	纸钱	tsiɛn² tɕi³
船夫	ɕyn² fu⁵	铁砂	thit⁶ ɕia¹
巫师	kuei³ ɕi¹	钓竿	tiu⁴ kuan¹
歪嘴子	uai¹ tsuei³	煤油	sie³ xua³ iəu²
豁嘴子	khyt⁶ ɕiaːn¹	肥皂	iɛn² kin³
新郎	san¹ lɔŋ²	茶壶	tsie² u²
新娘	san¹ nieŋ²	曲尺	khiok⁶ tɕiːk⁶

同伴	tɔŋ² puən⁵	锅盖	ȵie:k⁶ khiam⁴
寡妇	kua³ fu⁵	木犁	ma:i⁴ l̥e¹
鳏夫	kua³ kɔŋ¹	柴刀	m̥un¹ xia³
媒人	muei² po² （老）/ muei² ȵian² （青）	枣树	tsəu³ çy⁵
男亲家（公）	tshan¹ ka¹kɔŋ¹/ tshan¹ ka¹ ia¹	柳树	lau³ çy⁵
女亲家（母）	tshan¹ka¹po²/tshan¹ka¹	苧麻	yan² ma²
头人/寨老	man³ khiau³	香蕉	xieŋ² tsiu¹
芹菜	kien² tsha:i⁴	芭蕉	pa¹ tsiu¹
苋菜	xuən⁵ tsha:i⁴	杨梅	ieŋ² mei²
蕹菜	ɔŋ⁵ tsha:i⁴	水稻	sie³ təu⁵
红薯	xɔŋ² çy²	早稻	tsəu³ təu⁵
红薯秧	xɔŋ² çy² ieŋ¹	晚稻	man³ təu⁵
豆芽	tau⁵ ŋa²	旱稻	xuan⁵ təu⁵
瓜皮	kua¹ pi²	禾苗	ua⁵ miəu²
冬瓜	tɔŋ¹ kua¹	玉米	y⁵ me³
南瓜	na:m² kua¹	玉米秸	y⁵ me³ kuan³
西瓜	se¹ kua¹	玉米芯	y⁵ me³ sam¹
丝瓜	si¹ kua¹	小米	siəu³ me³
黑豆（乌豆）	xak⁶ tau⁵	韭菜	kiau³ tsha:i⁴
绿豆	lɔk⁷ tau⁵	菠菜	po¹ tsha:i⁴
扁豆	pin³ tau⁵	这些	ko⁵ ȵet⁶
豇豆	kɔŋ¹ tau⁵	那些	no⁵ ȵet⁶
芝麻	tçi¹ ma²	上帝（玉帝）	y⁵ te⁴
蓖麻	pi⁴ ma²	雷公	luei² kɔŋ¹
兰靛草	la:m² tiŋ⁵	龙王	lɔŋ² iɔŋ¹
花生	ti⁵ tau⁵	灶王爷	tsəu⁴ iɔŋ¹ ia¹
黄豆	u² tau⁵	土地爷	thu³ ti⁴ ia¹
法术	fap⁶ çiet⁷	猪崽	lik⁷ m̥u¹

2. 中心成分在前，与侗台语结构一致的非混合词

公水牛	xuai¹ tek⁷	门口	pa:k⁶ tu¹
公黄牛	xuai¹ tek⁷	大人	xuən¹ uɔk⁷
头发	phen¹ khiau³	狗肉	ma:m⁵ m̥a¹

3. 中心成分可前可后的非混合词

母猪	maːi⁴ m̥u¹（常用）/ m̥u¹ maːi⁴	死鱼	phia¹ piai¹/ piai¹ phia¹
母狗	m̥a¹ maːi⁴（常用）/ maːi⁴ m̥a¹	鸡肉	maːm⁵ kai⁴（常用）/ kai⁴ maːm⁵
房子外边	ḷek⁶ ḷaːn¹/ ḷaːn¹ ḷek⁶	猪肉	maːm⁵ m̥u¹（常用）/ m̥u¹ maːm⁵
前天	ŋ̊uan² kuan⁴（常用）/ kuan⁴ ŋ̊uan²	草绳	n̥io³ saːi¹（常用）/ saːi¹ n̥io³

笔者对 310 个诶话非混合词的修饰关系进行了统计，见表 6.16。

表 6.16　　　　　　　　　　诶话非混合词修饰关系统计

结构	数量	约占比例	备注
中心成分在后	296	95%	与汉语结构一致
中心成分在前	6	2%	与侗台结构一致
中心成分可前可后	8	3%	汉语与侗台语混合结构

从表 6.16 可以看出，诶话非混合词中具有修饰关系的词绝大多数都是中心成分在后，跟汉语修饰结构一致，只有极少数词的中心成分在前面，与侗台修饰结构一致，这极少数词很难改变诶话非混合词修饰结构同汉语的特征。

（二）混合词的修饰结构统计

1. 中心成分在后，与汉语结构一致的混合词

处所	u⁴ nau¹	壮族	tɕioŋ⁵ tsɔk⁷
山谷	phia¹ kɔk⁶	邻居	paːi² ḷaːn¹
山腰	phia¹ iːu¹	男人	lik⁷ ka¹
山脚	phia¹ ket⁶	青年男子	lik⁷ ka¹
鱼子（鱼卵）	phia¹ khiai⁴	孤儿	kua³ lik⁷
鱼鳍	phia¹ tɕhi⁴	生人	ɕieŋ¹n̥a³ xuən¹
鲜鱼	syn¹ phia¹	客人	khieːk⁶ xuən¹
疯狗	tin¹ m̥a¹	坏人	uai⁵ xuən¹
猎狗	liːt⁷ m̥a¹	熟人	ɕiok⁷ xuən¹
牛虻	xuai¹ muŋ²	单身汉	tɔk⁷xin¹ xuən⁴
黄牛角	xuai¹ɕia¹ kak⁶	外国人	ien² xuən¹
黄牛蹄	xuai¹ ɕia¹ te²	猎人	liːp⁷xuən¹/liːt⁷ xuən¹
黄牛皮	xuai¹ ɕia¹ pi²	算命先生	kau⁴ miŋ⁴ sin¹ ɕieŋ¹
黄牛犊	xuai¹ ɕia¹ toŋ¹	妇女/女人	iuk⁷ ka¹
水牛犊	xuai¹ ɕy³ toŋ¹	青年女子	iuk⁷ ka¹
水牛角	xuai¹ ɕy³ kak⁶	独眼龙	maŋ³ pia¹

水牛蹄	xuai¹ ¢y³ te²	理发匠	the³ khiau³ tseŋ⁷
水牛皮	xuai¹ ¢y³ pi²	早晨	n̠iɛ⁵ xiet⁶
四脚蛇（蜥蜴）	l̠ɔ¹ n̠uk⁶ ta:ŋ⁵	今晚	n̠iɛ⁵ n̠ia:n⁴
羔羊	ŋuən⁴ ioŋ¹	明晚	kioŋ⁵ n̠ia:n⁴
山羊	phia¹ ioŋ¹	中午	khiaŋ⁵ ŋ̊wan²
野鸭	ia³ piet⁶	后年	liɛn² puei²
鸡冠	kai⁴ kuən¹	初五	tshɔ¹ ŋ̊a³
鸡爪子	kai⁴ tsa:u³	大前天	uɔk⁷ ŋ̊uan² kuan⁴
鸡尾	kai⁴ mi³	明天	kioŋ⁵ ŋ̊uan²
线鸡（阉鸡）	im¹ kai⁴	半夜	m̠iaŋ⁴ n̠ia:n⁴
野鸡	ia³ kai⁴	六月	l̠ɔk⁶ ŋyet⁷
猫头鹰	miəu³tau²ŋɛŋ¹	鸡蛋	kai⁴ khiai⁴
公猪	kɔŋ¹ m̠u¹	鸟蛋	ŋɔk⁶ khiai⁴
野猪（山猪）	ia³ m̠u¹	臭蛋	n̠iau¹ khiai⁴
野猫	ia³ miəu³	蛋壳	khiai⁴ khak⁶
蛀虫	t¢y⁴ma:i⁴m̠iɛn¹	鸭蛋	piet⁶ khiai⁴
羽毛	ioŋ² phen¹	鹅蛋	ŋɔ² khiai⁴
布谷鸟	pu⁵ kɔk⁶ ŋɔk⁶	咸鸭蛋	xa:m² (piet⁶) khiai⁴
鸟窝	ŋɔk⁶ ua²	寡蛋	kua³ khiai⁴
啄木鸟	tuk⁶ma:i⁴ ŋɔk⁶	羊肉	ioŋ¹ ma:m⁵
房子前	l̠a:n¹ kuan⁴	兔肉	thu⁴ ma:m⁵
房子后	l̠a:n¹ l̠aŋ¹	米酒	u⁴ l̠au³
山下	phia¹ te³	甜酒	tim² l̠au³
对面	tuai⁵ n̠a³	红薯酒	xɔŋ² ¢y² l̠au³
外边	lok⁶ pin¹	玉米酒	y⁵ me³ l̠au³
旁边	l̠ek⁶ pin¹	白菜	piuk⁷ phia:k⁶
东方	tɔŋ¹ m̠iaŋ⁴	油渣	iəu² t¢ia¹
南方	na:m² m̠iaŋ⁴	猪油	m̠u¹ iəu²
西方	se¹ m̠iaŋ⁴	鸡油	kai⁴ iəu²
北方	pak⁶ m̠iaŋ⁴	开水	khai¹ n̠am³
树林里	ma:i⁴lem²lau¹	潲水（泔水）	m̠ok⁶ n̠am³
里边	lau¹ pin¹	猪食	m̠u¹ sau⁴
房顶	l̠a:n¹ leŋ⁴	牛油	xuai¹ iəu²
鸡窝	kai⁴ ua²	牛奶	xuai¹ na:i³
门闩	tu¹ ¢yɛn¹	臭豆腐	n̠iau¹ tau⁵ fu⁵

门框	tu¹ khioŋ¹	米汤	u⁴ thaŋ¹
门槛	tu¹ kham³	米粉	u⁴ fen³
水牛圈	xuai¹ khyn¹	糙米	tshəu⁴ u⁴
猪圈	m̥u¹ khyn¹	红薯饭	xɔŋ² çy² u⁴
园子（菜地）	phiaːk⁶ çyn¹	玉米饭	y⁵ me³ u⁴
谷仓	u⁴ tshoŋ¹	粳稻	tçim¹ təu⁵
厨房	tsəu⁴ luk⁷	汤药	xio¹ ŋam³
厕所	x(f)uei² luk⁷	草药	tshəu³ xio¹
大儿子	uɔk⁷ lik⁷	米糠	u⁴ xio⁴
小女儿	niŋ³ iuk⁷	玉米糠	y⁵ me³ xio⁴
妻子	iuk⁷ ka¹	茶叶	tçie² xuei⁴
大老婆	uɔk⁷ iuk⁷ ka¹	烟卷儿	in¹ niŋ³
小老婆	niŋ³ iuk⁷ ka¹	白糖	piuk⁷ taːŋ²
女情人	ia³ iuk⁷	露水	lu⁵ ŋam³
前妻	kuan⁴ iuk⁷ ka¹	阴天	iəm¹ ŋ̊uan²
后妻	liɛn² iuk⁷ ka¹	好吃	li¹ kian¹
侄女儿	tsat⁷ iuk⁷	难吃	naːn⁴ kian¹
女婿	iuk⁷ kuei²	好闻	li¹ uən²
内兄	nuei⁵ fən¹	好听	li¹ theŋ⁴
小儿子	niŋ³ lik⁷	难看	naːn⁴ kau⁴
丈夫	lik⁷ ka¹	耳环	lɔ¹ n̥ian⁴
男情人	ia³ lik⁷	衣襟	pio⁵ khem¹
侄儿	tsat⁷ lik⁷	衣袖	pio⁵ tsau⁴
独子	tɔk⁷ lik⁷	衣领	pio⁵ liŋ³
私生子	ia³ lik⁷	衣袋	pio⁵ tai⁵
双生子	soŋ¹ çieŋ¹ lik⁷	短裤	ten³ khu⁴
大女儿	uɔk⁷ iuk⁷	草鞋	n̥io³ kiuk⁶
软骨	m̥iuk⁶ kiɔk⁶	白鞋	piuk⁷ kiuk⁶
小指	lik⁷ mu¹	鞋底	kiuk⁶ te³
拇指	maːi⁴ mu¹	皮鞋	pi² kiuk⁶
脊椎骨	pe³ lɔŋ² kiɔk⁶	球鞋	kiəu² kiuk⁶
囟门	khiau³ man²	交情	kiəu¹ tsiŋ¹
头旋儿	khiau³ syn⁵	脚印	tin¹ iɛn⁴
后颈窝	khiau³ nəu³ ua²	好处	li¹ tçhy⁵
奶头	naːi³ khiau³	（水）牛绳	xuai¹ saːi¹

肌肉	ki¹ ma:m⁵	牛车	xuai¹ tɕhia¹
皱纹	n̠iau⁴ uan²	火钳	xuei¹ n̠ep⁶
口水	khau³ ṇam³	木耙	ma:i⁴ tɕie¹
上颚	kyn² ŋo⁵	铁耙	thit⁶ tɕie¹
酒窝儿	ḷau³ yn³	炒菜锅	toŋ¹ phia:k⁶ ḷie:k⁶
胳膊	mu¹ pi⁴ 手臂	铁锅	thit⁶ ḷie:k⁶
鼻孔	neŋ¹ toŋ⁴	锅铲	ḷie:k⁶ tɕien³
大腿	uok⁷ thuei³	锅耳	ḷie:k⁶ n̠i³
矮子	tam⁴ xuən¹	洗锅刷	ɕie³ ḷie:k⁶ ɕyet⁶
小孩儿	lik⁷ noŋ⁴	自行车	tan¹ tɕhia¹
稗子	pai⁵ n̠io³	风车	foŋ¹ tɕhia¹
浮萍	fɔ² piu²	车轮	tɕhia¹ lan²
树干	ma:i⁴ kuan³	浆糊	tsien⁴ u²
树枝	ma:i⁴ tɕi¹	炸弹	tɕia⁵ ta:n²
树皮	ma:i⁴ pi²	茶杯	tsie² puei¹
树根	ma:i⁴ kan¹	铁犁	thit⁶ le¹
茶子树	tɕie² ma:i⁴	钩子	phia¹ kau¹
蘑菇	kyan⁵ ma:i⁴	鱼篓（捕鱼）	phia¹ tɕiəu⁴
竹节	kuan¹ tat⁶	麻绳	ma² sa:i¹
青菜	ŋ̊uat⁶ phia:k⁶	漏斗	lɔ⁴ tau³
芫荽菜（香菜）	im² ɕy¹ phia:k⁶	水缸	ṇam³ koŋ¹
辣椒	xiat⁶ tsiu¹	桶（水桶）	ṇam³ thoŋ³
树叶	ma:i⁴ xuei⁴	水瓢	ṇam³ piu²
桑叶	saŋ² xuei⁴	水碾	ṇam³ ni:n³
烟叶	in¹ xuei⁴	脸盆	ṇa³ pen²
我俩	lau² soŋ¹	织布机	tam³ paŋ² ki¹
你俩	su¹ soŋ¹	尖刀	tsim¹ xia³
他俩	mɔ⁵ soŋ¹	铡刀	tɕia:p⁷ xia³
别人	leŋ⁵ xuən¹	刀把儿	xia³ pien⁴
这个	ko⁵ ṇan¹	刀刃	xia³ khau³
那个（物）	piaŋ⁵ ṇan¹	刀鞘	xia³ khak⁶
这边	ko² pin¹	牛轭	xuai¹ n̠et⁶
那边	piaŋ⁵ pin¹	蓑衣	so² pio⁵
这里	pi⁵ lau¹	粪箕	fen⁴ lau⁴
那里	piaŋ⁵ pi²	火石	xua³ ḷin¹

这样	ko⁵ iŋ⁵	火柴	tsi⁵ lai² xuei¹
那样	no⁵ iŋ⁵	吹火筒	tɕhiɛ¹ xuei¹ tɔŋ²
酒杯	ļau³ puei¹	酒壶	ļau³ u²
火灰	x(f)uei¹ ļau⁴	竹竿	kuan¹ paŋ⁴
糯稻	no⁵ təu⁵	木板	ma:i⁴ pa:n³
谷粒	kɔk⁶ lik⁷	木桶	ma:i⁴ thɔŋ³
穗儿	u⁴ sien³	木盆	ma:i⁴ pen³
豆子	tau⁵ lik⁷	饭碗	u⁴ ŋuan³
狗尾草	m̥a¹ mi³ n̠io³	耙齿	pa⁵ xyan¹
蓓蕾	miɔk⁶ pa:u¹	陷阱	khioŋ³ khuat⁶
花瓣	miɔk⁶ pa:n⁵	毒药	tɔk⁷ xio¹
花蒂	miɔk⁶ te⁴	铁锹	thit⁶ tshiu¹
棉花	min² miɔk⁶	麻袋	ma² tai⁵

2. 中心成分在前，与侗台语结构一致的混合词

泥鳅	phia¹ ļa:n¹	肥肉	ma:m⁵ puei²
活鱼	phia¹ san¹	瘦肉	ma:m⁵ tseŋ¹
未下崽的母狗	m̥a¹ n̠io³	早饭	kian¹ xiet⁶
黄牛	xuai¹ ɕia¹	午饭	kian¹ khiaŋ⁵ ŋ̊uan²
母黄牛	xuai¹ ma:i⁴	晚饭	kian¹ n̠ia:n⁴
未下崽的母黄牛	xuai¹ n̠io³	干鱼	phia¹ xy⁴
水牛	xuai¹ ɕy³	豆腐干	xy⁴ tau⁵ fu⁵
母水牛	xuai¹ ma:i⁴	粳米	u⁴ tɕim²
未下崽的母水牛	xuai¹ n̠io³	公鸡	kai⁴ kɔn¹
未下崽的母猪	m̥u¹ n̠io³	马驹	ma⁴ lik⁷
母马	ma⁴ ma:i⁴	阳光	ļɔn⁵ ŋ̊uan²
墙上	kyn² tseŋ²	李树	ma:i⁴ li³
底下	ļek⁶ te³	柏树	ma:i⁴ pie:k⁶
前边	pin¹ kuan⁴	桑树	ma:i⁴ saŋ¹
后边	pin¹ ļaŋ¹	榕树	ma:i⁴ ioŋ¹
河岸	ļek⁶ xɔ²	漆树	ma:i⁴ tshat⁶
孙女儿	iuk⁷ ļa:n¹	桐子树	ma:i⁴ tɔŋ²
眉毛	phen¹ m̠i¹	桃树	ma:i⁴ fɔŋ¹
睫毛	phen¹ iap¹	树梢	ma:i⁴ mi³
三年前	kuan⁴ sa:m¹ puei²	杉树	ma:i⁴ ɕia¹
夜里	lau¹ n̠ia:n⁴	枫树	ma:i⁴ ļem¹

| 天上 | kyn² men¹ | | 黄瓜 | kua¹ ŋan³ |
| 后天 | ŋuan² ḻaŋ¹ | | | |

3. 中心成分可前可后的混合词

公狗	ma¹koŋ¹/ koŋ¹ ma¹		两天后	soŋ¹ŋuan²xəu⁵/xəu⁵soŋ¹ŋuan²
蟒（蚺蛇）	ta:ŋ⁵ uɔk⁷（常用）/uɔk⁷ ta:ŋ⁵		牛肉	ma:m⁵ xuai¹（常用）/xuai¹ ma:m⁵
洪水	ŋam³ uɔk⁷/ uɔk⁷ ŋam³		毛雨	fen¹ sa:i⁴/ sa:i⁴ fen¹
桌子上	kyn² tai²/ tai² kyn²		红薯干	çy² xy⁴/ xy⁴ çy²
心里	sam¹ lau¹（常用）/lau¹ sam¹		乌云	yan² au³/ au³ yan²
斜眼子	tsa² pia¹（常用）/ pia¹ tsa²		松树	ma:i⁴soŋ¹/soŋ¹ma:i⁴
明年	puei² le⁵/ le⁵ puei²		六指	ḻa:i¹ mu¹ lik⁷ 多手子/
（来年）				mu¹ lik⁷ḻa:i¹ 手子多

笔者对 327 个诶话混合词的修饰关系进行了统计，见表 6.17。

表 6.17　　　　　　　　　　混合词修饰关系统计

结构	数量	约占比例	备注
中心成分在后	268	82%	与汉语结构一致
中心成分在前	45	14%	与侗台结构一致
中心成分可前可后	14	4%	汉语与侗台语混合结构

从表 6.17 中可知，虽然混合词中中心成分在前的词语数量较非混合词多了不少，但是其比例依然很低。诶话有修饰结构的混合词主要是中心成分在后，同汉语修饰结构一致。

第四节　本章小结

诶话斯瓦迪士第一百核心词内的 63 个侗台语词中，壮语词有 56 个，占侗台语词的 89%；诶话 2306 个常用词中汉语词占 60% 以上，这说明诶话的形成与壮语和汉语有一定的关系。

为了进一步深入了解诶话常用词的成分组成情况，笔者把 2306 个诶话常用词分为非混合词和混合词分别进行了统计。在非混合词里，土拐话是汉语成分的主要来源，壮语是侗台语的主要来源。在混合词里，侗台-汉语混合词是诶话混合词的主体，侗台-汉语混合词的主要语素来源有两个，一个是土拐话，另一个是壮语。由此，笔者认为壮语和土拐话是诶话词汇构成的主要来源。

侗台语和汉语在词法结构上的主要差异是修饰结构中心成分位置不

同，因此，笔者除了对其词汇构成成分进行统计分析之外，还从诶话常用词和核心词、混合词和非混合词两个角度对其修饰结构分别进行了统计，其结果是诶话的修饰结构主要与汉语一致，侗台语特点不明显，很难说具有侗台语性质。

第七章 关于诶话的性质及其形成机制探讨

第一节 对诶话性质的认识

通过前面的统计分析，笔者对于诶话的性质可以作如下的梳理认识：

1. 词汇系统方面，诶话里的汉语词多达 60% 以上，这已经不能仅仅以借用汉语或受汉语影响的结果来予以解释。根据曾晓渝等（2009）对侗语、水语、壮语、仫佬语、傣语里汉语借词使用情况的统计，汉借词（包括古代和现代借词）所占比例最高不超过生活常用词的 40%。具体如下表：

表 7.1　　侗、水、壮、仫佬、傣汉语借词使用情况统计

语言	调查词（语素）总数	汉借词数	汉借词所占比例	备注
三江侗语	2958 个	708 个	24%	
三洞水语	2017 个	415 个	21%	这五种语言里的汉借词在常用词汇里所占比例平均为 27.6%
高田壮语	1822 个	690 个	38%	
黄金镇仫佬语	2365 个	887 个	37%	
景洪傣语	835 个	146 个	18%	

所以，就侗台语言里汉借词平均比例为 27.6% 的概率特征来看，汉语词比例高达 60% 以上的诶话不能算作是一种侗台语；诚然，诶话也不是一种汉语方言，因为其第一百核心词中有 64% 的侗台语词。

2. 语法特点方面，诶话的词法、句法基本特点以汉语为主色调，其异于汉语的修饰成分位于中心成分之后的现象，仅占常用词中的 8%，在 200 核心词里只有 2 例，所以，亦不足以证明其侗台语言的性质。

3. 语音特点方面，诶话的韵母、声调系统与当地汉语土拐话十分接近，而它的一套清鼻、边音声母"m̥–n̥–ȵ̥–ŋ̥–l̥"又显示出与侗水语言仫佬语的渊源关系；同时，就变调规律的韵律特征分析，土拐话、壮语是诶话声调系统的两个同等重要的来源语。

综上所述，在诶话的语言结构与要素各个层面里，汉语、侗台（壮傣、侗水）语言的成分是交错融合浑然一体的，它既不是侗台语言，也不是汉语，而是一种体现汉语、壮语、仫佬语多种语源色彩的独特语言。

第二节　诶话发生机制探讨

在多民族聚居的广西地区，各个民族都基本保持使用着自己的语言，并用以传承着独自色彩鲜明的民族文化。尽管长期以来汉语和壮语作为当地的优势语言，对其他少数民族语言产生了较大影响，但各个少数民族语言依然具有独立性，并未发生本质变化。

可是，诶话却是一个例外。为什么会出现这种语言混合的特殊现象呢？可以肯定，这和特殊的语言社团有关。

在广西融水进行田野调查时笔者了解到，诶话族群与明朝的"以蛮制蛮"政策相关，他们的先民很有可能是来自侗台各民族与汉人共同组建的当地驻军，因为历史上融水县地处军事要塞之地。笔者的发音合作者都是在解放战争时参军的，他们多次自豪地告诉笔者，抗战时期和解放战争时期，桂北地区著名的游击部队中诶族群的战士占很大比例，这似乎隐约地在向笔者诉说着他们祖先的故事。

那么，诶话形成的具体机制是什么呢？

根据诶话里的语音、词汇、语法所呈现出的种种特点，比如其中侗水语言仫佬语声母的清鼻、边音特点、第一百核心词里 63 个是侗台语词，其中 56 个是壮语词，汉语词汇占 60%以上的大比例、在修饰结构里中心成分在后等，笔者可以作这样的几种推测：

第一种设想，在相对集中封闭的军营里，以壮族人为主的士兵们与当地其他侗台民族的妇女（相当部分来自当地侗水语支民族）通婚组成家庭，这样，他们日常生活中使用不同母语的交际压力度是相当高的；同时，一般说来军营里的汉人具有优越地位，所以，士兵及家属们还不得不对外以汉语交际，于是开始有了侗台、汉族人之间相互交流的中介语。意西维萨·阿错（2004：192-193）认为，在混合语的形成过程中，具备高度的社会交际压力，是最为根本的社会根源。随着时间的推移，在军营这种特殊环境中，渐渐形成了一个有别于周边其他民族的特殊社会团体，他们之间交际使用的侗台-汉中介语也逐渐固化，于是形成了这个特殊社团的母语——诶话。

第二种设想，作为以壮族为主的士兵和以当地仫佬族为主的家属们基本上都是熟练的汉语和本族语的双语者，由于生活在相对封闭集中的以汉族军官为权威的军营中，他们的日常用语更多地使用汉语，这样，他们的汉语中自然要带入自己的母语成分，而他们的母语中又自然带入了许多汉语成分，值得强调的是，这群军人及家属的特殊身份，决定了他们的语言要区别于一般老百姓的"别同"心态，而这种语言态度决定了他们的语言形态，这可能是诶话形成的根本动因。

语言混合的条件可以分为两类：一类是两种不同语言单语者在高度语言交际压力下发生语言的"克里奥尔化"；另一类是双语人在特定环境中因其语言态度而使语言融合。诶话形成的条件可能与这两类都有关。

诶话里的汉语成分主要是土拐话，土拐话实际上是桂南平话的一种地方变体。平话自中古以来曾经是广西地区的通用汉语，其权威性一直延续到近现代。西南官话可能在明代就进入广西了，但其通用性可能比较滞后，至今平话依然遍布整个广西地区，而西南官话则主要通行于桂北部分区域，所以，诶话里的汉语成分主要是土拐话而不是西南官话（桂柳话）。

还值得一提的是，"诶[ε^{44}]"是诶族群人的自称，此词在诶话里没有其他含义，不过，它很可能源自侗水语支语言里的自称代词"我"，仫佬语音 ε^{231}，莫话音 e^{41}，毛南音 fie^{121}。西南少数民族语言及汉语方言，有许多就是以自称词作为该语言（方言）的名称的。

结　语

　　本书对至今学术界存在争议的广西融水县诶话（即五色话）进行了研究。着眼于诶话的语音、词汇、语法各个子系统，将诶话与周边关系密切的语言进行细致对比分析，在此基础上，探讨诶话性质及其形成机制。

　　本书主要的创获有：

　　1. 汉语土拐话、壮语、仫佬语这三种语言与诶话的形成有密切的关系。在诶话的语言结构要素各个层面里，汉语、侗台语言的成分是交错融合浑然一体的，诶话既不是侗台语言，也不是汉语，而是一种体现汉、壮、仫佬多种语源色彩的独特语言。

　　2. 语音方面，诶话声母清塞音和清塞擦音有送气与不送气的对立，鼻音和边音有清浊的对立，这样的语音特征与侗水语支的仫佬语一致；诶话韵母、声调系统则与汉语土拐话非常近似，二者都有辅音韵尾–m–n–ŋ–p–t–k、开、齐、合、撮四呼，单元音韵母、长短元音对立相同，声调的调类、调值二者基本相同。

　　3. 词汇方面，诶话偏正结构的复合式合成词主要体现的是汉语特征，其次是汉壮混合特征。诶话附加式和特殊结构合成词体现的是汉语和壮语两种语言的特征。诶话方位词、时间词、代词、数量词、人体部位词、植物名词、动物名词、基本词颜色词这八个语义场体现了汉语和侗台语两种语言的特征，只有亲属称谓语义场从语音和构词上完全与汉语一致。

　　4. 语法方面，诶话的语法系统受汉语的影响较大，主要体现的是汉语特征，壮语特征很少，比如，少部分非量词性名词有 AABB 式重叠，单音节形容词后边一般能带描绘性后附音节，有表示动物类别的量词。壮汉混合特征也只有两个方面，一是时间副词"先"、"后"可以做补语，也可以做状语；二是双宾语句中的直接宾语可以位于间接宾语的前面或者后面。

　　5. 语言成分来源和修饰结构方面：诶话斯瓦迪士第一百核心词以侗台语为主，占 64%，其中壮语词最多，有 56 个，占 89%。诶话常用词主要以汉语为主，在 2306 个诶话常用词中，汉语词有 1438，占 60%以上。小样本和大样本修饰结构统计的结果表明，诶话的修饰结构主要与汉语一致，侗台语特点不突出。

　　6. 诶话的形成机制有两种推测：一是由于在相对封闭的军营里壮族士兵与其当地仫佬族家属之间的交际压力、这些士兵及家属与汉族军官的交际压力促使形成了中介语并石化成诶话。二是在这特殊军营中占多数的壮侗语族士兵及家属均是双语人，他们的日常用语更多地使用长官们的语言——汉语，这样，他们的汉语中自然要带入自己的母语成分，而他们的母语中又自然带入了许多汉语成分。同时，由于这群军人及家属的特殊身份使得他们在语言使用上存在区别于一般老百姓的"别同"心态，而这种语言态度会决定语言形态，这可能是诶话形成的根本动因。笔者认为后一种推测的可能性大些。

附　　录

附录 A　诶话词表

（一）天文、地理

天	men¹	池塘	tam²
太阳	pia¹ŋ̊uan²	（水）沟	kau¹
阳光	l̥oŋ⁵ ŋ̊uan²	井	tseŋ³
月亮	l̥oŋ⁵ pyn¹	坑	khieŋ¹
日蚀	ȵet⁷ ɕie³	洞	pa:k⁷
月蚀	ȵyt⁶ ɕie³	（水）坝	fa:i¹
星星	sie:ŋ¹	路	l̥an¹
北斗星	pak⁶tau³sie:ŋ¹	平坝子	ua⁵ piŋ²
流星	lau² sie:ŋ¹	（水）田	na²
扫帚星	səu⁴ tsau³sie:ŋ¹/ səu⁴ pa³ sie:ŋ¹	旱地	ɕia²
银河/天河	sie:ŋ¹xɔ²	石头	l̥in¹
天气	thin¹ khi⁴	沙子	ɕyɛ²
阴天	iem¹ ŋ̊uan²	尘土（灰尘）	tsan²
晴天	l̥oŋ⁵	泥巴	pom⁵
云	yan²	土	tam¹
乌云	yan²au³/au³yan²	水	ŋam³
雷	luei²	浪	la:ŋ⁵
打雷	luei² kɔŋ¹ kyt⁷/ kyt⁶ luei² kɔŋ¹	泉水	men⁴
闪（电）	la:p⁷	洪水	ŋam³ uɔk⁷/ uɔk⁷ ŋam³
风	lem¹	树林	ma:i⁴lem²

续表

旋风	syn⁵ foŋ¹	竹林	tsɔk⁶lem²
雨	fen¹	金子	kiem¹
毛雨	fen¹ sa:i⁴/ sa:i⁴ fen¹	银子	ŋian²
雪	syt⁶	铜	toŋ²
虹	kaŋ⁴loŋ²	铁	thit⁶
（冰）雹	pa:k⁷	锡	sek⁶
霜	ɕioŋ¹	铅	yn²
露水	lu⁵ŋam³	钢	koŋ¹
雾	mok⁶lu⁴	汞/水银	sie³ ŋian²
暴风雨	le⁵ fen¹ uɔk⁷	煤	muei²
火	xuei¹	硫磺	lau² uŋ²
（火）烟	in¹	盐	khiəu¹
空气	khɔŋ¹ khi⁴	碱	kin³
蒸汽	tseŋ¹khi⁴	（草木）灰	l̥au⁴
（天）地	ti⁴	石灰	ɕek⁷ fuei¹
山	phia¹	木炭	than⁵
岭	leŋ⁴	地方	nau¹
山坡	kyai¹	处所	u⁴ nau¹
山峰	phia¹khiau³	国家	kuk⁶ka¹
山坳	a:u⁴	省	sieŋ³
山谷	phia¹kɔk⁶	城市	ɕieŋ² ɕi⁵
悬岩	ŋai² ŋoŋ³	街	ka:i¹
山腰	phia¹ i:u¹	场（集）	xuei³
山脚	phia¹ket⁶	村子（寨子）	man³
山洞	ka:m³	邻居	pa:i²l̥a:n¹
河	xɔ²	隔壁	ket⁶pek⁶
江	l̥a⁴	学校/学堂	xa:k⁷xa:u⁵/xa:k⁷toŋ²
河岸	l̥ek⁶ xɔ²	牢/监狱	kam²
洲（江河之中）	l̥a⁵ŋɔk⁶	桥	ki:u⁴
湖	u²	坟墓	fen²
海	xa:i³		

（二）人物、亲属

汉族	xuən⁴tsɔk⁷	儿子	lik⁷
壮族	tɕioŋ⁵tsɔk⁷	儿媳妇	fiu³
布依族	pu⁴i³ tsɔk⁷	女儿	iuk⁷
临高人	lam²kəu¹n̠ian²	女婿	iuk⁷kuei²
傣族	ta:i⁵tsɔk⁷	孙子	ḻa:n¹
侗族	tɔŋ⁵tsɔk⁷	孙女儿	iuk⁷ḻa:n¹
仫佬族	lam¹	大儿子	uɔk⁷lik⁷
水族	sie³tsɔk⁷	小儿子	niŋ³ lik⁷
毛难族	məu²na:n²tsɔk⁷	双生子	soŋ¹ɕieŋ¹lik⁷
黎族	lɛ²tsɔk⁷	小女儿	niŋ³iuk⁷
人	xuən¹	大女儿	uɔk⁷iuk⁷
大人	xuən¹uɔk⁸	哥哥	kɔ¹
小孩儿	lik⁷ nɔŋ⁴	姐姐	ta:i⁵
婴儿	ŋuən⁴nɔŋ⁴	弟弟	te⁵
老头儿	kɔŋ¹ləu³	妹妹	muei⁵
老太太	pɔ²ləu³	伯父	(ta:i5) ta³
男人	lik⁷ka¹	伯母	ma³
妇女/女人	iuk⁷ ka¹	叔叔（泛指）	ɕiok⁶
青年男子	lik⁷ka¹	婶母	ɕam³ mu³
青年女子	iuk⁷ ka¹	侄儿	tsat⁷lik⁷
兵	piŋ¹	侄女儿	tsat⁷iuk⁷
师傅	ɕi¹fu⁴	堂哥	tɔŋ²kɔ¹
头人/寨老	man³khiau³	堂姐	tɔŋ²tsie³
木匠	mok⁷ tseŋ⁷	堂弟	tɔŋ²te⁵
铁匠	thit⁶tseŋ⁷	堂妹	tɔŋ²muei⁵
石匠	ɕek⁷tseŋ⁷	兄弟（弟兄）	pi² nɔŋ²
泥瓦匠	ne²mo⁴ tseŋ⁷	姐妹	tsi³muei⁵
理发匠	the³khiau³tseŋ⁷	公公（丈夫之父）	ka¹kɔŋ
船夫	ɕyn²fu⁵	婆婆（丈夫之母）	ka¹pɔ²
猎人	li:p⁷xuən¹/li:t⁷xuən¹	大伯子	ta³
算命先生	kau⁴miŋ⁴sin¹ɕieŋ¹	小姑子（夫之妹）	muei⁵

巫师	kuei³çi¹	叔（父之弟）	çiok⁶
乞丐	ka:u³xua¹tsi³	嫂子	səu³
骗子	l̥ok⁶xuən¹tet⁶xuən¹	弟妹	te⁵sek⁶
贼/小偷	tsa:k⁷	亲戚	tshan¹tshek⁶
坏人	uai⁵xuən¹	亲家	tshan¹ka¹
皇帝	ioŋ¹te⁴	男亲家（公）	tshan¹ka¹kɔŋ¹/ tshan¹ka¹ ia¹
官	kuən¹	女亲家（母）	tshan¹ka¹pɔ²/tshan¹ka¹
媒人	muei²pɔ²/muei²n̦ian²	岳父	ŋa:k⁷fu⁵
朋友	pi² nɔŋ²	岳母	ŋa:k⁷mu³
瞎子	xa:t⁶tsi³	内兄	nuei⁵fən¹
跛子/瘸子	po³ tsi³/ khyɛt⁶ tsi³	内弟	nuei⁵te⁵
矮子	ȶam⁴xuən¹	爱人	ŋai⁴n̦ian²
聋子	l̥ɔ² n̥uk⁶	丈夫	lik⁷ ka¹
秃子	thɔk⁶khiau³	妻子	iuk⁷ka¹
麻子	ma²tsi³	大老婆	uɔk⁷iuk⁷ka¹
斜眼子	tsa²pia¹/pia¹tsa²	小老婆	niŋ³iuk⁷ka¹
歪嘴子	uai¹tsuei³	前妻	kuan⁴iuk⁷ka¹
豁嘴子	khyt⁶çia:n¹	后妻	liɛn²iuk⁷ka¹
驼子	lɔŋ³	继父	ke⁵fu⁵
傻子	ŋuaŋ⁵	继母	ke⁵mu³
疯子	tin¹tsi³	独子	tɔk⁷ lik⁷
结巴	lan³tsi³	寡妇	kua³ fu⁵
哑巴	ŋa³tsi³	鳏夫	kua³kɔŋ¹
独眼龙	maŋ³ pia¹	单身汉	tɔk⁷xin¹xuən⁴
六指	l̦a:i¹ mu¹ lik⁷/ mu¹ lik⁷ l̦a:i¹	孤儿	kua³lik⁷
客人	khie:k⁶xuən¹	情夫（野老公）	tseŋ²fu¹
新郎	san¹lɔŋ²	情妇（野老婆）	tseŋ²fu⁵
新娘	san¹nieŋ²	男情人	ia³lik⁷
外国人	ieŋ²xuən¹	女情人	ia³iuk⁷
生人	çieŋ¹ŋa³xuən¹	私生子	ia³lik⁷
熟人	çiok⁷xuən¹	姑父	ku⁵ia¹

同伴	tɔŋ²puən⁵	姑母	kio⁴
祖宗	tsu³tsɔŋ¹	舅父	kiau⁵
祖父	kɔŋ¹	舅母	kiau⁵ma³
祖母	pɔ²	姨父	i²ia¹
外祖父	mei⁴kɔŋ¹	姨母	i²ma³（比母大） i²niŋ³（比母小）
外祖母	mei⁴pɔ²	姐夫	tsie³fu¹
父亲	ia¹	子孙	lik⁷ḷaːn¹
母亲	ma³		

（三）人体器官

身体	xin¹	拳	kyən²
头	khiau³	箕（长形手纹）	phi¹uan²
囟门	khiau³man²	斗（圆形手纹）	lɔ²uan²
头发	phen¹khiau³	脐带	tse¹tai⁴
头旋儿	khiau³syn⁵	印记（婴儿臀部青印）	ki⁴
辫子	khiau³pin⁵	肛门	phi³paːi⁴man²
发髻	tau²to¹	男生殖器	nun³
额头	ɲie⁵tau²	女生殖器	paːi¹
眉毛	phen¹ m̥i¹	胞衣（胎盘）	paːu¹i¹/thai²puən²
眼睛	pia¹	皮肤	pi²fu¹
瞳人	pia¹ɲian²	皱纹	ɲiau⁴uan²
睫毛	phen¹iap¹	寒毛（汗毛）	xuən⁵məu²
鼻子	neŋ¹	痣	tɕi⁴
鼻孔	neŋ¹tɔŋ⁴	疮	tɕhiɔŋ¹
耳朵	ḷɔ¹	疤	pa¹
脸	n̥a³	疖子	tsiet⁶
腮	saːi¹	痱子	fi⁴
酒窝儿	ḷau³yn³	癣	çyən¹
人中	ɲian²tɕiɔŋ¹	肌肉	ki¹maːm⁵
嘴/口	tsuei³	血	lyt⁷
胡子	u²çy¹	筋	kian¹

续表

下巴	xa⁵pa¹	手脉	meːk⁷
脖子	ŋ̊u¹	骨头	kiɔk⁶
后颈窝	khiau³nəu³ua²	脊椎骨	pe³lɔŋ² kiɔk⁶
肩膀儿	ma⁴	软骨	m̥iuk⁶kiɔk⁶
背部	khiaŋ¹ l̥aŋ¹	骨节	kiɔk⁶tat⁶
胳肢窝	lak⁶tɕi³te³	牙齿	xyan¹
胸脯	xioŋ²pu²	门齿	man²tɕhi³
乳房	naːi³	臼齿	taːi⁵ŋa²
奶头	naːi³khiau³	犬齿	khyən³ŋa²
奶汁	naːi³	虎牙（暴牙）	pəu⁵ŋa²
肚子	tɔŋ⁴	牙龈	ŋa²ŋian²
肚脐	tu⁵tse¹	舌头	liet⁷
腰	iːu¹	上颚	kyn²ŋo⁵
屁股	phi³paːi⁴	喉咙	xau²lɔŋ³
大腿	uɔk⁷thuei³	喉结	xau²kit⁶
膝盖	pɔ¹ lɔ¹kai⁴	肺	fe⁴
小腿	siəu³thuei³	心脏	sam¹
脚踝	ket⁶ŋan³tsi³	肝	tap⁶
脚	tin¹	肾（腰子）	iːu¹tsi³
脚后跟	ket⁶tɕin¹	胃（肚子）	uei⁵
脚指头	ket⁶tɕi³	胆	taːm³
脚心	ket⁶sam¹	肠子	sai³
胳膊	mu¹pi⁴	膀胱（尿泡）	niu⁵phəu¹
肘	tɕau³	屎	ŋ̊ai³
手	mu¹	尿	niu⁵
手腕子	ɕiau³uan³	屁	l̥at⁶
手指	ɕiau³tɕi³	汗	l̥ɔ⁴
拇指	maːi⁴ mu¹	月经	ȵyt⁶kian²
食指	ɕiek⁷tɕi³	痰	taːm²
无名指	u⁵meŋ²tɕi³	口水	khau³ŋam³
小指	lik⁷ mu¹	鼻涕	m̥uk⁷
指甲	tɕi³kaːp⁶	眼泪	pia¹ŋam³

虎口（人体穴位）	fu³khau³	脓	nɔŋ²
手掌	ɕiau³tseŋ³/pa¹tseŋ³	耳屎	lɔ¹ŋ̊ai³
手背	ɕiau³pei³	污垢	io⁴

（四）动物

畜生	tshɔk⁶ɕieŋ¹	老鹰	ləu³ŋɛŋ¹/ta:i⁵iu⁴
牛	xuai¹	猫头鹰	miəu³tau²ŋɛŋ¹
水牛	xuai¹ɕy³	蝙蝠	fi¹ɕy³
黄牛	xuai¹ ɕia¹	燕子	in⁴
水牛犊	xuai¹ɕy³toŋ¹	大雁（天鹅）	ŋan⁵/thin¹ŋɔ²
黄牛犊	xuai¹ɕia¹toŋ¹	野鸭	ia³piet⁶
公水牛	xuai¹ tek⁷	白鹤	pek⁷xo⁵
公黄牛	xuai¹ tek⁷	鸬鹚	lu²tsi²
母水牛	xuai¹ ma:i⁴	麻雀	ma²tɕhek⁶
母黄牛	xuai¹ ma:i⁴	喜鹊	ɕi³tɕhek⁶
未下崽的母水牛	xuai¹ n̠io³	乌鸦	u¹ a¹
未下崽的母黄牛	xuai¹ n̠io³	野鸡	ia³kai⁴
水牛角	xuai¹ɕy³kak⁶	鹦鹉	ŋɛŋ¹ u³
黄牛角	xuai¹ɕia¹kak⁶	斑鸠	pia:n¹kiu¹
水牛蹄	xuai¹ɕy³te²	啄木鸟	tuk⁶ma:i⁴nɔk⁶
黄牛蹄	xuai¹ɕia¹te²	布谷鸟	pu⁵kɔk⁶nɔk⁶
水牛皮	xuai¹ɕy³pi²	乌龟	u¹kuei¹
黄牛皮	xuai¹ɕia¹pi²	鳖（甲鱼）	pit⁶
毛	phen¹	蛇	ta:ŋ⁵
尾巴	mi³/mi³pa¹	四脚蛇（蜥蜴）	lɔ¹n̠uk⁶ ta:ŋ⁵
牛奶	xuai¹na:i³	蟒（蚺蛇）	ta:ŋ⁵uɔk⁷/uɔk⁷ta:ŋ⁵
马	ma⁴	青蛙	kep⁶
马驹	ma⁴lik⁷	癞蛤蟆	ɕam²ɕy²
公马	kɔŋ¹ma⁴	蝌蚪	ma²nɔk⁶
母马	ma⁴ma:i⁴	田鸡（蛙类）	kep⁶
马鬃	ma⁴tsɔŋ¹	鹧鸪	tɕia⁵khu¹
羊	ioŋ¹	螃蟹	pa:ŋ¹ŋa:i⁴

续表

绵羊	min²ioŋ¹	青蛙（腿长的）	tsheŋ¹toŋ²ma²
山羊	phia¹ioŋ¹	鱼	phia¹
羔羊	ŋuən⁴ioŋ¹	鳞	lan²
骡子	lɔ²tsi³	鱼鳍	phia¹ tɕhi⁴
驴	ly²	鱼泡	y²phəu⁵
猪	m̥u¹	鳃	sa:i¹
公猪	kɔŋ¹m̥u¹	鱼卵	phia¹khiai⁴
母猪	ma:i⁴m̥u¹/m̥u¹ma:i⁴	鲤鱼	phia¹so³
未下崽的母猪	m̥u¹ n̥io³	鳝鱼（黄鳝）	uŋ²çin⁵
猪崽	lik⁷ m̥u¹	泥鳅	phia¹ lan¹
狗	m̥a¹	虾	n̥iu²
公狗	m̥a¹kɔŋ¹/kɔŋ¹m̥a¹	虫	m̥ien¹ /neŋ¹
母狗	m̥a¹ma:i⁴ /ma:i⁴ m̥a¹	臭虫	pe¹
未下崽的母狗	m̥a¹ n̥io³	跳蚤	thiu⁴tsəu³
猎狗	li:t⁷ m̥a¹	虮子（虱子的卵）	man¹khiai⁴
疯狗	tin¹m̥a¹	虱子（衣服上的）	man¹
猫	miəu³	头虱（头上的）	man¹
野猫	ia³miəu³	苍蝇	man²tsoŋ²
兔子	thu⁴tsi³	牛虻	xuai¹muŋ²
鸡	kai⁴	蛆（蝇类的幼虫）	tshy¹
公鸡	kai⁴kɔŋ¹	蚊子	n̥ioŋ¹
母鸡	ma:i⁴ kai⁴	孑孓（蚊子的幼虫）	kit²nit⁶
未下蛋的母鸡	xaŋ⁵ki⁴	蜘蛛	tɕi¹tɕy¹
小鸡	lik⁷ kai⁴	蜘蛛网	tɕi¹tɕy¹muŋ³
阉鸡	im¹kai⁴	蜈蚣	mɔŋ³kɔŋ¹
鸡冠	kai⁴kuən¹	蝎子	kip⁶
鸡胗	ki⁴nuei⁵kiem¹	壁虎	pa² tsen²fu³
鸡嗉子	çy⁴	蚯蚓	thu³fen³
鸡爪子	kai⁴tsa:u³	蛔虫	fei²tsoŋ²
鸡尾	kai⁴ mi³	蚂蝗	m̥ian¹
翅膀	tɕhi⁴	蟋蟀	ts(h)əu³kai⁴
羽毛	ioŋ²phen¹	蚂蚁	ma³n̥i³

续表

鸭子	piet⁶	蚂蚁洞	ma³n̠i³toŋ⁵
鹅	ŋo²	白蚁	pek⁷n̠i³
鸽子	kep⁶tsi³	蛀虫	tɕy⁴ma:i⁴m̠ieŋ¹
野兽	ia³ɕiau⁴	萤火虫	uən²xua³tsoŋ²
老虎	kok⁶	蠓（黑色的小蚊虫）	man⁵xan¹
狮子	si²tsi³	蚕儿	tsan²
龙	loŋ²	茧	kin³
爪子	tsa:u³tsi³	蛹	ioŋ³
猴子	ma⁴lau¹	蛾子	ŋo²
大象	ta:i⁵tsie:ŋ⁴	蜜蜂	mat⁷muŋ⁴
豹子	pa:u⁴tsi³	蜂王	foŋ¹ioŋ¹
熊	ɕioŋ²	蜂箱	foŋ¹sie:ŋ¹
野猪	ia³m̠u¹	蜜蜂房	foŋ¹fuŋ²
鹿	lok⁷	蚱蜢（蝗虫）	n̠io⁵
穿山甲	tɕhyn¹ɕien¹ka:p⁶	螳螂	toŋ²loŋ¹
水獭	tɕha:t⁶	蜣螂（屎壳郎）	ŋ̊ai³ m̠ie:ŋ¹
刺猬	tsin⁴tɕy¹	蜻蜓	tsoŋ²tsien²
老鼠	n̠u⁴	蝴蝶	u²tiep⁷
松鼠	son¹ɕy³	螯（螃蟹螯）	ŋa:p⁶
黄鼠狼	uŋ²ɕy³loŋ²	蚌	pa:ŋ⁵
狼	loŋ²	（蚌）壳	khak⁶
狐狸	fu²li²	螺蛳	sa:i¹
鸟	ŋok⁶	蜗牛	kua¹n̠iau²
鸟窝	ŋok⁶ua²		

（五）植物

树	ma:i⁴	稻草	xioŋ¹
树干	ma:i⁴kuan³	谷粒	kok⁶lik⁷
树枝	ma:i⁴tɕi¹	秕子	kok⁶phiep⁶
树梢	ma:i⁴mi³	麦子	me:k⁷
树皮	ma:i⁴pi²	花生	ti⁵tau⁵
树根	ma:i⁴kan¹	玉米	y⁵me³

树叶	ma:i⁴xuei⁴	玉米秸	y⁵me³ kuan³
花	miɔk⁶	玉米芯	y⁵me³sam¹
果子	kua³	高粱	kəu¹lieŋ²
（果）核	khat⁷	小米	siəu³me³
仁儿	n̠ian²	棉花	min²miɔk⁶
芽儿	ŋa²	麻	ma²
蓓蕾	miɔk⁶pa:u¹	菜	phia:k⁶
桃树	ma:i⁴ fɔŋ¹	白菜	piuk⁷ phia:k⁶
李树	ma:i⁴li³	青菜	ŋ̊uat⁶phia:k⁶
枣树	tsəu³çy⁵	韭菜	kiau³tsha:i⁴
茶树	tçie²ma:i⁴	菠菜	pɔ¹tsha:i⁴
柳树	lau³çy⁵	芹菜	kien²tsha:i⁴
枫树	ma:i⁴lem̥¹	苋菜	xuən⁵tsha:i⁴
柏树	ma:i⁴pie:k⁶	莞荽菜	im²çy¹phia:k⁶
杉树	ma:i⁴çia¹	蕹菜	ɔŋ⁵tsha:i⁴
松树	ma:i⁴sɔŋ¹/sɔŋ¹ma:i⁴	萝卜	lu²pak⁷
桑树	ma:i⁴saŋ²	芋头	phiuk⁶
桑叶	saŋ²xuei⁴	茄子	kia²tsi³
榕树	ma:i⁴iɔŋ²	辣椒	xiat⁶tsiu¹
漆树	ma:i⁴tshat⁶	藕	ŋau³
桐子树	ma:i⁴tɔŋ²	葱	tshɔŋ¹
竹子	kuan¹	蒜	sun⁴
竹节	kuan¹tat⁶	姜	xin¹
竹笋	ŋan̠¹	红薯	xɔŋ²çy²
苎麻	yan²ma²	红薯秧	xɔŋ²çy²ieŋ¹
藤子	taŋ²	红薯干	çy²xy⁴/xy⁴xɔŋ²çy²
刺（名）	tam¹	豆芽	tau⁵ŋa²
柚子	iau⁵	瓜	kua¹
桔子	kyet⁶	瓢	piu²
桃	təu²	瓜皮	kua¹pi²
梨	li²	瓜子	kua¹tsi³
李子	li³	冬瓜	tɔŋ¹kua¹

续表

柿子	mi:n³	南瓜	na:m²kua¹
葡萄	pu²təu²	西瓜	se¹kua¹
枇杷	pi²pa²	黄瓜	kua¹n̥an³
石榴	çek⁷lau²	葫芦	fu²lu²
板栗	lat⁷tsi³	丝瓜	si¹kua¹
香蕉	xie:ŋ¹tsiu¹	豆子	tau⁵lik⁷
芭蕉	pa¹tsiu¹	豆夹	tau⁵ka:p⁶
杨梅	ieŋ²mei²	黄豆	u²tau⁵
甘蔗	kem¹tçia⁴	黑豆	xak⁶tau⁵
菠萝	pɔ¹lɔ²	绿豆	lɔk⁷tau⁵
荔枝	li²tçi¹	扁豆	pin³tau⁵
椰子	ia¹tsi³	豇豆	koŋ¹tau⁵
菠萝蜜	pɔ¹lɔ²mat⁷	芝麻	tçi¹ma²
花瓣	miɔk⁶pa:n⁵	蓖麻	pi⁵ma²
花蒂	miɔk⁶te⁴	草	n̥io³
粮食	lieŋ²çiek⁷	艾	ŋa:i⁵
水稻	sie³təu⁵	稗子	pai⁵n̥io³
早稻	tsəu³təu⁵	狗尾草	m̥a¹mi³n̥io³
晚稻	man³təu⁵	芦苇	lu²te⁵
粳稻	tçim²təu⁵	兰靛草	la:m²tiŋ⁵
糯稻	no⁵təu⁵	蘑菇	kyan⁵ma:i⁴
旱稻	xuan⁵təu⁵	木耳	mok⁷n̥i³
种子	pen²	烟叶	in¹xuei⁴
秧	khia³	浮萍	fɔ²piu²
禾苗	ua⁵miəu²	青苔	tsheŋ¹tai²/la:m² tai²
穗儿	u⁴sien³		

（六）食品

米	u⁴	淀粉	khin⁴fen³
糙米	tshəu⁴u⁴	粉条	fen³tiu¹
粳米	u⁴tçim²	八角（大料）	pie:t⁶kak⁶
白米	u⁴	糖	ta:ŋ²

饭	u⁴	白糖	piuk⁷ta:ŋ²
早饭	kian¹xiet⁶	红糖	xɔŋ²ta:ŋ²
午饭	kian¹khiaŋ⁵ŋ̊uan²	蛋	khiai⁴
晚饭	kian¹n̩ia:n⁴	鸡蛋	kai⁴ khiai⁴
粥	ma:t⁶	鸭蛋	piet⁶khiai⁴
米汤	u⁴thaŋ¹	鹅蛋	ŋɔ²khiai⁴
锅巴	tsiu¹pi²	鸟蛋	ŋ̥ok⁶ khiai⁴
糍巴	tsi²	咸鸭蛋	xa:m²khiai⁴
红薯饭	xɔŋ²ɕy²u⁴	蛋黄	tan⁵uŋ²
玉米饭	y⁵me³u⁴	蛋青	tan⁵tsheŋ¹
米粉	u⁴fen³	蛋壳	khiai⁴khak⁶
包子	pa:u¹tsi³	臭蛋	n̩iau¹ khiai⁴
肉	ma:m⁵	寡蛋	kua³khiai⁴
牛肉	ma:m⁵xuai¹/xuai¹ma:m⁵	酒	l̩au³
羊肉	ioŋ¹ma:m⁵	甜酒	tim²l̩au³
猪肉	ma:m⁵m̥u¹/m̥u¹ma:m⁵	米酒	u⁴l̩au³
狗肉	ma:m⁵m̥a¹	玉米酒	y⁵me³l̩au³
鸡肉	ma:m⁵kai⁴/ kai⁴ma:m⁵	红薯酒	xɔŋ²ɕy²l̩au³
兔肉	thu⁴ma:m⁵	开水	khai¹ŋam³
口条	li⁵tsiɛn²	茶	tɕie²
肥肉	ma:m⁵puei²	茶叶	tɕie²xuei⁴
瘦肉	ma:m⁵tseŋ¹	烟	in¹
鲜鱼	syn¹phia¹	烟丝	in¹si¹
咸鱼	xa:m²y²	烟卷儿	in¹ niŋ³
干鱼	phia¹xy⁴	烟屎	in¹ɕi³
死鱼	phia¹piai¹/piai¹ phia¹	药	xio¹
活鱼	phia¹san¹	草药	tshəu³xio¹
油	iəu²	汤药	xio¹ŋam³
猪油	m̥u¹iəu²	药片	xio¹phin⁴
牛油	xuai¹iəu²	药丸	xio¹yɛn²
鸡油	kai⁴iəu²	药末	xio¹fen³
油渣	iəu²tɕia¹	糠	xio⁴

续表

豆油	tau⁵iəu²	米糠	u⁴xio⁴
酱	tseŋ⁴	玉米糠	y⁵me³xio⁴
酱油	tseŋ⁴iəu²	潲水（泔水）	m̥ok⁶n̥am³
豆腐	tau⁵fu⁵	猪食	m̥u¹sau⁴
豆腐干	xy⁴tau⁵fu⁵	糕	kəu¹
臭豆腐	n̥iau¹tau⁵fu⁵	饼	peŋ³
醋	m̥i⁴	粽子	ut⁶

（七）衣着

棉花（皮棉）	min²xua¹	鞋	kiuk⁶
纱	ɕia²	鞋底	kiuk⁶te³
布	paŋ²	皮鞋	pi²kiuk⁶
丝	si¹	球鞋	kiəu²kiuk⁶
衣（上衣）	pio⁵	白鞋	piuk⁷kiuk⁶
衣襟	pio⁵khem¹	木拖鞋	mok⁷kek⁷
衣袖	pio⁵tsau⁴	草鞋	n̥io³kiuk⁶
衣领	pio⁵liŋ³	布鞋	pu⁴xai²
衣袋	pio⁵tai⁵	梳子	l̥uei¹
纽子	nau³khau⁴	篦子	pi⁵l̥uei¹
扣子	khau⁴	耳环	l̥ɔ¹n̥iaŋ⁴
裤子	khu⁴	戒指	ka:i⁵tɕi³
短裤	ten³khu⁴	手镯	ɕiau³tsiuk⁷
裤裆	khu⁴n̥oŋ⁵	手表	ɕiau³piəu³
裤腿儿	khu⁴tɔŋ²	脚圈	ket⁶khyn¹
裙子	kyan²	毛巾	məu²kian¹
花裙	xua¹kyan²	被子	puan⁴
帽子	məu⁵	枕头	tsam³khiau³
手绢	ɕiau³kyən⁵	席子	sik⁷
手套	ɕiau³thəu⁴	蚊帐	mon²tɕeŋ⁴
腰带	i:u¹tai⁴	蓑衣	so²pio⁵
袜子	ma:t⁷	斗笠	khiap⁶

（八）房屋、用具

房子	l̥a:n¹	升	çeŋ¹
走廊	ok⁶im²te³	尺子	tçhi:k⁶
厕所	x (f)uei²luk⁷	针	tsem¹
厨房	tsəu⁴luk⁷	锥子	tsie⁴/ tse⁴
火塘	xua³ta:ŋ²	烫斗	thaŋ¹tau³
楼	lau²	剪刀	tsin³
谷仓	u⁴tshoŋ¹	钉子	tiŋ¹
水牛圈	xuai¹khyn¹	眼镜	ŋan³keŋ⁴
猪圈	m̥u¹khyn¹	钱	tsien²
鸡窝	kai⁴ua²	本钱	pen³tsien²
砖	tçyn¹	价钱	ŋ̊a⁵
瓦	mo⁴	利息	li⁵sek⁶
墙壁	tseŋ²	银元	ŋian²yn²
木板	ma:i⁴pa:n³	货	khua⁴
木头	ma:i⁴khiau³	雨伞	sa:n³
柱子	tçy⁴	锁	so³
门闩	tu¹çyɛn¹/tu¹kyan¹	钥匙	so³çi²
门框	tu¹khioŋ¹	链子	lin⁵
门槛	tu¹kham³	棍子	kuan⁴
门	tu¹	竹竿	kuan¹paŋ⁴
门口	pa:k⁶tu¹	杠子	koŋ⁴
门扣	man²khau⁴/man²phan⁴	车	tçhia¹
窗子	tçhioŋ¹	牛车	xuai¹tçhia¹
房顶	l̥a:n¹leŋ⁴	车轮	tçhia¹lan²
梁	leŋ²	鞭子	pin¹
椽子	xeŋ²tiau²	（水）牛绳	xuai¹ sa:i¹
房檐	ok⁶im²	轿子	ki:u⁴
菜园	phia:k⁶çyn¹	行李	xeŋ²li³
篱笆	li²pa¹	包袱	pa:u¹fɔ³
东西	ka¹si⁴	船	çyn²
桌子	tai²	自行车	tan¹tçhia¹
椅子	i³	木筏	mok⁷pa:i²

凳子	taŋ⁴	篙子（撑船）	tsheŋ⁵kəu¹tsɔk⁶
床	tsoŋ²	工具	kɔŋ¹ky⁴
箱子	sie:ŋ¹	斧头	fu³tau²
柜子	kuei⁴	锤子	tsie²
抽屉	thɔ¹sie:ŋ¹	钳子	kim²
盒子	xe:p⁷	凿子	tsa⁵
棚子	pɔŋ²	锯子	kio⁴
梯子	the¹	钻子	tsom⁴
脸盆	n̥a³pen²	锉	tshɔ⁴
肥皂	ieŋ²kin³	刨子	pa:u²
皮箱	pi²sie:ŋ¹	铲子	tɕien³
镜子	keŋ⁴	曲尺	khiok⁶tɕi:k⁶
玻璃	pɔ¹li²	墨斗	mak⁷tau³
刷子	ɕyet⁶	犁	l̥e¹
扫帚	səu⁴tsau³	木犁	ma:i⁴ l̥e¹
抹布	ma:t⁷pu⁴	铁犁	thit⁶l̥e¹
灯	taŋ¹	耙	l̥a:i⁴
灯芯	taŋ¹sam¹	木耙	ma:i⁴ tɕie¹
灯罩	taŋ¹tɕiəu⁴	铁耙	thit⁶tɕie¹
灯笼	taŋ¹lɔŋ²	耙齿	pa⁵xyan¹
煤油	sie³xua³iəu²	牛轭	xuai¹n̥et⁶
蜡烛	la:p⁷tsɔk⁶	锄头	tsu²tau²
电灯	tin⁵taŋ¹	铁锹	thit⁶tshiu¹
火石	xua³l̥in¹	扁担	ŋ̊an¹
炭	than⁵	带子	sa:i¹
草绳	n̥io³sa:i¹/ sa:i¹ n̥io³	麻绳	ma²sa:i¹
火柴	tsi⁵lai²xuei¹	麻袋	ma²tai⁵
火灰	x(f)uei¹ l̥au⁴	叉子	ŋa¹
火把	xua³pa³	楔子	tsim¹tsi³
（烧）香	xie:ŋ¹	桩子	tat⁶
垃圾	la³kiep⁶	粪箕	fen⁴l̥au⁴
颜料	ŋan²liəu⁴	肥料	fei⁴liəu⁴

续表

漆	tshat⁶	镰刀	lim⁴
锈	sie:ŋ⁴	铡刀	tɕia:p⁷xia³
灶	tsəu⁴	风车	fɔŋ¹tɕhia¹
锅	l̥ie:k⁶	风箱	fɔŋ¹sie:ŋ¹
铁锅	thit⁶l̥ie:k⁶	炉子	lu²
炒菜锅	tɔŋ¹phia:k⁶l̥ie:k⁶	水碾	ŋam³ni:n³
锅盖	l̥ie:k⁶ khiam⁴	臼	khom³
锅耳	l̥ie:k⁶n̥i³	石臼	ɕek⁷khom³
蒸笼	tseŋ¹lɔŋ²	筛子	sa:i⁴
刀	xia³	簸箕	nɔŋ³
菜刀	phia:k⁶xia³	磨子	mɔ⁵
柴刀	m̥un¹xia³	织布机	tam³paŋ²ki¹
刀把儿	xia³pieŋ⁴	梭子	piu¹so¹
剑	kim⁴	纸	tɕi³
尖刀	tsim¹xia³	笔	pat⁶
刀鞘	xia³khak⁶	毛笔	məu²pat⁶
刀背	xia³l̥aŋ¹	钢笔	koŋ¹pat⁶
刀刃	xia³khau³	铅笔	yn²pat⁶
漏斗	l̥ɔ⁴tau³	墨	mak⁷
锅铲	l̥ie:k⁶tɕien³	书本	ɕy¹
碗	ŋuan³	字	tsi⁵
饭碗	u⁴ŋuan³	砚台	mak⁷in⁴
盘子	puən²	墨盒	mak⁷xe:p⁷
碟子	tiep⁷	书包	ɕy¹pa:u¹
筷子	khuai⁵tsi³	黑板	xak⁶pa:n³
筷筒	khuai⁵tsi³tɔŋ²	相片	siaŋ⁴phin⁴
勺子	piu²	图章	tu²tsieŋ¹
调羹	piu²kie:ŋ¹	浆糊	tsieŋ⁴u²
杯子	puei¹	球	kiəu²
酒杯	l̥au³puei¹	风筝	fɔŋ¹tsieŋ¹
茶杯	tsie²puei¹	陀螺	to¹lɔ²
壶	u²	棋子	ki²tsi³

续表

酒壶	ɬau³u²	棋盘	ki²puən²
茶壶	tsie²u²	旗子	khi²
罐子	kuən⁴	鼓	ku³
瓶子	piŋ²	钟	tɕioŋ¹
坛子	tham²	二胡	n̠i⁵in²
缸	koŋ¹	锣	lɔ²
水缸	n̠am³koŋ¹	笛子	tek⁷
水桶	n̠am³thɔŋ³	箫	siːu¹
木桶	maːi⁴thɔŋ³	哨子	sau⁵tsi³
铁桶	thit⁶thɔŋ³	喇叭	la³pa¹
箍儿	khu³	鞭炮	phaːu⁴
桶底	thɔŋ³te³	纸钱	tsien²tɕi³
盆	pen²	棺材	ɕiəu⁵
木盆	maːi⁴pen²	弓	kiɔŋ¹
水瓢	n̠am³piu²	箭	tsin⁴
火钳	xuei¹ n̠ep⁶	陷阱	khiɔŋ³khuat⁶
吹火筒	tɕhie¹xuei¹tɔŋ²	枪	tsheŋ¹/tshɔŋ⁴
洗锅刷	ɕie³ɬieːk⁶ɕyet⁶	炮	tshɔŋ⁴
摇篮	iu²laːm²	火药	siu¹
背带	xaːŋ³	硝	siːu¹
扇子	sien³	子弹	tsi³taːn⁵
算盘	sun⁴puən²	铁砂	thit⁶ɕia¹
秤	tsheŋ⁴	毒药	tɔk⁷xio¹
秤砣	tsheŋ⁴tɔ²	炸弹	tɕia⁵taːn²
秤纽	tsheŋ⁴tsɔŋ¹	网	m̠uŋ³（渔～）
秤杆	tsheŋ⁴kuan³	钓竿	tiu⁴kuan¹
秤星	tsheŋ⁴sieːŋ¹	钩子	phia¹kau¹
斗（名）	tau³	鱼篓	phia¹tɕiəu⁴

（九）宗教、意识

上帝（玉帝）	y⁵te⁴	交情	kiəu¹tsen²
神仙	ɕiaːn²sien¹	姓名	siŋ⁵meŋ²

雷公	luei²kɔŋ¹	名字	meŋ²tsi⁵
鬼	kuei³	名声	meŋ²ɕeŋ¹
神	ɕiaːn²	事情	si⁵tseŋ²
妖精	iəu¹tseŋ¹	灾难	saːi¹naːn⁴
魂魄	uan²phieːk⁶	好处	li¹tɕhy⁵
龙王	lɔŋ²ioŋ¹	感情	kem³tseŋ²
佛	fat⁷	勇气	ioŋ³khi⁴
灶王爷	tsəu⁴ioŋ¹ia¹	精神	tseŋ¹ɕiaːn²
土地爷	thu³ti⁴ia¹	想法	siŋ³fap⁶
法术	fap⁶ɕiet⁷	道理	to²li³
命	miŋ⁴	经验	kiŋ¹ȵiɛn⁴
运气	yan⁵khi⁴	希望	ɕi²maŋ⁵
脾气	pi²khi⁴	秘密	mi²mat⁷
命运	miŋ⁴yan⁵	错误	tshok⁶u⁴
力气	l̥ek⁶khi⁴	条件	tiːu²kin⁴
本事	pen³si⁴	危险	uei²xim³
办法	pien⁵fap⁶	滋味	tsi²mei⁴
样子	iŋ⁵tsi³	区别	khy¹piet⁷
影子	ɛŋ³tsi³	份儿	pen⁵
脚印	tin¹iɛn⁴	关系	kuan¹xe⁴
梦	moŋ⁵	谎话	lun⁴kiaŋ³
话	ua⁵	回声	uei²iam¹
歌	kɔ¹	空闲	khɔŋ⁴xan²
山歌	ɕien¹kɔ¹	裂缝	khai¹tɕhiek⁶
戏	xi⁴	痕迹	xan²tsek⁶
故事	kiaŋ³ku³	渣滓	tɕia¹
信（相信）	sen⁴	生日	ɕien¹ȵet⁷
消息	siːu¹sek⁶	善	ɕin⁵
笑话	kiaŋ³l̥iu¹	恶	aːk⁶
谜语	kiaŋ³me⁵	意见	i⁴kiɛn⁴
礼物	le³uat⁷	胆量	taːm³leŋ⁵
风俗	fɔŋ¹tsɔk⁷	心思	sam¹si¹
习惯	tsep⁷kuan⁴		

（十）方位、时间

方向	fuŋ¹sieŋ⁴	半夜	ɱiaŋ⁴ n̠ia:n⁴
东方	tɔŋ¹ɱiaŋ⁴	子（鼠）	tsi³
南方	na:m²ɱiaŋ⁴	丑（牛）	tshəu¹
西方	se¹ɱiaŋ⁴	寅（虎）	iɛn²
北方	pak⁶ɱiaŋ⁴	卯（兔）	ma:u³
中间	tam¹khen¹	辰（龙）	çia:n²
中心	tçiɔŋ¹sam¹	巳（蛇）	tsi⁵
旁边	l̠ek⁶pin¹	午（马）	ŋ³
左边	tsɔ⁴pin¹	未（羊）	mi⁵
右边	iəu⁵pin¹	申（猴）	çia:n¹
前边	piɛi⁵kuan⁴	酉（鸡）	iau³
房子前	l̠a:n¹ kuan⁴	戌（狗）	sat⁶
后边	pin¹l̠aŋ¹	亥（猪）	xai⁵
背后	khiaŋ¹l̠aŋ¹	初一	tshɔ¹iet⁶
房子后	l̠a:n¹ l̠aŋ¹	初二	tshɔ¹n̠i⁵
周围	tsau¹uei²	初三	tshɔ¹sa:m¹
里边	lau¹pin¹	初四	tshɔ¹si⁴
树林里	ma:i⁴lem²lau¹	初五	tshɔ¹ŋa³
心里	sam¹lau¹/lau¹sam¹	一月	iet⁶ŋyet⁷/tseŋ¹ŋyet⁷
附近	fu⁴kiɛn⁵	二月	n̠i⁵ŋyet⁷
对面	tuai⁵ŋa³	三月	sa:m¹ŋyet⁷
桌子上	kyn²tai²/tai²kyn²	四月	si⁴ŋyet⁷
天上	kyn² men¹	五月	ŋ³ŋyet⁷
墙上	kyn²tseŋ²	六月	l̠ɔk⁶ŋyet⁷
下边	te³pin¹	七月	tshat⁶ŋyet⁷
底下	l̠ek⁶te³	八月	pie:t⁶ŋyet⁷
山下	phia¹te³	九月	kiau³ŋyet⁷
桌子下	tai²te³	十月	tsiep⁷ŋyet⁷
外边	lok⁶pin¹	十一月（冬月）	tsiep⁷iet⁶ŋyet⁷
房子外边	l̠ek⁶l̠a:n¹/ l̠a:n¹ l̠ek⁶	十二月（腊月）	tsiep⁷n̠i⁵ŋyet⁷
半路	ɱiaŋ⁴ l̠an¹	元宵	yn²si:u¹
时间	çi²kan¹	清明	tsheŋ¹meŋ²

今天	n̠ie⁵ŋ̊uan²	端午	tuan¹ŋ³
昨天	ŋuan⁵ŋ̊uan²	中秋	tɕioŋ¹tshau¹
前天	ŋ̊uan²kuan⁴/kuan⁴ŋ̊uan²	重阳	tsoŋ²iŋ²
大前天	uɔk⁷ŋ̊uan²kuan⁴	除夕	tɕy²tsek⁷
明天	kioŋ⁵ŋ̊uan²	明年（来年）	puei²le⁵/le⁵puei²
后天	ŋ̊uan²l̠aŋ¹	后年	lien² puei²
今晚	n̠ie⁵n̠ia:n⁴	从前	fai³ kuan⁴
明晚	kioŋ⁵n̠ia:n⁴	古时候	ku³ɕi²xəu⁵
昨晚	ŋuan⁵n̠ia:n⁴	现在	tɕi⁵
早晨	n̠ie⁵ xiet⁶	将来	tseŋ¹lai²
黎明	men¹ l̠oŋ⁵	三年前	kuan⁴sa:m¹puei²
上午	fai³ xiet⁶	两天后	soŋ¹ŋ̊uan²xəu⁵/xəu⁵soŋ¹ŋ̊uan²
中午	khiaŋ⁵ ŋ̊wan²	开始	khai¹khiau³
下午	fai³ ŋ̊wan²	月初	ŋyet⁷tɕhiu¹
晚上	n̠ia:n⁴	月中	ŋyet⁷tɕioŋ¹
夜里	lau¹n̠ia:n⁴	月底	ŋyet⁷te³

（十一）数量

一	iet⁶	朵（花）	to³
二	soŋ¹	句（话）	ky⁴
三	sa:m¹	首（歌）	ɕiu³
四	si⁴	（一）件（衣）	m̠ai³
五	ŋ̊a³	件（事）	kin⁴
六	l̠ɔk⁶	双（鞋）	soŋ¹
七	tshat⁶	对（兔）	tuai⁵
八	pie:t⁶	副（眼镜）	fu⁴
九	kiau³	段（路）	tuei⁴
十	tsiep⁷	串（辣椒）	tɕhyn⁴
十一	tsiep⁷iet⁶	滴（油）	tek⁶
十二	tsiep⁷n̠i⁵	面（旗）	min⁵
十三	tsiep⁷sa:m¹	（两）层（楼）	tsa:ŋ²

续表

十四	tsiep⁷si⁴	封（信）	foŋ²
十五	tsiep⁷ŋa³/tsiep⁷ŋo³	间（房）	kiɛn¹
十六	tsiep⁷lɔk⁶	包（东西）	pa:u¹
十七	tsiep⁷tshat⁶	瓶（酒）	piŋ²
十八	tsiep⁷pie:t⁶	盒（药）	xe:p⁷
十九	tsiep⁷kiau³	滩（泥）	tha:n¹
二十	ȵi⁵tsiep⁷	斤	kian¹
二十一	ȵi⁵tsiep⁷iet⁶	半（斤）	ȵiaŋ⁴
三十	sa¹tsiep⁷	（一斤）半	puən⁴
四十	si⁴tsiep⁷	两	leŋ³
五十	ŋa³tsiep⁷	钱（银子）	tsiɛn²
六十	lɔk⁶tsiep⁷	秤（量词）	tsheŋ⁴
七十	tshat⁶tsiep⁷	（一）石（谷子）	la:p⁶
八十	pie:t⁶tsiep⁷	斗	tau³
九十	kiau³tsiep⁷	里	li³
一百	iet⁶xyɛt⁶	丈	tɕiɛŋ⁵
一百零一	iet⁶xyɛt⁶leŋ²iet⁶	庹	pha:i³
千	tshi:n¹	尺	tɕhi:k⁶
三千零五十	sa:m¹tshi:n¹leŋ²ŋa³tsiep⁷	拃	ka:p⁷
万	uan⁵	寸	tshan⁴
亿	i⁴	分	fen¹
第一	te⁵iet⁶	元	yn¹
第二	te⁵ȵi⁵	角	kak⁶
第三	te⁵sa:m¹	分（地）	fen¹
第十	te⁵tsiep⁷	亩	mau³
第十一	te⁵tsiep⁷iet⁶	点（钟）	tim³
（一）个（人）	mo⁵	会	iet⁶xa⁵tsi³
位	uei⁵	（一）天	ŋuan²
条	tiəu²	（一）夜	ȵia:n⁴
张	tseŋ¹	一昼夜	iet⁶ŋuan²ȵia:n⁴
（一）个（鸡蛋）	ȵan¹	（一）年	puei²
（两）只（鸟）	tsio²	岁	suai⁴

续表

根（棍）	tiəu²	一辈子	iet⁶ɕiɛ⁴xuən¹
把	pa³	（一）代（人）	paːn¹
棵	khua³	次	tshi⁴
本	pen³	回	uei²
兜	tau¹	顿	tan⁵
行（小麦）	xoŋ⁵	（喊一）声	ɕeŋ¹
座（桥）	tso⁵	下	xa⁵
支（笔）	tɕi¹	（踢一）脚	tin¹
（一）把（菜）	ŋem³/tɕio¹	（咬）口	khau³
（一）把（米）	ŋem³/tɕio¹	（一）些	sa¹
堆	tuei¹	（一）批	phie¹
桶	thɔŋ³	（两）成	ɕieŋ²
（一）碗（饭）	ŋuan³	几（个）	ki³
（一）块（地）	khuai⁴	每天	muei³ȵuan²
（一）块（石头）	kau⁵	天天	ȵuan²ȵuan²
（一）担（行李）	l̥aːp⁶	个个	ŋan¹n̥an¹
片（树叶）	phin⁴		

（十二）指示、代替、疑问

我	ku¹	这边	ko² pin¹
我俩	lau²soŋ¹	这样	ko⁵iŋ⁵
我们	kiu¹	那（较远指）	piaŋ⁵
你	n̩²	那（最远）	piaŋ⁵
你俩	su¹soŋ¹	那个（物）	piaŋ⁵n̥an¹
你们	su¹	那些	no⁵ȵet⁶
他	mɔ⁵	那里	piaŋ⁵pi²
他俩	mɔ⁵soŋ¹	那边	piaŋ⁵pin¹
他们	mɔ⁵kiau¹	那样	no⁵iŋ⁵
咱们	lau²	谁	ŋau²
大家	taːi⁵tsie²	什么	ɕi⁵maŋ²
自己	tsi⁵ka¹	哪个	no⁵n̥an¹
别人	leŋ⁵xuən¹	哪里	ŋau¹

这	pi⁵	怎样	ŋau¹ieŋ⁵
这个	ko⁵ŋan¹	多少	l̥a:i¹ɕi:u³
这些	ko⁵n̥et⁶	几个（人）	ki³mo⁵
这里	pi⁵lau¹	为什么	uei⁵maŋ²

（十三）动作、行为

挨（近）	ŋa:i¹	流（水）	lau²
挨（被）	ŋa:i²	留（种子）	khiau⁴
爱（她）	ai⁴	（靠）拢	lɔŋ³
爱（吃）	xam¹	搂（在怀里）	lau³
安（装）	ŋuən¹	（房子）漏（雨）	l̥ɔ⁴
按（住）	kam⁵	轮流	lan²lau²
熬（粥）	ŋəu²	摞（起来）	lɔ⁴
拔（草）	pie:t⁷	落（下来）	lɔk⁶
拔（火罐）	pie:t⁷	（手）麻	ma²
把（尿）	ɕy⁴	骂（人）	phan¹
霸占	pa⁵tɕim⁴	埋（老鼠）	mai²
耙（田）	l̥a:i⁴	买（鱼）	tsy⁴
摆（放）	pa:i³	卖（菜）	pha:i¹
摆（动）	pa:i³	冒（烟）	məu⁵
败	pa:i⁵	没有（钱了）	m̥²mi²
拜（菩萨）	pa:i⁴	（衣服）霉	m̥ei¹
搬（家）	pu:n¹	蒙（住）	mɔŋ³
搬（凳子）	pu:n¹	眯（眼）	mi³
拌（农药）	la:u¹	瞄准	kau⁴tsan³
帮助	pa:ŋ	（火）灭（了）	mit⁷
绑	paŋ³	抿（着嘴笑）	min³
包（药）	pa:u¹	明白（意思）	l̥ɔ³
剥（花生）	pak⁶	摸（鱼）	mo³
剥（牛皮）	pak⁶	磨（刀）	mɔ⁵
保（苗）	pa:u³	抹（药）	ma:t⁷
抱（小孩）	pa:u⁵	磨（面）	mɔ⁵

刨（光一点）	pa:u²	（脚）木（了）	mok⁷
背（孩子）	mie⁴	拿（来）	au¹
（把谷子）焙（干）	puei⁵	挠（痒）	n̠ia:u²
背（书）	puei⁵	（小孩）闹	na:u⁵
（山）崩（了）	paŋ¹	能（做）	l̠ɔ³
迸（出来了）	pəu⁵	（晒）蔫（了）	lim³
逼（他交出来）	pek⁶	拈（一块糖）	n̠ep⁶
比	pi³	碾（米）	ni:n³
闭（口）	pe⁴	念（经）	na:m¹
编（辫子）	pin¹	捏（手）	khap⁶
编（篮子）	pin¹	拧（紧）	neŋ³
变	pin⁴	弄（坏了）	loŋ⁵
辩论	pin⁵lan⁵	挪（开）	nɔ²
病（了）	peŋ⁵	呕吐	l̠uk⁶
补（衣服）	pu³	沤（烂了）	au⁴
补（锅）	pu³	爬（树）	pia²
擦（玻璃）	tsha:t⁶	（虫子）爬	pia²
猜（谜语）	tsha:i¹	爬（山）	pia²
裁（纸）	tsai²	怕（老虎）	l̠ou¹
（别）踩（庄稼）	tsha:i³	拍（桌子）	phie:k⁶
藏（东西）	tsoŋ²	排（队）	pa:i²
操练	tshəu¹lin⁵	派（人）	pha:i⁴
插（牌子）	tɕie:p⁶	（把辫子）盘（在头上）	niu³/ kiu³
插（秧）	nam¹	跑（步）	l̠i:u¹
查（账）	tɕia²	泡（衣服）	phəu⁵
差（得多）	tɕhia¹	泡（茶）	phəu⁵
拆（房子）	tɕhiek⁶	陪（客）	puei²
掺（水）	tsha:m¹	赔本	puei²pen³
（蛇）缠（树）	liu³	赔偿	puei²
馋（肉）	tsa:m¹	喷（水）	phan⁴
尝（味道）	ɕiŋ²	（用手）捧（起来）	phɔŋ³
唱（歌）	tɕhiŋ⁴	碰（桌子）	phoŋ⁴

抄（书）	tɕhiːu¹	披（衣）	phi¹
吵（嘴）	tɕhia³	劈（柴）	phek⁶
炒（菜）	tɕhiːu³	漂（在水面上）	phiu¹
车（水）	tɕhia¹	（红旗）飘	phiu¹
沉	tsem²	漂（布）	phiu⁴
称（粮食）	tɕhen¹	拼（命）	phiŋ⁴
称赞	tɕhen¹tsaːn⁴	泼（水）	phut⁶
（用木头）撑（住）	tshen⁵	破（篾）	pho⁴
（做）成（了）	xuan¹	破（肚子）	pho⁴
盛（饭）	iu³	（竹竿）破（了）	pho⁴
澄（清）	tsin⁴	（衣服）破（了）	pho⁴
吃	kian¹	铺（被子）	phu¹
冲（在前边）	tshoŋ¹	（老虎）扑（羊）	phɔk⁶
（用水）冲	tshoŋ¹	欺负	khiɛn¹
舂（米）	tɕhoŋ¹	欺骗	l̥ok⁶
抽（出刀来）	tɕhau¹	骑（马）	ki²
抽（烟）	kiep⁶	起（床）	khi³
（这儿）出（水果）	ok⁶	起来	lo⁵
出（嫁）	ok⁶	（别）气（我）	khi⁴
出（水痘）	ok⁶	牵（牛）	khen¹
出（汗）	ok⁶	前进	tsin²tsan⁴
（太阳）出（来了）	ok⁶	欠（钱）	khim⁴
出（去）	ok⁶	抢	tshen³
锄（草）	tsiu²	敲（门）	khiəu¹
穿（衣）	tan³	翘（尾巴）	kit⁷
穿（鞋）	tan³	切（菜）	tshiet⁶
穿（针）	tɕhyn¹	亲（小孩）	tshan¹
（一代）传（一代）	tɕyn²	请	tshiŋ³
传染	tɕyn²n̠im³	求（人帮忙）	kiu²
吹（喇叭）	tɕhie¹	取（款）	au¹
捶（衣服）	tsie²	娶（妻子）	au¹
戳（他一下）	tɕhiok⁶	去	pai¹

催（促）	tshuei¹	劝	khyn⁴
皱	n̠iau⁴	缺（了口子）	maŋ³
答应	eŋ⁴ɕeŋ¹	瘸（了）	khyet⁶
搭（车）	ta:p⁶	（火）燃（了）	xuan¹
搭（棚子）	ta:p⁶	染（布）	n̠im³
打（人）	kyt⁶	嚷	tsəu²
打（枪）	kyt⁶	绕（弯儿）	n̠iu³
打（伞）	tsheŋ⁵	热（一下再吃）	kit⁶
打扮	ta³pa:n⁵	忍耐	n̠ian³
打倒	kyt⁶lam³	认（字）	n̠ian⁵
打呵欠	ta³xem¹	认得	lɔ³
打鼾	ta³fu²lu³	扔（掉）	yet⁷
打架	kyt⁶ka⁴	溶化	iɔŋ²
打瞌睡	siŋ³tshun⁵lun²	揉（面）	ŋo¹
打球	kyt⁶kiəu²	洒（水）	set⁶
打闪	luei²la:p⁷	撒（尿）	set⁶
打仗	kyt⁶tseŋ⁵	撒（种子）	set⁶
打针	ta³tsem¹	塞（老鼠洞）	sak⁶
待（一会儿）	taŋ³	（人都）散（了）	sa:n³
代替	the⁴	散步	sa:n³pu⁵
带（钱）	tai⁴	扫（地）	səu⁴
带（红领巾）	tai⁴	杀（人）	ka³
带（孩子）	kau⁴	杀（鸡）	ka³
带（路）	tai⁴	筛（米）	sa:i⁴
戴（帽子）	tai⁴	晒（衣）	ɕa:i⁵
戴（项圈）	tai⁴	（人）晒（太阳）	ɕa:i⁵
戴（手镯）	tai⁴	扇（风）	sien³
耽误	tam⁵khɔ¹	骟（牛）	im¹
当（兵）	ta:ŋ¹	伤（了手）	ɕiŋ¹
挡（风）	ta:ŋ³	赏（给些东西）	ɕiaŋ¹
（墙）倒（了）	lam³	上（楼）	xyn³
到（家了）	təu⁴	烧（火煮饭）	phiau¹

续表

倒（过来）	təu⁴	烧（山）	phiau¹
（把水）倒（掉了）	təu⁴	烧（茶）	phiau¹
得到	lai²	舍（不得）	çia⁴
等（人）	taŋ³	射 （箭）	çia⁵
低（头）	tam⁴	伸（手）	tçhien¹
点（头）	tim³	伸（懒腰）	tçhien¹
垫（桌子）	tiem⁵	生（孩子）	çieŋ¹
叼（烟卷儿）	tiu¹	生（疮）	çieŋ¹
掉（下井去了）	lɔk⁶	省（钱）	sieŋ³
吊（在梁上）	tiu⁴	剩（下）	çeŋ⁵
钓（鱼）	tiu⁴	试试	çi⁴çi⁴
跌倒	lam³	是	çi⁵
叠（被子）	tiep⁷	收（稻子）	çiu¹
（蚊子）叮（人）	tiŋ¹	收（信）	çiu¹
钉（钉子）	tiŋ¹	收拾（房子）	kiep⁶
丢（了钱包）	lɔk⁶	守（庄稼）	çiu³
懂（事）	l̩ɔ³	输	çy¹
冻	tɔŋ⁴	数（数目）	çio³
动	ŋ̩eŋ¹	漱口	su⁴khau³
动（身）	ŋ̩eŋ¹	竖（起来）	çy⁵
（用衣）兜（着）	tçhyai¹	（从树上）摔（下来）	lɔk⁶
读（书）	tɔk⁷	甩（手榴弹）	çyɛi³
堵（漏洞）	tu³	闩（门）	çyɛn¹
赌（钱）	tu³	拴（牛）	təu²
渡（河）	fai³	涮（衣服）	çyet⁶
端（水）	ut⁶	睡	nun²
（线）断（了）	kan¹	睡觉	nun²
（棍子）断（了）	kan¹	吮（奶）	çut⁶
断（气）	teŋ³	说（话）	kiaŋ³
堆（稻草）	tuei¹	撕（纸）	si¹
对（笔迹）	tuai⁵	死	piai¹
蹲	ku³	送（他回去）	sɔŋ⁴

续表

炖（鸡）	ten⁴	送（你一支笔）	soŋ⁴
夺	tut⁷	搜（山）	sau¹
剁（肉）	to⁵	（小孩在地上）爬	pia²
跺（脚）	to⁵	（腿）酸	sam³
发（信）	fet⁶	算（账）	sun⁴
发抖	fet⁶tau³	缩（小）	sɔk⁶
发烧	fet⁶ɕiu¹	锁（箱子）	so³
发芽	fet⁶ŋa²	塌（下去）	thaːm³
罚（款）	fet⁷	踏（上一只脚）	tap⁷
（把衣服）翻（过来穿）	fɛːn¹	（两人）抬（一块石头）	kaŋ²
翻（身）	fɛːn¹	弹（棉花）	taːn²
反（党）	fɛːn³	弹（琴）	taːn²
犯（法）	fam⁵	淌（眼泪）	lɔk⁶
防（野猪）	fuŋ²	躺（在床上）	thoŋ³
纺（棉花）	fuŋ³	烫（手）	thaŋ¹
（把鸟）放（了）	l̩aŋ⁴	掏（出来）	lau¹
放（田水）	fuŋ⁴	逃跑	l̩iːu¹
放（盐）	tet⁶	淘（米）	ɕie³
放（牛）	l̩aŋ⁴	淘气	təu²khi⁴
放（心）	fuŋ⁴	讨（饭）	lai⁵
放（手）	l̩aŋ⁴	套（上一件衣服）	thəu⁴
飞	fi¹	（头）疼	keːt⁶
分（粮食）	pan¹	疼（孩子）	keːt⁶
分（家）	pan¹	踢（球）	thik⁶
（把信）封（好）	nim¹	提（篮子）	te²
缝（衣服）	xoŋ²	剃（头）	the⁴
敷（药）	ep⁶	填（坑）	teːn²
孵（小鸡）	pəu⁵	舔	niaːm⁴
扶（着栏杆走）	fu²	（用扁担）挑	l̩aːp⁶
扶（起来）	fu²	挑拨	thiu¹put⁶
伏（在桌子上）	pɔk⁷	跳	thiu⁴
浮（在水上）	fɔ²	（一只脚）跳	thiu⁴

腐朽	ŋep⁷	跳（舞）	thiu⁴
（不）该（讲）	kai¹	贴（标语）	thiep⁶
改	kai³	听	theŋ⁴
盖（一层土）	kai⁴	听见	l̥ai³ŋen⁴
盖（被子）	kai⁴	停	tiŋ²
赶（鸟）	kuan³	挺（起腰）	thiŋ³
赶集	pai¹ xuei³	通	thɔŋ¹
敢	kaːm³	捅	thɔŋ³
干活儿	xɔk⁶kɔŋ¹	偷	l̥ek⁶
告状	kəu⁴tɕioŋ⁵	投（球）	tau²
割（肉）	kuaːt⁶	涂（油）	tu²
割（草）	kuaːt⁶	吐（痰）	thu³
搁（在桌子上）	fuŋ⁴	推	thuai¹
隔（一条河）	ket⁶	退	thuai⁵
给（钱）	kep⁶	吞	than¹
（孩子）跟（着妈妈）	nim¹	褪（色）	thuai⁵
耕田	tɕie² na²	拖（木头）	thɔ¹
（猪）拱（土）	kɔŋ³	托（人办事）	thɔk⁶
钩	kau¹	脱（鞋）	thut⁶
够	kau⁴	脱（衣）	thut⁶
估计	ku³ke⁴	（蛇）蜕（皮）	thuai⁵
箍	khu³	（马）驮（货）	thɔ¹
鼓（起肚子）	ku³	挖（地）	yet⁶
刮（掉毛）	kyɛt⁶	弯（腰）	yen¹
刮（风）	kyɛt⁶	（用尖刀）剜	kyɛt⁶
挂（在墙上）	kua⁴	（游）玩	xɔk⁶ tsaːn²
怪（他）	kuai⁵	忘记	ta³lim²
关（门）	kyan¹	望	maŋ⁵
关（牛）	kyan¹	煨（红薯）	uei¹
管（事情）	kuːn³	围（敌人）	uei²
灌（水）	kuːn⁴	喂（猪）	kio¹
跪	kuei⁵	喂（奶）	kio¹

滚	kuan³	闻（嗅）	ŋ̊uan⁴/ŋ̊yan⁴
过（桥）	fai³	问	tɕim¹
过（了两年）	fai³	握（手）	ak⁶
过（河）	fai³	捂（着嘴）	u³
害羞	ḷəu¹ sau¹	吸（气）	kiep⁶
含（一口水）	xa:m²	熄（灯）	sek⁶
喊（人开会）	xem³	洗（碗）	ɕie³
焊（管子）	xuan⁵	洗（衣）	ɕie³
喝（茶）	ɕut⁶	洗（澡）	ɕie³
恨	xen⁵	喜欢	ɕi³f(x)un¹
哼（呻吟）	xeŋ³	瞎（眼睛）	xa:t⁶
烘（衣服）	xɔŋ¹	下（楼）	le⁵
哄（哄骗）	ḷok⁶	（母猪）下（小猪）	ɕieŋ¹
吼	xau³	（太阳）下（山）	le⁵
后悔	xəu⁵xuei³	下（雨）	le⁵
（烧）糊	u²	吓唬	ḷok⁶
（眼）花（了）	xua¹	陷（下去）	xa:m⁵/khiap⁶
划（船）	pa²	（你）想（什么）	nem³
（雪）化（了）	iɔŋ²	（我）想（进城）	siŋ³
画（图）	ua⁵	像	tsep⁷
怀孕	lɔŋ¹ nɔŋ⁴	（肿）消（了）	si:u¹
还（账）	xu:n²	笑	ḷiu¹
还（钢笔）	xu:n²	削（铅笔）	phɛ¹
换	xu:n⁵	写	sa³
唤（狗）	xem³	泻（肚子）	sa⁵
慌忙	fuŋ¹	谢（大家）	tsa⁵
回（家）	m̥a¹	信（你的话）	sen⁴
回来	m̥a¹	擤（鼻涕）	saŋ⁴
回去	pai¹m̥a¹	醒	siŋ³
回（头）	tɕyn³	休息	thau³ṇa:i⁵
回忆	nem³	修（机器）	sau¹
会（客）	uei⁵	修（路）	sau¹

会（织布）	l̩ɔ³	绣（花）	sau⁴
活	ut⁷	选（种子）	syn³
和（泥）	laːu¹	学	xaːk⁷
挤（过去）	tse³	熏（肉）	fian¹
挤（奶）	tse³	寻（东西）	la³
系（鞋带）	təu²	压	aːp⁶
记得	ki⁴lai³	轧（棉花）	tsiaːp⁶
继续	ke⁵tsɔk⁷	阉（猪）	im¹
（腋下）夹（着一本书）	kaːp⁶	腌（鱼）	ip⁶
夹（菜吃）	ȵep⁶	扬（麦子）	iŋ²
加	ka¹	痒	ŋ̊em¹
煎	tsin¹	养（鱼）	tɕioŋ³
捡	lim⁴	摇（木桩）	iu²
减	kiaːm³	摇摇晃晃	iu²iu²x(f)oŋ³x(f)oŋ³
剪	tsin³	（狗）咬	ŋ̊ap⁶
（冻）僵（了）	khiŋ¹	要（钱）	au¹
讲（故事）	kiaŋ³	要（下雨了）	xaːi³
交（钱）	kiəu¹	（我）要（去北京）	ai¹
浇（水）	lem²	依（他的）	tsuai²
教（书）	suan¹	移	i²
嚼	ŋai⁴	赢	iŋ²
搅	laːu¹/ kiaːu¹	隐瞒	iɛn³mun²
（老虎）叫	xəu³	迎接	ŋen²tsip⁶
（公鸡）叫（打鸣、啼）	xəu³/ te²	（我）用（铅笔）	ioŋ⁵
（小鸟）叫（鸣）	xəu³	（鸭子在河里）游	iəu²
（狗对生人）叫（吠）	l̩au⁴	游泳	iəu²ŋam³
叫（名字）	xem³	有	mi²
（你扔；我）接	tsip⁶	遇见	tɕhioŋ⁴l̩oŋ¹
（把两根绳子）接（起来）	tsip⁶	约（时间）	iet⁶
揭（锅盖）	ket⁶	（头）晕	yen²
结（果子）	kit⁶	允许	xaŋ³

续表

结（冰）	kit⁶	（碗）砸（破了）	tsap⁷
结婚	kit⁶xuan¹	（用锤）砸（石头）	am¹
解（衣扣）	ke³	栽（树）	nam¹
解（疙瘩）	ke³	在	u⁴
借（钱）	tsa⁵	攒（钱）	tsaːn⁴
借（钢笔写字）	tsa⁵	糟蹋（粮食）	tsəu¹ thap⁶
进（屋）	xau³	凿	tsa⁵
禁止（烧山）	kiem⁴	扎猛子	thiu⁴ɳam³
（好话说）尽（完）	tsen⁵	炸（油饼）	tɕia⁵
敬（酒）	keŋ⁴	眨（眼）	iap⁶
揪（住）	niu³	炸（开石头）	tɕia⁴
救（命）	kiu⁴	榨（油）	tɕia⁴
锯	kio⁴	摘（花）	nau³/khyet⁶
举（手）	ky³	摘（下帽子）	thut⁶
卷（布）	kyən³	粘（住了）	nim¹
掘（树根）	lau¹	站	kyn¹
开（门）	khai¹	蘸（墨水）	tsiu¹
（水）开（了）	luk⁶	张（嘴）	khai¹
（花）开（了）	khai¹	长（大）	tɕeŋ³
开（车）	khai¹	涨（大水）	tɕeŋ³
（走）开	khai¹	（肚子）胀	tɕeŋ⁴
开（会）	khai¹	招（女婿）	au¹
揩	khaːi¹	招（手）	iu²
砍（骨头）	ŋak⁶	着（火了）	tɕiet⁷
看（书）	kau⁴	找（人）	la³
看（病）	kau⁴	找（零钱）	la³
看见	̣loŋ¹	（用灯）照	tɕiu⁴
扛（木头）	kaŋ²	照（镜子）	tɕiu⁴
考（学校）	khəu³	（马蜂）螫（人）	ɳyet⁶
烤（干衣服）	khəu¹	折（断树枝）	niːu³
烤（火）	xɔŋ¹	褶（衣服）	tɕiep⁷
靠（墙）	khəu⁴	震动	tsen⁴nɛŋ¹

磕（头）	khep⁶	争	tsieŋ¹
咳嗽	xau¹	蒸（饭）	tseŋ¹
刻（用刀刻）	khak⁶	知道	l̦ɔ³
扎（用针扎）	tshaːn²	织（布）	tam³
肯	khaŋ³	值得	te³lai³
啃（骨头）	ŋ̊ap⁶	指（方向）	ty³
抠（用手指挖）	khau¹	治（病）	tɕi⁵
扣（好衣服）	khau⁴	肿	m̦ɔk⁶
哭	tai³	（打）中	tɕiɔŋ⁴
夸奖	khua³tseŋ³	种（麦子）	nam¹
跨（一步）	ka⁴	拄（拐棍）	tɕhiŋ⁵
捆（柴）	khuan³	煮（肉）	tɔŋ¹
拉（绳子）	la³	住（在哪儿）	u⁴
拉（犁）	la³	抓（特务）	tsap⁶
拉（屙屎）	ɔ¹	转（身）	tɕyn³
来	teŋ²	转（弯）	tɕyn³
赖（我）	laːi⁵	转（动）	tɕyn³
拦（住）	teŋ⁴	赚（钱）	tsan⁵
烂（腐烂）	laːn⁵	装（粮食）	tɕuŋ¹
捞（起来）	laːu²	撞（墙）	tɕhuŋ⁴
烙（饼）	tsin¹	追（赶）	liːp⁷
勒（死）	lat⁷	准备	tsan³pi⁵
离开	li²	捉（鸡）	tsap⁶
理睬	li³tshaːi³	走	l̦ip⁶
练（武艺）	lin⁵	（老鼠）钻（洞）	lun¹
量（步）	leŋ²	（用钻子）钻（洞）	tsun⁴
晾（衣服）	laːŋ³	醉（酒）	m̦ei¹
聊天	liu²thin¹	坐（下）	naŋ⁵
裂（开了）	tɕhiek⁶	做（事情）	xɔk⁶
淋（雨）	lem²	做（生意）	xɔk⁶

（十四）性质、状态

大	uɔk⁷	（果子）熟	ɕiok⁷
小	niŋ³	新（衣）	m̥ɔ⁴
粗	tshɔ¹	旧	kau⁴
细	saːi⁴	好	li¹
高	sa²	坏	uai⁵
低	tam⁴	差	tɕhia¹
矮	tam⁴	贵	kyɛn¹
长	l̠ai¹	贱（便宜）	tsin⁵
短	ten³	老	ləu³
远	khiai¹	嫩	ŋuən⁵
近	kiɛn⁵	年青	xəu⁵ɕieŋ¹
宽	khut⁶	美	li¹ kau⁴
窄	xep⁶	丑	tɕhiəu³
厚	n̠a¹	（天气）热	kit⁶
薄	xuaŋ¹	（天气）冷	n̠it⁶
深	lek⁷	（水）冷	n̠it⁶
浅	tshin³	暖和	l̠au³
满	l̠em¹	凉快	l̠im⁴
空	khɔŋ¹	难	naːn⁴
多	l̠aːi¹	容易	iɔŋ²i⁵
少	ɕiːu³	香（气）	piaŋ¹
方	fuŋ¹	臭	n̠iau¹
圆	yn²	（味道）香	piaŋ¹
扁	pin³	甜	fun¹
尖	tsim¹	苦	khu³
秃	thɔk⁶	辣	xiat⁶
平	piŋ²	咸	xaːm²
正	tseŋ⁴	涩	kip⁶
反	fɛn³	腥	siŋ¹
偏	phin¹	臊	sau¹
歪	uai¹	（空）闲	xan²
顺	ɕian⁵	忙	muŋ²

倒	lam³	富	fu⁴
横	ŋyɛŋ²	穷	kun³
直	so⁴	干净（清洁）	tsiŋ⁴
斜	tsa²	脏	io⁴
弯	yɛn¹	热闹	na:u⁵ȵiet⁶
黑	au³	安静	tsiŋ⁵
白	piuk⁷	新鲜	san¹syn¹
红	ta:n¹	古怪	ku³kuai⁵
黄	ŋ̊an³	稀奇	xi¹ki²
绿	lɔk⁷	明亮	meŋ²liŋ⁵
青	ŋ̊uat⁶	清楚	tsheŋ¹tshu³
蓝	la:m²	紧急	kin³kiep⁶
紫	tsi³	好吃	li¹kian¹
灰	x(f)uei¹	难吃	na:n⁴kian¹
亮	l̥oŋ⁵	好闻	li¹uən²
暗	l̥ap⁶	难闻	na:n⁴uən²
重	n̥ak⁶	好听	li¹theŋ⁴
轻	kheŋ¹	难听	na:n⁴theŋ⁴
快	khuai⁵	好看	li¹ kau⁴
慢	mien⁵	难看	na:n⁴kau⁴
早（形）	tsəu³	饱	ȵam³
迟	tɕi²	饿	ŋa⁵
利（快）	l̥a:i⁴	饥饿	ŋa⁵
钝	kyet⁷	渴	khak⁶
清	tsheŋ¹	困（倦）	n̥a:i⁵
浑（浊）	tsut⁷	累	luai⁵
胖	puei²	辛苦	san¹khu³
（猪）肥	puei²	闷	man⁵
（地）肥	puei²	慌张	f(x)uŋ¹tseŋ¹
壮	tɕioŋ⁵	急	kiep⁶
（地）瘦	phien¹	漂亮（男）	li¹ kau⁴
（人）瘦	phien¹	漂亮（女）	li¹ kau⁴

强	kiŋ²	花（衣服）	xua¹
弱	niek⁷	聪明	tshɔŋ¹meŋ²
（晒）干	xy⁴	傻	ŋuaŋ⁵
（树木）干（了）	xy⁴	笨	pen⁵
（河水）干（了）	xy⁴	蠢	tɕhiɛn³
（衣服）湿（了）	l̥aːm¹	机灵	ki¹leŋ²
（淋）湿（了）	l̥aːm¹	糊涂	u²tu²
（咸）淡	taːm⁵	老实	ləu³ɕiet⁷
浓（茶）	nɔŋ²	猾	yet⁷
淡（茶）	taːm⁵	粗鲁	tshɔ¹lu³
（粥）稠	ket⁷	马虎	ma⁴ u³
（粥）稀	xi¹	细心	se⁵sam¹
（布）密	mat⁷	和气	ua²khi⁴
（布）稀	xi¹	勇敢	iɔŋ³kaːm³
硬	tsau²	凶恶	ɕiaŋ¹aːk⁶
软	m̥iuk⁶	狠毒	xen³tɔk⁷
粘	nim¹	客气	khieːk⁶khi⁴
光	l̥ɔŋ⁵	大方	taːi⁵fuŋ¹
（捆）紧	m̥an³	小气	siɔu³khi⁴
（拉）紧	m̥an³	勤快	kiɛn²
（鞋袜）紧	m̥an³	懒	lan³
（压）紧	m̥an³	巧	tiːu¹
（放）松	sɔŋ¹	乖	kuai¹
松（土）	sɔŋ¹	能干	naŋ²kuan⁴
（鞋袜）松	sɔŋ¹	努力	iɔŋ⁵ lek⁶
松（紧）	sɔŋ¹	啰嗦	lɔ²sɔ¹
滑	m̥iak⁶	有名	mi²meŋ²
脆（形）	tshuei⁴	可惜	khɔ³sek⁶
绵	min²	可怕	l̥əu¹
齐	tsiɛ²	可怜	khɔ³liŋ²
乱	lun⁴	高兴	kɔ¹xeŋ⁴
对（错）	tuai⁵	痛快	ɕuŋ⁴khuai⁵

续表

错（对）	tshok⁶	难过	na:n⁴fai³
真	tsen¹	难受	na:n⁴ɕiu⁵
假	ka³	悲哀	ɕiŋ¹ sam¹
生（瓜）	ɕieŋ¹	亲热	tshan¹n̥iet⁶
（饭）熟	ɕiok⁷	讨厌	thəu³im⁴

（十五）虚词

（他）刚（来）	kha³	大概（是这样）	ta:i⁵kha:i⁴
赶快（去）	kuan³kep⁶	好像（是他）	tsep⁷
一（看）就（懂）	iet⁶……tɔ⁵	不（是）	m̥²
已经（晚了）	i³kiŋ²	不（吃）	m̥²
（你）先（走）	kuan⁴	没（来）	m̥²/naŋ²
（火车）快要（到了）	xa:i³iok⁷	（来了）没有	m̥² mi²
忽然（来了一个人）	tep⁷	别（嚷）	ka:i³
（他）常常（来）	tse³ tse³	一定（去）	iet⁶teŋ⁵
永远（是这样）	uŋ³yn³	把（猪卖了）	pa³
慢慢（说）	mien⁵mien⁵	替（我写信）	uan³
很（重）	xan³	给（他写信）	kep⁶
太（大）	tha:i⁵	沿（河走）	tsem²
最（快）	tsuei⁴	从（去年）到（现在）	ta³……təu⁴
更（快）	keŋ⁴	往（东走）	uŋ³
越（走）越（远）	yt⁷……yt⁷	向（上爬）	sien⁴
真（好）	tsen¹	朝（南开）	tɕiu²
的确（冷）	tik⁶khok⁶	对（我很好）	tuai⁵
亲自（去）	tshan¹tsi⁵	同（他去）	uan³
白（跑一趟）	pek⁷	比（月亮大）	pi³
都（来了）	tu¹	为了（祖国）	uei⁵liau³
一起（学习）	ta:i³tsiɛ²	让（我去）	xaŋ³
一共（有五个）	iet⁶kiɔŋ⁴	被（同志们拦住了）	ŋa:i²
只（买五斤）	tɕi³	（哥哥）和（弟弟）	uan²
光（说不行）	koŋ¹	因为……所以	ian¹uei⁵……sɔ³ i³
还（有许多）	n̥ian⁵	不但……而且	pat⁶ta:n⁵……ə²tshia³

续表

是（小孩）还是（大人）	çi⁵……n̩ian⁵çi⁵	如果（要是）……就	y²kua³……tɔ⁵
又（飞了一只）	io⁵	（我）的（书）	tet⁶
就（在这儿）	tɔ⁵	（红色）的（纸）	tet⁶
到底（是怎么回事）	təu⁴te³	（种田）的	tet⁶
当然（可以）	ta:ŋ¹in²	（到）过（北京）	fai³
原来（是你）	yn²lai²	（写）了（一封信）	liau³
根本（不对）	kan¹pan³	（坐）着（讲）	tçiet⁷
（三天）或者（五天）	uɔk⁷	（下雨）了	lɔ⁵

附录 B　诶歌

（1）民间谚语

phiak¹① ŋuan¹ tai⁴ khiap⁶ iok⁷ tçhie¹ l̩em¹ 日晕就会刮风，
　眼　　日　戴　斗笠　欲　吹　风

l̩oŋ⁴ pyn¹ tai⁴ khyn¹ iok⁷ lɔk⁶ fen¹ 月晕就会下雨。
　光　月　戴　圈　欲　落　雨

ma³ n̩i³ pu:n¹ l̩a:n¹ fet⁶ uɔk⁷ n̩am³ 蚂蚁搬家就会发大水，
　蚂　蚁　搬　房　发　大　水

thu³ fen³ kyn² l̩an¹ n̩am³ uɔk⁷ thuai¹ 蚯蚓爬上路面就会下雨。
　土　粉　上　路　水　大　推

lɔŋ² kaŋ⁴ tɔŋ¹ l̩a⁴ n̩am³ thɔŋ¹ 东面出现彩虹（就会下雨），江水就会畅通，
　龙　降　东　江　水　通

lɔŋ² kaŋ⁴ se¹ u⁵ tau³ kyet⁶ çyɛ¹ tam¹ 西面出现彩虹（就会天旱），戽斗只能刮到沙泥。
　龙　降　西　戽　斗　刮　沙　泥巴

thu³ fen³ kyn² l̩an¹ n̩am³ uɔk⁷ thuai¹ 蚯蚓爬上路面就会下雨。
　土　粉　上　路　水　大　推

m̩ian¹ kyn² l̩an¹ ça:i⁵ çieŋ² fuei¹ 蚂蝗爬上路面晒成灰（就会烈日炎炎）。
　蚂　蝗　上　路　晒　成　灰

---

① 眼睛的原形是 phia¹，因为后面一个音节的开头是一个舌根音，于是发生了增音的现象，所以，眼睛的词尾加上了一个 -k 尾。

（2）你讲唱歌就唱歌

ń² kiaŋ³ tɕhiŋ⁴ kɔ¹ tɔ⁵ tɕhiŋ⁴ kɔ¹ 你讲唱歌就唱歌，
你　讲　唱　歌　就　唱　歌

ku¹ tɔ⁵ suan¹ ń² tɕhiŋ⁴ ɛ³ kɔ¹ 我就教你唱 ɛ³³歌；
我　就　教　你　唱　ɛ³　歌

m̥² sen⁴ ń² tɕim¹ mɔ⁵ kiau¹ kau⁴ 不信你问他们看，
不　信　你　问　他们　看

pi² nɔŋ² paːi² uɔk⁷ xem³ xɔk⁶ kɔ¹ 兄弟排大喊做哥。
兄　弟　排　大　喊　做　哥

pai¹ tɔ⁵ pai¹ 去就去，
去　就　去

ki³ mo⁵ lik⁷ nɔŋ⁴ pai¹ kau⁴ xuai¹ 几个小孩去放牛；
几　个　小孩　去　看　牛

pai¹ təu⁴ l̥ek⁶ l̥a⁴ ŋam³ io⁵ uɔk⁷ 走到江边水又大，
走　到　旁　江　水　又　大

ki³ tiəu² xuai¹ saːi¹ pai³ fai³ pai¹ 几条牛绳摆过去。
几　条　牛　绳　摆　过　去

khiəu¹ ku³ m̥² iŋ² khiəu¹ tɕiɔŋ¹ l̥a¹ 敲鼓比不上敲钟响，
敲　鼓　不　赢　敲　钟　响

naːm² tsai⁵ m̥² iŋ² ma⁴ kɔŋ⁵ phia¹ 南寨比不上马屁股山；
南　寨　不　赢　马　屁股　山

m̥² sen⁴ ń² pai¹ lau¹ tɕi⁵ kau⁴ 不信你去寺里看，
不　信　你　去　里　寺　看

mo⁵ mo⁵ tu¹ ɕi⁵ lik⁷ kɔŋ¹ ia¹ 个个都是男菩萨。
个　个　都　是　子　公　爷

（3）下覃村

man³ tsem² man² 下覃村，
村　覃　村

maːi⁴ l̥em¹ l̥em¹ 树木茂密，
树　满　满

fu² lu¹ tsai⁵ u⁴ iu³ ŋam³ khieŋ¹ 葫芦寨住凹水坑。
葫芦　寨　住　凹　水　坑

lau¹ l̥aːn¹ kɔŋ¹ fu¹ khio⁵ pat⁶ xɔk⁶ 丢下家里的活儿不干，
里　房　工　夫　丢　不　做

tu¹ pai¹ kyn² kyai¹ tsheŋ³ n̥io³ lun⁴ 都去坡上抢乱草。
都　去　上　坡　抢　草　乱

参考文献

一、著作

［1］Baxter,William H. *A Handbook of Old Chinese Phonology*. Berlin: Mouton de Gruyter, 1992.

［2］B.Berlin&P.Kay. *Basic Colour Terms:Their Universality and Evolution*. Berkeley: University of California Press, 1969.

［3］Duanmu San. *The Phonology of Standard Chinese*. Oxford: Oxford University Press, 2000.

［4］Li, Fang-Kuei. *Handbook of Comparative Tai*. Honolulu: The University Press of Hawaii, 1977.

［5］Thomason, Sarah Grey & Terrence Kaufman. *Langue Contact, Creolization, and Genetic Linguistics*. Berkeley: University of California Press, 1991.

［6］Thomason, Sarah Grey. *Langue Contact: An Introduction*. Edinburgh: Edinburgh University Press, 2001.

［7］班弨：《论汉语中的台语底层》，民族出版社 2006 年版。

［8］包拟古著，潘悟云、冯蒸译：《原始汉语与汉藏语》，中华书局 2009 年版。

［9］北京大学中国语言文学系语言学教研室编：《汉语方音字汇（第二版重排本）》，语文出版社 2003 年版。

［10］本尼迪克特著，乐赛月、罗美珍译：《汉藏语概论》，中国社会科学院民族研究所语言室 1984 年版。

［11］常敬宇：《汉语词汇与文化》，北京大学出版社 1995 年版。

［12］陈保亚：《语言接触与语言联盟》，语文出版社 1996 年版。

［13］陈保亚：《20 世纪中国语言学方法论》，山东教育出版社 1999 年版。

［14］陈其光：《语言调查》，中央民族大学出版社 1998 年版。

［15］陈小燕：《多族群语言的接触与交融——贺州本地话研究》，民族出版社 2007 年版。

［16］戴庆厦编：《二十世纪的中国少数民族语言研究》，书海出版社 1998

年版。

[17] 戴庆厦编：《汉语与少数民族语言语法比较》，民族出版社 2006 年版。

[18] 戴庆厦编：《中国少数民族语言使用现状及其演变研究》，民族出版社 2010 年版。

[19] 克里斯特尔编，沈家煊译：《现代语言学词典》，商务印书馆 2000 年版。

[20] 董绍克：《汉语方言词汇差异比较研究》，民族出版社 2002 年版。

[21] 傅懋勣：《论民族语言调查研究》，语文出版社 1998 年版。

[22] 高本汉著，赵元任、罗常培、李方桂译：《中国音韵学研究》，商务印书馆 1994 年版。

[23] 广西壮族自治区少数民族语言文字工作委员会编：《汉壮词汇（初稿)》，广西民族出版社 1983 年版。

[24] 黄勇：《汉语侗语关系词研究》，天津古籍出版社 2002 年版。

[25] 江荻：《汉藏语言演化的历史音变模型——历史语言学的理论和方法探索》，社会科学文献出版社 2007 年版。

[26] 瞿霭堂、劲松：《汉藏语言研究的理论和方法》，中国藏学出版社 2000 年版。

[27] 克罗夫特：《语言类型学与普遍语法特征》，外语教学与研究出版社 2008 年版。

[28] 李蓝：《湖南城步青衣苗人话》，中国社会科学出版社 2004 年版。

[29] 李葆嘉：《理论语言学：人文与科学的双重精神》，江苏古籍出版社 2001 年版。

[30] 李方桂：《上古音研究》，商务印书馆 2015 年版。

[31] 李锦芳：《侗台语言与文化》，民族出版社 2002 年版。

[32] 李荣等编：《中国语言地图集》，香港朗文（远东）有限公司 1987 年版。

[33] 梁敏、张均如：《侗台语族概论》，中国社会科学出版社 1996 年版。

[34] 刘丹青：《语法调查研究手册》，上海教育出版社 2008 年版。

[35] 罗美珍：《罗美珍自选文集》，民族出版社 2007 年版。

[36] 马庆株：《著名中年语言学家自选集·马庆株卷》，安徽教育出版社 2002 年版。

[37] 马学良编：《汉藏语概论》，民族出版社 2003 年版。

[38] 梅耶著，岑麒祥译：《历史语言学中的比较方法》，世界图书出版社 2008 年版。

[39] 潘悟云：《汉语历史音韵学》，上海教育出版社 2000 年版。

[40] 桥本万太郎著，余志鸿译：《语言地理类型学》，世界图书出版社 2008 年版。

[41] 丘学强：《军话研究》，中国社会科学出版社 2005 年版。

[42] 融水苗族自治县地方志编纂委员会：《融水苗族自治县志》，三联书店 1998 年版。

[43] 萨丕尔著，陆卓元译：《语言论——言语研究导论》，商务印书馆 2003 年版。

[44] 沙加尔著，龚群虎译：《上古汉语词根》，上海教育出版社 2004 年版。

[45] 沈阳、冯胜利：《当代语言学理论和汉语研究》，商务印书馆 2008 年版。

[46] 施向东：《汉语和藏语同源体系的比较研究》，华语教学出版社 2000 年版。

[47] 石林：《侗台语比较研究》，天津古籍出版社 1997 年版。

[48] 石林：《侗语汉语语法比较研究》，中央民族大学出版社 1997 年版。

[49] 孙宏开、胡增益、黄行编：《中国的语言》，商务印书馆 2007 年版。

[50] 孙宏开、齐卡佳、刘光坤：《白马语研究》，民族出版社 2007 年版。

[51] 索绪尔著，高名凯译：《普通语言学教程》，商务印书馆 2014 年版。

[52] 王力：《汉语史稿》，中华书局 2004 年版。

[53] 王力：《汉语语音史》，商务印书馆 2008 年版。

[54] 王福堂：《汉语方言语音的演变和层次》，语文出版社 1999 年版。

[55] 王辅世、毛宗武：《苗瑶语古音构拟》，中国社会科学出版社 1995 年版。

[56] 王洪君：《汉语非线性音系学》，北京大学出版社 2008 年版。

[57] 王均、郑国乔：《仫佬语简志》，民族出版社 1980 年版。

[58] 王志敬：《藏汉语法对比》，民族出版社 2002 年版。

[59] 吴安其：《汉藏语同源词研究》，中央民族大学出版社 2002 年版。

[60] 吴安其：《南岛语分类研究》，商务印书馆 2009 年版。

[61] 韦茂繁、韦树关：《五色话研究》，民族出版社 2011 年版。

[62] 邢凯：《汉语和侗台语研究》，军事谊文出版社 2000 年版。

[63] 邢公畹：《三江侗语》，南开大学出版社 1985 年版。

[64] 邢公畹：《汉台语比较手册》，商务印书馆 1999 年版。

[65] 邢公畹：《邢公畹语言学论文集》，商务印书馆 2000 年版。

[66] 徐大明、陶红印、谢天蔚：《当代社会语言学》，中国社会科学出版社 1997 年版。

[67] 徐通锵：《历史语言学》，商务印书馆 1991 年版。

[68]　徐通锵：《语言论：语义型语言的结构原理和研究方法》，商务印书馆
　　　　2014 年版。

[69]　杨琳：《汉语词汇与华夏文化》，语文出版社 1996 年版。

[70]　叶蜚声、徐通锵：《语言学纲要》，北京大学出版社 1997 年版。

[71]　意西微萨·阿错：《倒话研究》，民族出版社 2004 年版。

[72]　游汝杰：《汉语方言学导论》，上海教育出版社 2000 年版。

[73]　袁焱：《语言接触和语言演变——阿昌语个案调查研究》，民族出版社
　　　　2001 年版。

[74]　曾晓渝：《汉语水语关系论》，商务印书馆 2004 年版。

[75]　曾晓渝编：《侗台苗瑶语言的汉借词研究》，商务印书馆 2010 年版。

[76]　张惠英：《汉藏系语言和汉语方言比较研究》，民族出版社 2002 年版。

[77]　张均如、梁敏等：《壮语方言研究》，四川民族出版社 1999 年版。

[78]　张元生、覃晓航编著：《现代壮汉语比较语法》，中央民族学院出版社
　　　　1993 年版。

[79]　张增业编著：《壮—汉语比较简论》，广西民族出版社 1998 年版。

[80]　赵元任：《语言问题》，商务印书馆 2003 年版。

[81]　郑贻青：《回辉话研究》，上海远东出版社 1997 年版。

[82]　中国社会科学院语言研究所编：《方言调查字表》，商务印书馆 2004
　　　　年版。

[83]　中央民族学院少数民族语言研究所第五教研室编：《壮侗语族语言词
　　　　汇集》，中央民族学院出版社 1985 年版。

[84]　周荐：《词语的意义和结构》，天津古籍出版社 1994 年版。

二、论文

[1]　班弨：《邕宁壮语动物名称词探析》，《民族语文》1999 年第 5 期，第
　　　74—76 页。

[2]　班弨：《邕宁壮语植物名称词探析》，《民族语文》2000 年第 3 期，第
　　　78—80 页。

[3]　包萨仁：《从语言接触看东乡语和临夏话的语序变化》，《西北第二民族
　　　学院学报》2006 年第 2 期，第 35—39 页。

[4]　曹广衢：《壮侗语中汉语借词的词义及其类别》，《语言研究》1998 年第
　　　1 期，第 193—200 页。

[5]　曹广衢：《壮侗语诸语言同源词的词义变化》，《民族语文》1998 年第 1
　　　期，第 38—42 页。

[6]　曹广衢：《壮侗语和汉语几个词的比较》，《民族语文》2000 年第 3 期，

第 76—77 页。

［7］ 陈保亚：《从核心词分布看汉语和侗台语的语源关系》，《民族语文》1995
年第 5 期，第 20—32 页。

［8］ 陈保亚：《侗台语和南亚语的语源关系——兼说古代越、濮的族源关
系》，《云南民族学院学报》1997 第 1 期，第 40—44 页。

［9］ 陈保亚：《汉台关系词的相对有阶分析》，《民族语文》1997 年第 2 期，
第 43—53 页。

［10］ 陈保亚：《再论核心关系词的有阶分布》，《民族语文》1998 年第 3 期，
第 35—41 页。

［11］ 陈保亚：《汉越（侗台黎）六畜词文化有阶分析》，《民族语文》2000
年第 4 期，第 34—42 页。

［12］ 陈保亚：《语言接触导致汉语方言分化的两种模式》，《北京大学学报》
2005 年第 2 期，第 43—50 页。

［13］ 陈保亚：《从语言接触看历史比较语言学》，《北京大学学报》2006 年
第 2 期，第 30—34 页。

［14］ 陈乃雄：《五屯话初探》，《民族语文》1982 年第 1 期，第 10—18 页。

［15］ 陈其光、张伟：《五色话初探》，《语言研究》1988 年第 2 期，第
149—167 页。

［16］ 陈其光：《语言间的深层影响》，《民族语文》2002 年第 1 期，第 8—
15 页。

［17］ 戴庆厦：《景颇语单纯词在构词中的变异》，《民族语文》1995 年第 4
期，第 23—29 页。

［18］ 戴庆厦、袁焱：《互补和竞争：语言接触的杠杆——以阿昌语的语言
接触为例》，《语言文字应用》2002 年第 1 期，第 95—99 页。

［19］ 戴庆厦：《关于汉藏语语法比较研究的一些理论方法问题》，《中央民
族大学学报》2002 年第 2 期，第 5—10 页。

［20］ 戴庆厦、杨再彪、余金枝：《语言接触与语言演变——小陂流苗语为
例》，《语言科学》2005 年第 4 期，第 3—10 页。

［21］ 戴庆厦、罗自群：《语言接触研究必须处理好的几个问题》，《语言研
究》2006 年第 4 期，第 1—7 页。

［22］ 戴庆厦、邱月：《藏缅语与汉语连动结构比较研究》，《世界汉语教学》
2008 年第 2 期，第 72—82 页。

［23］ 戴庆厦、范丽君：《藏缅语因果复句关联标记研究——兼与汉语比较》，
《中央民族大学学报》2010 年第 2 期，第 74—80 页。

［24］ 戴庆厦、朱艳华：《藏缅语、汉语选择疑问句比较研究》，《语言研究》

2010 年第 4 期，第 1—8 页。

［25］道布：《关于语言比较研究的几点思考》，《民族语文》1997 年第 3 期，第 1—5 页。

［26］邓楠：《祁门军话语音研究》，硕士学位论文，北京语言大学，2006 年。

［27］冯英：《水语复音词研究》，博士学位论文，南开大学，2004 年。

［28］洪波：《壮语与汉语的接触史及接触类型》，载石锋、沈钟伟编《乐在其中——王士元教授七十华诞庆祝文集》，南开大学出版社 2004 年版，第 104—120 页。

［29］洪波、意西微萨·阿错：《汉语与周边语言的接触类型研究》，《南开语言学刊》2007 年第 1 期，第 23—35 页。

［30］胡明扬：《混合语理论的重大突破——读意西微萨·阿错著〔倒话研究〕>》，《中国语文》2006 年第 2 期，第 187—190 页。

［31］黄行：《语言的系统状态和语言类型》，《民族语文》1998 年第 3 期，第 28—34 页。

［32］黄行：《苗瑶语方言亲疏关系的计量分析》，《民族语文》1999 年第 3 期，第 56—64 页。

［33］黄行：《语音对应规律的计量研究方法——苗瑶语方言语音对应规律示例》，《民族语文》1999 年第 6 期，第 18—26 页。

［34］黄行、胡鸿雁：《区分借词层次的语音系联方法》，《民族语文》2004 年第 5 期，第 12—17 页。

［35］黄行：《语言接触与语言区域性特征》，《民族语文》2005 年第 3 期，第 7—13 页。

［36］黄晓东：《汉语军话概述》，《语言教学与研究》2007 年第 3 期，第 21—27 页。

［37］贾晞儒：《语言接触中的汉语青海方言词》，《青海民族学院学报》2006 年第 2 期，第 108—113 页。

［38］江荻：《20 世纪的历史语言学》，《中国社会科学》2000 年第 4 期，第 155—166 页。

［39］金鹏：《汉语和藏语的词汇结构以及形态的比较》，《民族语文》1986 年第 3 期，第 1—13 页。

［40］蓝庆元：《壮语中古汉语借词及汉越语与平话的关系》，《民族语文》2001 年第 3 期，第 48—61 页。

［41］蓝庆元：《汉语—侗台语的几个端组对应词》，《民族语文》2004 年第 6 期，第 16—18 页。

［42］蓝庆元：《汉语与侗台语的几个词族》，《广西社会科学》2004 年第 11

期：第 128—130 页。

［43］李葆嘉、张璇：《中国混合语的研究现状与理论探索》，《语言研究》1999 年第 1 期，第 190—200 页。

［44］李炳泽：《回辉话的前缀》，《语言研究》1995 年第 2 期，第 197—199 页。

［45］李锦芳：《仡央语言和彝语的接触关系》，《民族语文》2011 年第 1 期，第 27—35 页。

［46］李连进：《平话的历史》，《民族语文》2000 年第 6 期，第 24—30 页。

［47］李连进：《壮语老借词、汉越语和平话的历史源流关系》，《广西师院学报》2002 年第 4 期，第 87—100 页。

［48］李绍尼：《白语基数词与汉语、藏缅语关系初探》，《中央民族学院学报》1992 年第 1 期，第 81—86 页。

［49］李云兵：《语言接触对南方一些民族语言语序的影响》，《民族语文》2008 年第 5 期，第 17—34 页。

［50］梁　敏：《壮侗语族诸语言名词性修饰词组的词序》，《民族语文》1986 年第 5 期，第 14—22 页。

［51］梁敏、张均如：《侗台语族送气清塞音声母的产生和发展》，《民族语文》1993 年第 5 期，第 10—13 页。

［52］梁敏、张均如：《广西壮族自治区各民族语言的互相影响》，《方言》1988 年第 2 期，第 87—91 页。

［53］梁敏、张均如：《广西平话概论》，《方言》1999 年第 1 期，第 24—32 页。

［54］梁敏、张均如：《侗台语言的系属和有关民族的源流》，《语言研究》2006 年第 4 期，第 8—26 页。

［55］梁玉璋：《武平县中山镇的"军家话"》，《方言》1990 年第 3 期，第 192—203 页。

［56］刘丹青：《汉藏语言的若干语序类型学课题》，《民族语文》2002 年第 5 期，第 1—11 页。

［57］罗安源：《从"主谓谓语句"看汉语在语言接触中的强劲活力》，《中央民族大学学报》2008 年第 3 期，第 102—108 页。

［58］罗美珍：《试论台语的系属问题》，《民族语文》1983 年 2 期，第 30—40 页。

［59］罗美珍、邓卫荣：《广西五色话——一种发生变质的侗泰语言》，《民族语文》1998 年第 2 期，第 73—79 页。

［60］罗美珍：《论族群互动中的语言接触》，《语言研究》2000 年第 3 期，第 1—20 页。

[61] 罗昕如:《湘语与赣语接触个案研究——以新化方言为例》,《语言研究》2009 年第 1 期, 第 66—69 页。

[62] 罗永现:《汉语—侗台语的几个精庄组对应词》,《民族语文》2004 年第 6 期, 第 19—21 页。

[63] 马　伟:《试探河州话的产生基础》,《青海民族研究》1997 年第 2 期, 第 26—33 页。

[64] 马树钧:《汉语河州话与阿尔泰语言》,《民族语文》1984 年第 2 期, 第 50—55 页。

[65] 蒙斯牧:《汉语和壮侗语的密切关系及历史文化背景》,《民族语文》1998 年第 4 期, 第 43—50 页。

[66] 倪大白:《海南岛三亚回族语言的系属》,《民族语文》1988 年第 2 期, 第 18—34 页。

[67] 牛汝极:《西域语言接触概说》,《中央民族大学学报》2000 年第 4 期, 第 122—125 页。

[68] 欧阳觉亚、郑贻青:《海南岛崖县回族的回辉话》,《民族语文》1983 年第 1 期, 第 30—41 页。

[69] 欧阳觉亚:《运用底层理论研究少数民族语言与汉语的关系》,《民族语文》1991 年 6 期, 第 23—29 页。

[70] 潘家懿:《军话与广东平海"军声"》,《方言》1998 年第 1 期, 第 41—47 页。

[71] 潘悟云:《汉语方言的历史层次及其类型》, 载石锋、沈钟伟编《乐在其中——王士元教授七十华诞庆祝文集》,南开大学出版社 2004 年版, 第 59—67 页。

[72] 彭嬿:《语言接触研究述评》,《新疆大学学报》2007 年第 2 期, 第 141—143 页。

[73] 申东月:《汉韩语言接触对韩语语音发展的影响》,《民族语文》2005 年第 6 期, 第 44—48 页。

[74] 石林:《论侗语形容词》,《贵州民族研究》1985 年第 4 期, 第 124—136 页。

[75] 石　林:《侗语中汉语新借词的读音》,《民族语文》1994 年第 5 期, 第 1—23 页。

[76] 孙宏开:《白马语是藏语的一个方言或土语吗?》,《语言科学》2003 年第 1 期, 第 65—75 页。

[77] 孙宏开:《丝绸之路上的语言接触和文化扩散》,《西北民族研究》2009 年第 3 期, 第 53—58 页。

[78] 覃德亮:《历史与现实:广西五色话族群的田野调查》,硕士学位论文,广西师范大学,2006 年。

[79] 覃晓航:《壮语量词来源的主渠道》,《语言研究》2008 年第 1 期,第 121—126 页。

[80] 汪平:《吴江方言声调再讨论》,《中国语文》2008 年第 5 期,第 455—461 页。

[81] 王健:《从苏皖方言体助词"著"的表现看方言接触的后果和机制》,《中国语文》2008 年第 1 期,第 48—96 页。

[82] 王福堂:《平话、湘南土话和粤北土话的归属》,《方言》2001 年 2 期,第 107—118 页。

[83] 王辅世:《湖南泸溪瓦乡话语音》,《语言研究》1982 年第 1 期,第 135—147 页。

[84] 王士元、柯津云:《语言的起源及建模仿真初探》,《中国语文》2001 年第 3 期,第 195—287 页。

[85] 王士元:《演化论与中国语言学》,《南开语言学刊》2008 年第 2 期,第 1—15 页。

[86] 王士元:《演化语言学的演化》,《当代语言学》2011 年第 1 期,第 1—21 页。

[87] 王晓梅:《广西融水诶话声调形成的优选论分析》,博士学位论文,南开大学,2009 年。

[88] 王宇枫:《方村莫话六十年音变》,《民族语文》2004 年第 5 期,第 35—39 页。

[89] 王宇枫:《同语族语言深度接触产生的语言——莫语》,博士学位论文,南开大学,2005 年。

[90] 王宇枫:《语言接触中的莫语颜色词》,《民族语文》2008 年第 2 期,第 56—60 页。

[91] 韦茂繁:《五色话性质研究》,《民族语文》2006 年第 3 期,第 14—20 页。

[92] 韦树关:《关于五色话的归属问题》,《语言研究》,2008 年 2 期,第 119—127 页。

[93] 温岚:《论"五色话"之发展》,硕士学位论文,广西大学,2007 年。

[94] 吴安其:《藏缅语的分类和白语的归属》,《民族语文》2000 年第 1 期,第 1—12 页。

[95] 吴安其:《语言接触对语言演变的影响》,《民族语文》2004 年第 1 期,第 1—9 页。

[96] 吴安其：《侗台语语音的历史演变》，《语言研究》2008 年第 4 期，第 105—125 页。

[97] 吴安其：《史前华南地区的语言接触》，《民族语文》2008 年第 3 期，第 21—34 页。

[98] 吴安其：《白语的语音和归属》，《民族语文》2009 年第 4 期，第 3—22 页。

[99] 吴福祥：《汉语语法化演变的几个类型学特征》，《中国语文》2005 年第 6 期，第 483—494 页。

[100] 吴福祥：《关于语言接触引发的演变》，《民族语文》2007 年第 2 期，第 3—23 页。

[101] 谢志民：《"女书"词汇中的百越语底层》，《民族语文》1991 年 2 期，第 62—70 页。

[102] 邢凯：《壮语对毛南语的影响——兼谈语音影响的方式及其对历史比较的意义》，《民族语文》1993 年第 2 期，第 48—50 页。

[103] 邢凯：《关于汉语和侗台语的介音问题》，《民族语文》2000 年 2 期，第 45—55 页。

[104] 邢公畹：《汉台语舌根音声母字深层对应例证》，《民族语文》1995 年第 1 期，第 5—17 页。

[105] 杨品亮：《关于白语系属的探讨》，《中央民族学院学报》1989 年第 6 期，第 80—83 页。

[106] 杨再彪：《语言接触与语音的不稳定性——蹬上苗语音位变体个案分析》，《中央民族大学学报》2004 年第 1 期，第 110—114 页。

[107] 意西微萨·阿错：《藏汉混合语"倒话"述略》，《语言研究》2001 年第 3 期，第 109—126 页。

[108] 意西微萨·阿错：《雅江倒话的混合特征》，《民族语文》2002 年第 5 期，第 34—42 页。

[109] 游汝杰：《论台语量词在汉语南方方言中的底层遗存》，《民族语文》1982 年第 2 期，第 33—48 页。

[110] 余志鸿：《语言接触与语言结构的变异》，《民族语文》2000 年第 4 期，第 23—27 页。

[111] 袁明军：《白语系属研究献疑》，《南开语言学刊》2006 年第 1 期，第 136—142 页。

[112] 岳静：《黄金镇仫佬语里汉语借词研究》，博士学位论文，南开大学，2005 年。

[113] 曾晓渝：《汉语水语复音形容词的历史比较研究》，《中国语文》1997

年第 5 期，第 355—360 页。

[114] 曾晓渝：《论水语声母 s->h-的历史音变》，《民族语文》2002 年第 2 期，第 1—9 页。

[115] 曾晓渝：《论壮傣侗水语古汉语借词的调类对应——兼论侗台语汉语的接触及其语源关系》，《民族语文》2003 年第 1 期，第 1—11 页。

[116] 曾晓渝：《论水语里的近、现代汉语借词》，《语言研究》2003 年第 2 期，第 115—121 页。

[117] 曾晓渝：《见母的上古音值》，《中国语文》2003 年第 2 期，第 109—119 页。

[118] 曾晓渝、牛顺心：《六甲话两字组连读的韵律变调及其原因初探》，《方言》2006 年第 4 期，第 290—308 页。

[119] 曾晓渝、高欢：《广西融水诶话概况》，《汉藏语学报》2008 年第 3 期，第 108—137 页。

[120] 曾晓渝、高欢：《广西融水诶话同音字汇》，《中国语言学》2009 年第 2 期，第 119—140 页。

[121] 曾晓渝、高欢：《论诶话的性质及其形成机制》，《民族语文》2010 年第 2 期，第 16—22 页。

[122] 曾晓渝：《语言接触的类型差距及语言质变现象的理论探讨——以中国境内几种特殊语言为例》，《语言科学》2012 年第 1 期，第 1—8 页。

[123] 曾晓渝：《汉语侗台语接触类型及其变异机制》，《云南师范大学学报》2013 年第 4 期，第 1—7 页。

[124] 詹伯慧：《广东境内三大方言的相互影响》，《方言》1990 年第 4 期，第 265—269 页。

[125] 张均如：《壮侗语族语音演变的趋向性、阶段性、渐变性》，《民族语文》1986 年第 1 期，第 27—37 页。

[126] 张均如：《广西平话对当地壮侗语族语言的影响》，《民族语文》1988 年 3 期，第 51—56 页。

[127] 张均如：《瑶族拉珈语与壮侗语族语言的比较》，《民族语文》1990 年第 6 期，第 38—49 页。

[128] 张均如：《侗台语族轻唇音的产生和发展》，《民族语文》1995 年第 1 期，第 28—33 页。

[129] 赵晶：《汉壮名词组语序的比较研究》，硕士学位论文，广西大学，2008 年。

[130] 赵敏兰：《瑶语勉方言里的汉语借词研究》，博士学位论文，南开大学，2004 年。

［131］赵相如、阿西木:《艾努语的数词——兼论艾努语的性质》,《民族语文》1981 年第 2 期, 第 44—48 页。

［132］赵相如、阿西木:《新疆艾努人的语言》,《语言研究》1982 年第 1 期, 第 259—279 页。

［133］郑国乔:《试论汉语对仫佬语的影响》,《中央民族学院学报》1980 年第 4 期, 第 58—64 页。

［134］郑贻青:《再谈回辉话的地位问题》,《民族语文》1986 年第 6 期, 第+37—42 页。

［135］郑贻青:《回辉话中的汉语借词及汉字读音》,《民族语文》1995 年第 5 期, 第 40—46 页。

［136］郑贻青:《论回辉话声调的形成与发展》,《民族语文》1996 年第 3 期, 第 25—30 页。

［137］郑张尚芳:《汉语与亲属语言比较的方法问题》,《南开语言学刊》2003 年, 第 1—10 页。

后　记

　　2005 年我来到南开大学文学院攻读硕士研究生和博士研究生，师从教育部社会科学委员会委员、国家社科基金评议组成员、著名语言学家曾晓渝教授学习中国少数民族语言文学。六年期间，导师就像妈妈一样照顾、关心、帮助着我。我在本科阶段对中国少数民族语言了解甚少，基础知识薄弱，曾老师并没有因此对我失去信心，反而付出了更多的时间来指导我，每当我在学习上遇到不懂的地方，她就会耐心地一遍一遍地给我讲解，直到我听懂为止。曾老师不仅在生活上细心地照顾我，而且在学习上对我严格要求。这让我对学习不敢有丝毫的松懈，在这样的压力之下，我的科研能力比硕士阶段提高了不少。恩师严谨的治学之道、宽厚仁慈的胸怀、积极乐观的生活态度，是我学习和生活的典范，她的教诲与鞭策将会一直激励我。

　　我的博士论文选题是《广西融水诶话研究》，这是曾老师国家社科基金项目的研究内容之一。我的论文主要是侧重于利用田野调查的材料对广西融水一个少数族群的语言——诶话进行全面描述，并探讨该语言的性质及其形成机制。因此，到广西融水进行语言调查就成为研究的必要步骤。2007年 7 月，我和同门王晓梅、王仲黎、占升平和余辉一道，在曾老师的带领下来到广西融水进行田野调查。我们在导师的指导下走访当地村民，确定合适的调查对象。然后，我们每天都会根据调查计划，与调查对象合作录制诶话的语音、词汇、语法材料，同时搜集各种相关的语言文字资料。此次调查为我研究诶话提供了众多语料，为完成博士论文奠定了基础。在此次的调查过程中，融水县林业局办公室贺祥生主任、广西师范大学赵敏兰副教授、广西融水苗族自治县少数民族语言文字工作委员会提供了诸多帮助。没有他们的支持，我的调查工作无法顺利开展。我的发音合作人，包括黄彬先生、卢泽先生、覃涛先生、叶庆媛女士、欧俊伯先生等，不但给我提供了很多诶话和土拐话资料，不辞辛苦地带我下乡调查，而且在我写作论文的过程中也多次给予意见，让我非常感动。

　　在我的研究和博士论文写作过程中，还有很多师友给予了诸多帮助。中央民族大学的戴庆厦先生、中国社会科学院的孙宏开先生和黄行先生百忙之中抽空从北京来到南开大学，参加我的博士论文答辩，并提出了很多宝贵的建议。南开大学文学院的马庆株教授、洪波教授、石峰教授、王红旗教授、孔祥卿教授、杨琳教授、意西微萨·阿错教授、袁明军副教授等，都曾在我攻读研究生的数年中开设各种课程，让我受益匪浅。另外，阿错教授、孔祥卿教授参加了我的博士论文答辩，并就论文提出了很好的修改意见。孙易副教授是我的同门师姐，她在平时的生活和学习中给予我很多帮助，并在博士答辩时作为答辩秘书，帮忙组织了我的论文答辩。

　　这本书是在我的博士论文的基础行修改而成的，应当说是学界关于广西融水诶话研究的较早的学术著作。需要指出的是，同门王晓梅的博士论文《广西融水诶话声调形成的优选论分析》也是广西融水诶话研究的一个案例。她侧重于使用语言学研究中的优选论对诶话的声调形成进行理论分析，这在国内学界也尚属首次。在我完成博士论文后到目前为止，国内学界对诶话的研究又有了一些新的进展。曾晓渝教授《语言科学》（2012 年第 1 期）和《云南师范大学学报》（2013 年第 4 期）上分别发表了《语言接触的类型差距及语言质变现象的理论探讨——以中国境内几种特殊语言为例》《汉语侗台语接触类型及其变异机制》。她以包括广西融水诶话在内的几种特殊语言为例，分析和阐释语言接触的类型问题，在理论和深度上推动广西融水诶话研究的提升。

　　这本书的出版也得到了工作单位湖南文理学院很多领导和师友的帮助。2011 年博士毕业后，我回到湖南文理学院文史学院工作。文史学院的夏子科院长、卢秉利书记、甘智林副院长、周星林副院长、凌云副书记、李云安主任、科学研究院的佘丹清院长，以及文史学院语言学教研室的易亚新、何忠东、田晋音副教授、沈红宇、欧波、周春晖博士，在工作学习上给予了很多的支持，在生活上给予了不少的帮助。

　　这些年来，我把大部分时间放在了学习和工作上，我的爸爸、妈妈帮我细心地照顾女儿丁子珂，让我能安心研究，写作和修改博士论文。姑父李剑鸣教授和姑姑陈亚丽教授，鼓励我积极上进，让我争取机会跟导师学习更多的专业知识。每当研究中遇到问题，我的爱人丁见民先生都会和我认真地讨论，帮我出谋划策。我能专心地学习，离不开他们默默地支持和无私地付出。

　　本人才疏学浅，书中难免存在缺点和错漏之处，恳请各位专家学者批评指正！